ポスト三・一一の子どもと文化

いのち・伝承・レジリエンス

加藤理／鵜野祐介 編著

港の人

本扉の写真：旧石巻市立門脇小学校
二〇一二年八月五日
撮影：鵜野祐介

プロローグ

わたつみの沖つ白波が打ち寄せ、たたなづく青垣山ごもれる東北は、美しい大地である。

東北地方の人びとは、古来この海と大地の恵みをいただき、寒冷な気候風土に耐えながら、独自の生活文化を育み、そして、先祖を敬い、近隣の人びとと助け合いながら、つつましやかな幸せを享受してきた。

だが、この美しい東北の大地は、震災や噴火、冷害などの自然災害に繰り返し襲われ、ここに住む人びとは、そのたびに塗炭の苦しみに耐えなければならなかった。

二〇一一年三月一一日午後二時四六分に発災した東日本大震災でも、青森・岩手・宮城・福島各県の太平洋沿岸には、千年に一度の大津波が押し寄せ、多くの尊い命を奪い去っていった。

震災からしばらくの間、電気、水道、ガスのライフラインがダウンし、公共交通機関もストップした。それまで当たり前だと思っていた便利で快適な生活は被災地から姿を消してしまった。

水道が止まったために水洗トイレが機能せず、排泄は深刻な苦悩の種となった。光ケーブルも切断され、電話もインターネットも不通になってしまった。電気と水道が復旧してからも、施設が津波で破壊されたガスの復旧は遅れ、その間、氷のような冷水で頭を洗うことにも耐えなければならなかった。

鉄道、海路、空路、道路、全てが閉ざされて外からの物資の輸送が途絶えた東北地方では、ガソリンが不足し、わずかな量のガソリンを給油するために、寒空の下、エンジンを切った車内で待ちながら何時間も並ぶことを余儀なくされてしまった。

スーパーも閉ざされ、それまでの生活で簡単に手に入っていた水や食料を手に入れることもできなかった。乳幼児を抱える家では、粉ミルクを作るためのお湯を沸かすことも困難をきわめ、ミルクや紙おむつを手に入れることもできなかった。

子どもたちはテレビでアニメを楽しむこともできず、避難所になった学校に通うこともできず、余震が続く中、公園で遊ぶこともできず、家財道具やガラスの破片が散乱する部屋の中でゲームを楽しむこともできなかった。

絶え間なく上空を飛びかうヘリコプターの轟音と、街を走り回る消防車や救急車のけたたましいサイレンの音は、子どもたちの小さな心を怯えさせた。

屋根瓦が落ちた家ではブルーシートで雨露をしのぎ、停電でエアコンが使えない中、建物が傾いて窓が閉まらなくなった家の中で厚着をして寒さをしのいだ。

あたりまえのものとして享受していた快適な生活は、砂上に作られた楼閣のように、一瞬にして崩れ落ちたのである。

発災直後の初期の混乱から、電気と水道が復旧してようやく日常生活の再建に向かい始めたのは、一週間を過ぎた頃からである。被災地に住む私たちが震災の痛手から立ち直ろうとし始めた時、それまでの日常になかった光景が展開していた。

時間を惜しみ、効率を優先しながら毎日を過ごしていた人びとが、地下鉄などの交通機関がストップする中で、自転車や徒歩で通勤し、道路は車ではなく人で溢れていた。深夜まで起きていることが当たり前になっていた日常から、停電が続く中で、暗くなったら寝て、明るくなったら起きる人間本来の生活を取り戻していた。贅沢な飽食に慣れていた日常から、生きていくためのギリギリの粗食に耐える生活に慣れるようになっていた。

それぞれの個室で時間を過ごすようになっていた家族は、ろうそくの灯りを囲んで肩を寄せ合い、同じ空間で同じ時間を共有する幸せを感じるようになっていた。

一人十品の制限付きで物を買うために、雪降る氷点下の空の下で何時間も並んで物を手に入れる生活は、手にした品物への感謝の気持ちを思い出させてくれていた。

水を出しっぱなしにしても気にならなかった生活から、一滴の水を大事にする生活に変わっていた。日常生活に溢れていた写真が、自分と家族の生きてきた時間を思い出させるかけがえのない宝物であることに気がつくようになっていた。

大人たちの手厚い保護のもとで食べ物や飲み物を与えられ、やるべきことを指示されるままに動いていた子どもたちは、自らやるべきことを考えて動き、家族が生きていく上での貴重な戦力になる喜びを感じて目を輝かせるようになっていた。

避難所に設けられたわずかな遊びのためのスペースで、夢中になって絵を描き、むさぼるように本を読み、無心にボールを蹴って遊びまわる子どもたちがいた。

あくせくしながら生きる目当てを探すのに疲れていた生活から、生きている、そして、家族がいる、ただそれだけで幸せであることに気がついた人びとがいた。

それまでの生活の中で疑うことすらなかった価値観を見つめ直し、生きることの意味を問い直そうとするようになっていた。


あの日から四年の歳月が過ぎようとしている。

失われた命に鎮魂の祈りを捧げ、幸せを奪われたともがらの悲しさと悔しさを共有しながら、〈ポスト三・一一〉の世界に、私たちは何を見出すべきなのだろう。

あの時感じていたこと、あの頃取り戻したことは、私たちに何をもたらし、何を変えたのだろう。

そして、子どもが接する文化は、あの頃、どのような力を持ち、私たちは文化にどのような意味を見出し、何を期待していたのだろう。

〈文化〉という窓からあの頃を振り返り、あの頃の〈子ども〉たちを見つめ直し、〈ポスト三・一一〉の〈子どもと文化〉について考えたい。


あの日から間もなく、四年。

二〇一四年一一月

震災から三年八ヵ月の仙台にて

加藤　理

ポスト三・一一の子どもと文化

いのち・伝承・レジリエンス

目　次

Ⅰ　震災下の子ども

大震災の暗闇と物語の力

加藤　理

大震災の夜

星のきれいな夜だった。暗闇に包まれた停電の夜の空は、仙台から失われて久しい、美しい星空を現出させていた。

東北新幹線の長いトンネルのなかほどに停車した車内に二三時間弱閉じ込められた後、乗員乗客全員でトンネル内を歩いて脱出した筆者は、収容された福島市の福島明成高校から家族が待つ震災の街仙台に、一路タクシーで向かった。右手に広がる津波の跡を見ながら、信号も街灯も消えた国道四号線を走って仙台に辿りついた時、見慣れた街は、暗闇の底に沈んでいた。

避難所になっている近くの小学校や家の中を探したが、妻子の姿はなかった。近所を探し歩いた後に自宅マンションに戻ると、「星がきれいだね。」と語り合いながら、震災の夜が演出した奇跡の星空を、肩を寄せ合って見上げている妻子をマンションの中庭で見つけた。

燃え上がる湾岸の石油コンビナートが、赤々と夜空を焦がす炎を遠くに見ながら、子どもの手を引いて一一階の自宅まで非常階段を昇った。ドアを開けるや、懐中電灯は、まるで空襲にあったかのように、モノというモノが散乱したわが家の惨状を照らし出した。その中で、家族四人での被災生活が始まった。

その日の夕食は、筆者が持ち帰った新幹線の車内と福島の避難所で支給されたおにぎりとパンだった。妻が探し出してきたろうそくに火をともした。ゆらりと炎が立ち上がった。炎に照らし出された妻子の顔が、ぼんやりと暗闇の中に浮かび上がる。親子四人、ろうそくの火を真中に身を寄せ合いながら、三個のおにぎりと一個のパンを分け合った。

「暗くなったら寝て、明るくなったら起きる。これが人間の本当の生活。」と子どもを促しながら、妻がガラスの破片を片づけた部屋にみんなで横になった。

わが家では、子どもが寝る前には絵本を読んであげる習慣になっていた。だが、暗闇の中ではそれもかなわない。「今日の絵本は?」と聞く子どもに、「今日は真っ暗で絵本を読めないから、お話はどうですか?」と答え、その夜から、親から子への闇の中でのお話が始まった。

児童文化の力

マグニチュード九・〇の想像を絶する破壊力は、街や建物を破壊しただけではなく、被災者の心にも大きな爪痕を残した。特に、地震発生時に感じた恐怖は、幼い子どもの心の襞の奥深くまで浸潤し、不気味に繰り返す余震は、子どもの心に安寧を感じるいとまを与えなかった。

家の中の片づけをする一方で、五歳一ヵ月の子どもとは、できるだけ一緒に遊ぶことをこころがけていた。極限の緊張状態に必死に耐えている幼い子どもの心に、今こそ児童文化が必要なのだ、と筆者は信じていた。

部屋中にモノが散乱する中でも、手遊びをすることはできる。歌を歌うことはできる。片づけの手を休めては、「トントントントンひげじいさん」などの手遊びを一緒に行い、「幸せなら手をたたこう」などの歌を一緒に歌った。

はじめのうち、子どもは泣き笑いのような顔をしながら、一生懸命手と口を動かしていた。いつもの晴れやかかな表情と異なる子どもの姿が痛々しかった。だが、「幸せなら手をたたこう」から「幸せなら足ならそう」、そして「幸せなら肩たたこう」と一緒に楽しんでいくうちに、子どもの表情を覆っていた深い霧はしだいに晴れ、やがて「幸せなら頭たたこう」「幸せならお尻たたこう」などとふざけながら、キャッキャッと笑い声をたてて歌うようになっていった。

部屋が少し片づき始めると、子どもはしきりに絵を描きたがった。放映を指折り数えるほど夢中になっているNHK大河ドラマの主人公・江《ごう》の顔を繰り返し何枚も描いていた。そして、江の顔を書き終わった後、ポロポロ流れる涙を描き足していた。笑っている顔ではなく、泣いている顔を描くことに執着していた。また、ノートの隅のあたりを黒く塗りつぶしながら、「ここで宮城県沖地震が起きたの。」と独り言を言うこともあった。

明らかに、子どもの内面にASD（急性ストレス障害）の兆候が現れていた。目の前に大きな木が何本か立っている景色を見ると、「あの木、倒れてこない？」と不安そうにつぶやいたりもした。だが、繰り返し絵を描いているうちに、いつしか泣いている顔を描くことは少なくなっていった。ノートに地震のことを書き込むこともなくなっていった。

児童文化活動とは、周囲の事物・生命と、子どもの生命が相互交渉する過程と結果だと考えることができる。一定の年齢に達した子どもの場合、直面した現実を「描く・書く」という行為によって自己の内部で了解し、客観的な事実として理解することができるようになる。貧しい生活を直視させ、直視した現実を作文や詩として書かせた『山びこ学校』のような綴り方運動はその典型である。

だが、震災後の幼い子どもの様子を見ていると、目の前の出来ごとと幼い子どもの生命が相互交渉して「描く・書く」という児童文化活動を行った場合、現実を直視するのではなく、現実に直面したことで心に澱のように溜まっていた恐怖や不安を、表現と共に排出していることが理解できる。恐怖や不安を表現に変容させて排出することで、幼い子どもは心のバランスを保とうとしているのである。

また、行動を制限された中での極限の緊張状態は、子どもから主体的な意志を発揮する余地を奪ってしまう。部屋中の散乱物のために座る場所の移動さえもままならず、食べたい物や飲みたい物も手にすることができず、外を走り回ることも許されず、繰り返される余震のたびに心身が固まってしまう生活は、子どもにとってまさに主体的意志に基づく選択された行動を制限された極限の緊張状態である。

極度の緊張状態を強いられた時、人の心は、その状態を脱して主体的意志の力を取り戻すことを無意識に要請する。たとえば、常に受験のためを考えた行動を強いられて主体的意志に基づく行動を抑制される受験勉強のさ中に、人はその状態から逸脱して、「〜のため」にする行為とは無縁の行為に「没頭」することで主体的意志を回復しようとする。受験勉強から離れて無性に本が読みたくなったり、ギターを弾きたくなったりすることは、主体的な意志を回復することを無意識に心身が要請した結果行われる行為だと考えられるのである。

生活の様々な局面で、私たちは主体的意志を抑制させられながら「～のため」の行動を強いられる一方で、「～のため」から逸脱した行動を通して主体的意志を獲得・回復することを常に行っているのである。「～のため」と無縁に行われ、しかも強制された行為ではなく、主体的に絵を描いたり歌を歌ったり、物語を創作したりする行為は、そうした行為の典型といえる。これらの児童文化活動に「没頭」することは、子どもにとって「～のため」から逸脱して主体的意志を獲得・回復する行為なのである。

震災の極限状態で主体的意志に基づく行動を抑制された子どもが、児童文化活動に没頭している姿は、児童文化が持つ力と本質とは何か、あらためて考える契機を与えてくれた。

物語の力と物語る力

震災から十日ほど経った三月二三日、子どもは突然、「むかしむかしあるやまにはいじがすんでいました。こはるより（昔むかし、ある山にハイジが住んでいました。小春より＝カッコ内筆者。以下同じ）」「にほんむかしむかしにらめこしましよわらたらまけよあぷぷ。あまけちやた。わはは。にらめこもういかいあぷぷ（日本昔むかし、にらめっこしましょ、笑ったら負けよ。アップ。あっ、負けちゃった。わはは。にらめっこもう一回。アップ）」「むらびととまごとみんなはだいじようぶだよ。みんなこはるのおうちにひなんしてきなよ。（村人と孫とみんなは大丈夫だよ。みんな小春のお家に避難してきなよ）」から始まるような、自作の物語をノートに書くようになった。自分の心の中に浮かんでくる物語を、たどたどしい文字で一生懸命書きつけるようになったのである。

子どもが物語を書き始めた二三日は、震災直後の悲惨な生活から少しずつではあるが脱却し始めた時期だった。家の中はほぼ片づき、電気と水道と光ケーブルも復旧し、ガス以外のライフラインは復旧していた。

ただし、食料をはじめとするモノ不足は相変わらず深刻なままであった。早朝の六時頃からスーパーに並び、三時間以上並んだ挙句、一人十品限定で即席スープや焼きうどん、ジュースなどが買えるといった状態が続いていた。オムツや牛乳、水、肉類といったものがまったく手に入らない状況に変わりなかった。それでも、震災から数日間続いた、おにぎりやおかずを炊きだしてくれるお店を探し求めて街をさまよう困苦からは解放されていた。

深刻なモノ不足の中で、否応なしに子どもの存在をあてにせざるをえない日々が続いた。一人十品しかモノが買えないために、わが家の一員として子どもにもモノを買う仕事を担ってもらったのである。子どもは、親から「頼むよ」と言われてお金をにぎりながらドキドキして列に並ぶ。そして、その紅潮した小さな頬は、一人の客として扱われて無事にモノを買い終わった後の、言いようのない安堵と誇らしさを物語っていた。

あてにされる喜びを感じる一方で、絵を描いたり折り紙をしたり手遊びをしたり、家族でトランプをしたり、お話を聞いたり、といった児童文化活動を楽しんでいく中で、震災で失われた落ち着きと平穏が子どもの心にしだいに取り戻されていくのを感じることができた。また、この頃には、新聞に掲載される親を亡くした子どもの写真や、避難所で遊ぶ子どもの記事に大きな関心を寄せ、その写真や記事の内容について繰り返し質問するようになっていた。

お話や手遊びが心を活性化させながら、主体的意志に基づく行動の力を取り戻させる一方で、あてにされることで感じた誇りは、辛い状況にいる同世代の子どもたちの存在に目を向けさせ、その苦しさや悲しさに思いを馳せるエネルギーを生み出したのであろう。こうした日常を過ごす子どもの心象風景が、あのような物語となって表出されたのである。

低年齢の子どもは、現実と非現実の区別がつかない状態で、まるで自分が物語の中の住人の一人であるかのように感じながら物語を読み進めることが知られている。筆者の子どもも、物語を頭の中に浮かべていきながら、現実でもない非現実でもない、不思議な世界にどっぷり浸かりながら楽しんでいたのである。

ニュースで繰り返される悲惨な光景や、入浴もできずモノもない不自由な耐乏生活から離れたもう一つの不思議な世界を頭の中に作り出せるようになったことは、子どもの心を震災の現実から逃れさせることになった。物語を作るということは、現実と子どもの内部に作られたもう一つの世界とを往還できるようになることでもあり、現実を離れて、いつでも自由に別の世界の住人になれることを意味していたのである。

闇の中の一体感

寝る前のお話は、電気が復旧した今でも続いている。絵本を読んだ後、電気を消して暗闇の中でお話を語ることが習慣になっている。「笠地蔵」や「ふるやのもり」、「三枚のお札」などの日本の昔話から、「北風と太陽」や「蟻ときりぎりす」、「みにくいあひるのこ」などのイソップやグリム、アンデルセン、「杜子春」や「くもの糸」といった大正期の童話、そして「地蔵になったじいじ」や「星になりたかったヒトデ」といった即興の創作まで、様々なお話を駆使して楽しんでいる。

子どもは、筆者の隣に横になりながら、じっと眼を閉じて聞き入っている。子どもは頭の中に、筆者が話す物語の世界を想起しながら、その世界の住人の一人になってその世界の中を駆け回っているのであろう。じっと聞き入った後、話がひとしきり終わると、さも満足そうに「ふふふ」と笑って、「もう一つ別のお話」とリクエストしてくる。時には、「もう一回」と同じ話を要求してくる。同じ内容の話でも、声のトーンやオノマトペア（擬声語・擬態語・擬音語）の微妙な言い回しの違いなどによって、二度と同じ話が語られることはない。物語られるお話には、無常さゆえの一回性の魅力が存在するのである。

筆者が発する物語を頭の中でお互いに映像化しながら、筆者と子どもの心は暗闇の中でしっかりつながっている。物語をお互いの頭の中で共有し合うことで、二人の心身に不思議な一体感を感じ取っているのである。その感覚が、震災後の不安な気持ちをどれほど落ち着けさせてくれたことだろう。

千年に一度といわれる大震災の中で、遊びやお話などの児童文化が子どもたちをＡＳＤやＰＴＳＤ（心的外傷後ストレス障害）から回復させていることが報じられている。大震災の日々の中で図らずも感じることができた児童文化の本質と物語の力について、震災後の子どもたちのためにも、さらに考え続けていかなければならない。

「つなみ」を書いた子どもたち

森　健

「ね、これに書くの？　これもらっていいんでしょ？」

「この色鉛筆もいいの？　絵でもいいの？」

「何枚書けばいいの？　一枚じゃダメ？」

集まってきた子どもたちは四方八方からそう言い、肩から下げた袋にあった原稿用紙や鉛筆、消しゴムなどの文房具をあっという間に奪っていった。まだ説明もそこそこの時点であり、保護者への説明はそこから時間をかけねばならなかった。

二〇一一年四月中旬、石巻市の住吉中学校の体育館避難所でのことだ。

当時、わたしは被災地の子どもに自分の体験を作文に書いてもらえないかという依頼をしに宮城県に入っていた。最初に名取市に入り、翌日には仙台市若林区、そして石巻市へと足を運んだ。三日間で三十人ほどの子どもとその保護者に声をかけ、結果的には二二人から作文を受け取ることができた。

この四月の経験から、翌月には岩手県大槌町まで北上して、さらに地域を拡大していった。その結果、十市町から八五人の作文、十数人から絵をもらうことができ、「文藝春秋」臨時増刊号『つなみ被災地のこども80人の作文集』というムックにまとめてもらった。

簡単にできると思っていたわけではない。こちらが動き出したのは四月中旬で、まだ震災から一カ月あまりしか経っていない時期。記憶は生々しいばかりか、被災者のほとんどは避難所暮らしでもあった。そんな中で作文を書くという行為は、心境的に難しいこともあるだろうとも想像された。そこで依頼に際しては、けっして無理強いはせず、子どもと保護者の双方に説明したうえで、「書いてもいい」「書く」と賛意を示してくれた人にのみお願いすることにした。

不安を抱えつつ、避難所を周りだしたのだが、実際には予想をはるかに上回って子どもも保護者も作文に協力的だったのである。

石巻市の中心部にある大街道小学校の避難所を訪れたのは五月初旬の夕刻だった。避難所の体育館内は各家庭ごとに段ボールでブース状に仕切られていたが、子どもたちの多くは共同スペースに集まって大騒ぎ。体育館内はあちこちで賑わしい声が聞こえていた。雰囲気にとまどいながらある小六の女の子とそのお母さんに声をかけたところ、すぐにこちらの意図を理解し、「それならみんなに声かけましょう」とその場で周囲に声をかけ輪を広げてくれた。集まってきた子どもたちは小二から中学一年生まで八人ほど。年齢はバラバラで、いまや学年の壁を越えて仲良くなっていた。子どもたちの中には、こちらが作文の話をすると、「僕も体験を日記に書いていたんです」という男の子もいれば、全国で自分の震災体験が読まれるということを知って、「おー、すごい!」と興奮している子もいた。

気仙沼市の仙翁寺という寺の避難所では、こちらが保護者の前で話しかけると、「書きたい、書きたい！」と喜ぶ小学生姉妹がいた。なぜそんなに書きたいのと尋ねると、「だって、ほんとに大変だったから」「みんなに知ってもらいたかったから」という返事が返ってきた。横にいた父の話によれば、姉妹を含む家族五人は三月一一日は地区の避難所自体が津波に襲われたため、避難所に入ることもできず、あの雪が降る寒さの中、野外で二日を過ごしていた。父はこう説明した。

「夜は身を寄せ合って寝ましたが、凍死しそうな寒さでした」

姉妹は老人ホームが津波に呑み込まれていく様子も目にしていた。それを見た時には、おそろしくて泣いてばかりだったという。ただ、わたしの前では姉妹は私たち大人をふざけてからかってくるほど元気だった。

同じ気仙沼の中心部の気仙沼小学校の避難所では、カードゲームに興じていた小四の男の子四人が乗ってきた。当初は「え、作文かよー」「おれ書けねえよ」という子もおり、実際に一人は書かなかったが、三人はきちんと期日に書いて持ってきてくれた。

名取市の館腰小の避難所では、小一になったばかりの妹と小四の姉が「あそこの人も小学生だよ」「今度はこっち」と避難所の子どもたちを次々に紹介してくれて、依頼することができた。さらに、その避難所では五歳の保育園児の子まで周囲に刺激されて、こちらが頼んでもいないのに親と一緒に作文を書いてくれていた。

もちろん全員がこのように協力的だったわけでもない。メディアの依頼ということだけで門前払いされたこともあったし、取材ではなく作文という行為に（宿題を想起するのか）いやだという子もいた。明確に震災体験を書くことを拒否した親も二人いた。どちらも南三陸町の保護者だった。一人は、子どもは書いてもいいと応じていたが、後日「やはり思い出させたくないので」と断りの連絡があった。もう一人はこちらの説明を聞いたあとで即座に「いまは津波のことを書かせたくありません」と拒否した。そうした反応も無理からぬことだった。

自らが体験したことを作文に書く。それはけっして簡単ではなかっただろう。だが、どこの地域でも、こちらの不安をはるかに越えて子どもたちは協力的だった。子どもたちの多くは最初は「おれが書けるかな」「私、作文下手なんです」と首をひねる。けれど、表現したい気持ちが勝つことになった。無口で無骨な男の子が八枚を書いてくれたりと出てくる作文は予想外のものが多かった。

なぜそんなことが可能だったのか。

理由の一つには、暇だったから、なんとなく興味が湧いたから、文房具がもらえるからなど子どもらしいものもあるだろう。だが、そうした稚気を考慮したうえでもなお、やはり子どもの内に伝えたい気持ちがあった、ということではないかと思う。

引き受けてくれた動機をあとで尋ねると、多くの子どもは「みんなに津波の怖さを知ってほしかったから」「もうこんなことが起きてほしくないから」と述べていた。それは承諾してくれた保護者も同様で、震災から日が経つにつれてメディアで津波よりも原発のことが比重が大きくなっていくのを見て、津波被災地の話題が少なくなることを懸念していた。「忘れてほしくないんです」「いまでも厳しいことを伝えてほしい」。そんな思いはあちこちから耳にした。子どもであっても、いや、子どもだからこそ、あの凄まじい体験が風化していく前に伝えたかったのだろう。

ただし、そうして作文を書いてくれた子どもたちが全員がずっと元気に過ごしていたかと言えば、そうでもない。こちらは作文を受け取ったあとも継続的に協力してくれた家族と連絡をとってきたが、その中には一時不登校を訴えたり、落ち込んでうつ気味な態度になったり、粗暴な行動をとるようになった子もいた。

不登校を訴えた宮城県の高校生の男子は、避難所生活が長引く中、体育館に多数貼られた「頑張れ宮城！」といった寄せ書きを見ているうちに、気分が落ち込んだ。母の話によれば、「頑張れ」と周囲は鼓舞するものの、高校生がやるべき勉強と地元の復興とはまったくつながりが見えず、学校に意味を見いだせなくなったのが原因だった。

また、宮城県の小学校低学年の女の子は、どこに出かけるにも携帯用ラジオとライトを携行するようになり、夏のプールは「水が怖い」と入るのを嫌がるようになった。

岩手県の小学校一年の男の子は、避難所生活の途中から言葉と態度が乱暴になり、新たに入学した小学校では校長室に閉じこもって泣き叫んだりした。母によれば、保育園から小学校への節目がないまま進学したうえ、避難所では高学年の子どもと遊ぶことが多かった。そうした環境の変化が、学校生活に適応できない要因だったのではないかと推察していた。

こうした問題行動が表れたのは震災から三カ月ほど経った夏休みの前後で、その後秋を迎える頃には多くの子どもは落ち着くようになっていた。落ち着いた理由には、「仮設でゆっくりできるようになったから」とする親が多かった。だが、逆のケースもあった。

宮城県の小学校高学年の女の子は、夏休みに入って一人の時間が多くなったことで不安が高まったのか、食欲が減り、口数が少なくなった。母親は「疲れが出たんですかね」と不安を語っていた。

二〇一一年一一月現在、右記のすべての子どもたちは正常に戻っているが、避難所から仮設住宅へ移る前後には、このような変化を時々耳にすることがあった。多くの親が指摘していたのは津波や震災へのショックよりも、居住環境への適応の困難さだった。見知らぬ人たちと一緒に暮らす避難所生活から、プライバシーは保てるが孤独も感じる仮設住宅という環境の変化。そんな変化への適応が子どもにとって、相当ストレスだったのではないか。そう多くの親は指摘していた。

阪神・淡路大震災での震災遺児の面倒を見てきたあしなが育英会の林田吉司専務理事は、阪神・淡路の震災遺児は数年後に行動が荒れたケースが多かったと指摘、今回の震災でもそうなる可能性もあると語っていた。とくに親や兄弟を失うなど苛烈な体験した子には全面的に心を開いていない子もいる。また、被害は少なく、見た目も普通でも精神的なショックが大きい子もいる。その意味で、まだ諸手を上げて安心というわけにはいかないのが実情だろう。

だが、震災から半年を経て、仮設住宅での生活が軌道に乗る過程で、親も子どもも表情が前向きになっていったのも事実だ。学校活動がペースとなり、次から次にやってくる行事に「大変です」と言いつつも、それを心から楽しめるほどに日常を取り戻してもいた。

わたしは作文で縁をもった被災家族十組の再生の過程を『「つなみ」の子どもたち』（文藝春秋）という本にまとめたが、今後も知り合った子どもたちの家族の変遷は追いかけていく予定である。

二〇一一・三・一一の記憶を越えて

八木澤弓美子

大槌保育園がある岩手県上閉伊郡大槌町は、太平洋沿岸に面したリアス式海岸の景観が美しい沿岸北部、沿岸南部のほぼ中心部にある街です。「ひょっこりひょうたん島」のモデルとなった蓬莱島があり、海の幸が豊富で、秋には鮭などのおいしい魚が沢山獲れる所でした。

そんな大槌の街は大震災と津波で街の五二パーセントが壊滅的な被害を受け、震災前一万五二七七人だった人口は、(二〇一一年)九月三〇日現在で死者八〇二名、行方不明者五二六名、震災後には一万二八三四名となってしまいました。これは岩手県全体の死者・行方不明者数のおよそ二一・五パーセントを占めています。

家屋も、およそ六千世帯あったうちの三七一七棟が全・半壊しています。

二〇一一年三月一一日午後二時四六分。

お昼寝後のパジャマ姿の子どもたち。今から着替えておやつを食べるぞという時間に、「地震です。先生の側に集まって下さい」と放送すると同時に揺れはますます強く、激しくなっていきました。園庭が大きく地割れしています。「これはただごとじゃない」。

長い揺れ。園内はすぐに停電。

「大津波警報が発令されました」

一度だけ聞こえた防災無線…。もう園内放送も機能しない…。

避難訓練では一度、園庭に整列し、子どもたちの人数を確認してからまた更に避難場所へ…という訓練をしていましたが、そんな時間はないと判断し、準備できたクラスからすぐに避難するように指示しました。

避難訓練の時にいつも「足が痛い」「靴が脱げた」などと弱音をはく子どもたちも、必死に真剣に走り、私が最後のクラスを見送った時には先頭のクラスはすでにローソンがある国道へ上がっていました。

ふと横を見ると何人もの人たちが血相を変えてこちらに逃げてくるのが見えました。この場所は安全と思っていたローソンには誰も入らず、みんな通り過ぎて行きます。「あれ？ 火事じゃない？」、後にいた男性が言いました。視線の方を見ると遠くに見える水門付近が砂煙で茶色に変色しています。「あっ!! 電信柱が倒れてる!!」職員がそう叫んだのでまたよく見ると、平行に並んだ電信柱が次々にゆっくりと倒れているのが見えました。

「津波だぁ～」また後ろにいた男性が叫んだので、とっさに「この場所も危ない」と思い、「ここもダメかもしれない…。ここより高い所に行こう!!」と、残った四〇人ほどの子どもたちをまたおんぶ・

避難車・手をつないで、ローソンより更に高い国道トンネル方面へ避難することを指示しました。

ローソンを出てトンネル方面へ向かう歩道を必死で走っていると、ゴォ〜〜〜〜バキバキバキィ〜〜〜今まで聞いたこともないような爆音が聞こえたかと思う間もなく津波が――。

「先生〜〜!! こわぁ〜〜〜い」「きゃ〜〜〜〜」、波をもろにかぶってしまうのではないかと思うほどの勢いで津波が襲ってきました。足がブルブル震えていましたが、とにかく子どもたちを安全な場所に避難させなくては!! 津波の勢いからどの辺まで来るのか想像すらできずにただ無我夢中で国道を走りました。

「がんばって!! もう少し!! 先生のそばに居れば大丈夫だよ!!」と、子どもたちを励ます職員共に必死でした…。

子どもの手を繋ぎ、走りながら、「山に上がるしかない」と決断しました。近くのショッピングセンターの店員さんたちも避難していたので、「助けて下さい! 子どもたちを山に上げるので手伝って下さい」と頼みました。皆さん快く手伝ってくれました。

ふと山頂を見上げるとかなり高い所まで人が登っていました。「あそこまで行かないと津波にのまれるんだ…」とにかく上へ上へ…、急な斜面を切り株や木に手をかけ四つん這いになって懸命に登りました。

こうして間一髪三〇人の子どもの生命が助かりました。ふり返ると津波がコンビニや園舎などをのみこんでいました。山頂は雪。寒さからも子どもたちを守るのは大変でした。

何時間山頂にいたのでしょうか。麓に着いた時には真夜中でした。避難所になった弓道場で、職員は輪になり足の間へ子どもたちを入れて、一晩を過ごしたのです。

震災から五日目に子どもたちの安否確認をする中で、保護者の元へお渡しした九名の子どもたちが保護者と共に行方不明になっていることを知りました。「お願い！ 無事でいて！」という思いとは逆に犠牲となってしまったことを知りました。隣町の釜石市の避難所も探しましたが居るはずもなく…。九名のうちの三名は八ヵ月経った今でも行方がわからない状態です。

遺体の捜索や安置所もまわり、変わり果てた子どもとの再会…。

眠れぬ夜が続き、目を閉じて浮かんでくるのは変わり果てた子どもたちやママの姿。

「何で帰してしまったんだろう…」

「自分がもう少し早く状況を確認していれば一緒に逃げたはず…。」

ずっとずっとこんな想いを抱いていました。正直、誰と会話するのもイヤ…。保育園を見るのもイヤ…。普段から職員には「子どもの命を預かっているのだから」とかっこいいことを言っている自分が何故助けられなかったのか…。

保育士の仕事って何？

思い詰めて、自分が代わりに津波にのまれてしまえば良かったのに…。

深い悲しみと絶望に襲われ、もうこの仕事は辞めよう、保育園の再開など無理だと思っていました。

そんな時、震災当日宮古へ出張していた事務員と二週間ぶりに連絡が取れ、震災後バラバラになってしまった職員とほぼ三週間ぶりに再会した時のあの安心感は今でも忘れることができません。

そして、みんなで悲しみを分け合い、涙した時「私だけが苦しい想いをしてたんじゃなかったんだ」と思えたその瞬間に、「よし！ 前を向こう！」と思いました。

「先生！　いつ保育園やるんですか？」「待ってますね」「命を救ってくれてありがとうございました」

こんな保護者さんからの温かい言葉にも沢山支えられました。

それからはじまった園舎の泥だし。私と事務員が様々な事務整理に追われている間に、職員が涙と寒さに震えながら毎日毎日重たい泥をかきだす日々…。

プレハブの仮設は三ヵ月待ちと言われていた五月中旬。

震災直後から園にボランティアで入ってくれていた静岡ボランティア協会の方のご紹介ですぐにプレハブが手に入ることを知り、待っている子どもたちのためにと法人の理事とも協議を重ね建設に踏み切りました。

金銭的にも逼迫していましたので、窮状を聞いた日本ユニセフ協会の全面的な支援のおかげで、三ヵ月ぶりとなる六月一日に仮設のプレハブ園舎で保育再開を果たしました。

子どもたちは無邪気なものでした。

はじめは場所が変わったり、震災の影響で落ち着かない様子でしたが、日々の職員との関わりの中で時間をかけてゆっくり三ヵ月分の信頼関係を取り戻して行きました。お外が怖いと言ってお散歩に出ることが困難になってしまったり、お絵描きの時間になると「描きたくない…。」と言って拒否したりという子もいました。

その時職員と話したことは、「大人でも精神的に回復するのは時間がかかるから、焦らずゆっくり向き合って行こう！」でした。

時間を早めにお迎えに来てもらったり、お散歩の時は事務所で絵本を読んで待っていることもありました。それでも「保育園楽しい！」と言って登園してくる子どもたちの笑顔に何度救われたでしょう…。

震災後、ボランティアさんのバスでなかなか実現できなかった公園へ連れていってもらうことが出来ました。その時、被災した本園舎の前を通ることになりました。

「あっ！ 俺の保育園だぁ!!」と一人が言うと、みんな一斉に窓の外を見ました。「保育園あんじゃん!!」「でも中がまだ汚れているから使えないんだよ」「じゃあ僕が掃除してあげる!!」「俺も!!」「でもおトイレとか臭いよ…」「大丈夫!! 鼻つまんでやれば臭くないよっ！」「あの保育園に帰りたい？」「はぁ〜〜い！ 帰りた〜〜い！」全員が手を挙げています。なんと、お散歩が怖くて行けなかった子も手を挙げていました。

バスの中での一コマでしたが、今まで当たり前だった日常がこんなにも懐かしく、また、子どもの一言がこんなにも心に響き、「やっぱり保育士であるが故に感じることが出来るんだなぁ…」と、改めて保育士であるという、この仕事に感謝しました。

震災後、三ヵ月待って再開した保育園の子どもたちは保護者と一緒に居ることが出来た安心感からか本当に普段と変わりなく、プレハブの園舎が壊れてしまいそうなほど元気です。

しかし、震災から半年くらい経った九月頃、子どもたちの心にも変化が見られました。

特に年長児は亡くなってしまったお友だちがクラスに四人も居ることをちゃんと理解しながら、実はずっと言葉にも出さずに明るく振る舞っていたのです。

一〇月中旬に親子遠足を計画した時、一人の子が「行かない」と言いました。理由はありましたが、担任から相談を受けみんなで話し合おうということになりました。

するとその話し合いの中ではじめて亡くなったお友だちの名前が出はじめ、全員で泣きながら「自分たちが頑張ればお空から応援してくれるんだよ」と言うのです。私と担任は「今、この時この子たちと正面から向き合わなくては…」とじっくり話をしました。

「なんで津波が来たんだろう…」と一人の女の子が語りだします。

「そうだね…。なんで今だったんだろうね…」すると…。

「園長先生がさっ！　Tちゃんたちにお家へ帰らないで！って言えば良かったじゃん!!」…心がキュンとなり次々に涙が溢れて来ました。はじめてぶつけて来た本心。

「きっと大切なものを取りに行ったんだと思う。Hちゃんもお家に大切なものあった？」

「うん…。あったよ…」「それは何？」「あのね…。七五三の時に綺麗な着物を着て撮った写真…。でも流されちゃった…」

「そっか…。三歳の時は一回だけだもんね…。でも七歳でも着れるよ。きっと、Tちゃんも大切なもの取りに行ったんだね…」そう言うと、

「Tちゃんに会いた〜〜い」と言って、私に抱きつき大声でわんわん泣いたのです。「先生も会いたい…。これからはこうやって我慢しないで悲しい時や会いたくなった時には話そうね」と言うと、うんとうなずき、今までお互いにかぶっていたベールがはがれていく様な気持ちになりました。


これからの道のりはまだまだ長く険しいものです。

ここまで色々な思いをしましたが、ここまで来れたのは本当にたくさんの方がたの支えがあったか

らです。

また、子どもたちも仮設住宅が完成すると少しずつ保育園に戻ってきてくれたのですが、保育士不足で日本ユニセフ協会の仲介で東京都社会福祉協議会保育部会保育士会より保育士の派遣ボランティアさんにも来ていただきました。

失ったものはいっぱいありますが、たくさんの方がたと出逢い、溢れるほどの優しさをいただき、こうして今ここに居られるのもそんな皆さんのお蔭だと感謝しています。

これからの目指すところは本園舎に戻ることです。

今は危険区域に指定されるか否かの判断待ちですが、職員や沢山のボランティアさんが泥だらけの園舎を何日もかけて綺麗にしてくれた園舎。移転してたった二年しか経っていませんでしたが、子どもたちとの想い出がいっぱい詰まった園舎に一日でも早く帰りたいと思っています。


「最後まで孫と娘に愛をいっぱい下さってありがとうございました」

亡くなった園児のお婆ちゃんが私にかけて下さった言葉でした。

私たち保育士という仕事は今すぐに答えが出る仕事ではありません。正解か不正解かはわかりませんが、この世から旅立ってしまった六名と、未だ見つからない三名の大切な子どもたちの分まで、今、目の前にいる子どもたちに沢山愛情を注ぎ、成長を見守り、力強くたくましく、大人になって「この大槌に生まれ育って良かった」と思ってもらえる様に、子どもたちのために汗を流すことを決めました。

職員や保護者と共に支え合い、助け合いながら復興に向かって一歩一歩前進することが何よりの供養だと心に誓いながら…。

被災地の子どもの心を支える

玉井邦夫

一　個人的な見聞から

はじめに

二〇一一年四月中旬。「空前」「未曾有」といった最大級の形容詞が乱発された東日本大震災において、「激甚」被災地のひとつとなった宮城県南三陸町に私はいた。私の所属する大正大学は震災の影響で入学式を一ヵ月延期せざるを得なくなり、当初予定の授業などを実施することができなくなった四月を利用して、四波にわたる現地へのボランティアチームを派遣したのである。私はそのチームの一員として、二〇名ほどの学生たちとともに現地に入った。南三陸町には、震災直後から激甚地区の象徴のように何度も報道された建物がある。新婚の女性職員が最期まで避難を呼びかける放送を続けて殉職した防災センターである。その建物は、鉄骨を剥き出しにして一面の瓦礫の中に寂しげな姿を見せていた。四階建ての建物の屋上に横転している船舶や、何よりも地図が意味をなさなくなった市街地の光景は、あらためてこの震災が私たちにとって空想科学ドラマ的な想像力の範囲だと思っていた事態が現実化したということを示していた。

この震災が、これまでの災害トラウマへの対応とは質的に異なるものになるかもしれないと感じる理由は二つある。ひとつは、災害規模のあまりの巨大さであり、もうひとつは、福島で発生した原発事故である。この二つの要因は相互に絡み合って、災害の影響を全国に及ぼすことになった。被災地を離れて避難する人びとは、前例のない数が、ほとんど全国範囲にわたった。原発事故は、今も記憶に新しい節電圧力を社会全体にかけることになり、産業界を巻き込んだ。その影響は保護者の勤務シフトの変更による休日保育のニーズにも及び、各電力会社の原子力政策にも次々と疑問点が指摘されることにもつながった。発生から半年以上を経過して、東日本大震災は、もはやどこまでが震災の影響なのかということすら判然としないほどに広範囲の影響を私たちの生活に及ぼし続けているようである。

自然災害とトラウマ

トラウマを癒していく過程では、「美しい自然」は大きなリソースになる。自然災害（今回の震災の影響が純然たる自然災害なのかどうかは議論の余地があるとしても）によるトラウマでは、本来リソースであるはずの自然が自分たちの脅威となる点にひとつの特徴がある。とりわけ、今回の震災で壊滅的な打撃を受けた沿岸地帯は、その多くが海によって生活の糧を得ていた地域である。南三陸町の方たちも語っていたが、地震の揺れが収まった直後に見た町並みは、決して崩壊状態ではなかったのだという。しかし、その後に襲来した津波は、町の姿を一変させてしまった。まさに、海に牙を剝かれたのである。しかし、復興はやはり海との共存という形をとらざるを得ない。現地で非常に印象的だったのは、人びとが自分たちの暮らしていた町がどれほど美しかったかをひたすらに語ることだった。必ずあの暮らしを取り戻す、そのときは南三陸の魚を食べに来てくれ…何回もそのことばを聞いた。津波の破壊力がどれほど大きかったとしても、自然はやはりリソースなのだということを感じさせられた。そのことを感じた場面がもうひとつある。私たちは避難所で午前と午後にそれぞれ子ども向け・大人向けにDVDを上映したが、大人向けで圧倒的に支持されたのは「男はつらいよ」シリーズだった。実は、上映する側としては三陸海岸ではないにしても四季折々の海辺の景色を見せることにためらいがあった。それが被災した方たちには辛い映像なのではないか、と考えたのである。しかし、実際はまったく違った。避難所の方たちは、むしろそうした映像を見たがったのである。自然からの脅威を自然によって癒そうとする人びとの姿は、これからの復興の道筋についても何かを考えさせられるものだった。

ちなみに、子どもたちにもっとも喜ばれたのは「ワンピース」だった。これもまた、上映する側からすると「海賊」ものであり、津波を連想させるのではという躊躇が表明された。しかし、これについては私自身が主張をした。たしかに海賊のアニメーションかもしれないが、そこで語られているのは海で生きていく「友情」や「信頼」であって、子どもたちは必ずその部分に反応してくれるはずだ、ということである。実際、「今日は『ワンピース』を映すよ」と伝えたときに子どもたちが見せた輝くような笑顔を忘れることができない。

福島の特殊性

その後、私は大学とは無関係に、二度、福島県に入った。これは、私が理事長を務めている日本ダウン症協会の福島支部を訪ねたものだった。

自然災害に対する人間の反応は、「茫然自失期」「蜜月期」「幻滅期」という三つの相を経ていくと言われている。「茫然自失期」とはまさに文字通りで、突然の災害に自分たちの生活が破壊されてしまったことを、まだ受け容れることができずに立ち尽くす時期である。それに続く「蜜月期」では、復興への歩みが始まる。それはくり返し喪失や絶望と対面する作業でもあるが、しかし、「確実にするべきことがある」という目標の明確になる時期でもある。そして、この時期には多くの被災者や支援者が共通の目的意識で結ばれ、復興を形として実現しようとする。そこには多くの連帯意識が生まれる。阪神・淡路大震災のときにも、「蜜月期」では児童生徒の不登校が減少したと伝えられている。だが、ある程度まで復興が達成されてくると、それまでの不断の緊張や不安に耐えてきたことへの反動もあって、「幻滅期」と呼ばれる時期が来るとされている。形としての復興がある程度まで成し遂げられたとしても、家族内の死者などに代表されるように、喪失してしまったもののなかには原状回復が不可能なものもあるという現実が立ちはだかる。そして、「仮設住宅がなくなった」「道路や鉄道が回復した」といったインフラ的な復興が報道されていくにつれ、被災地に対する他の人びとの関心はどうしても薄れていく。個々人としては大きな喪失を実感させられ、取り戻すことのできないことが自分の人生に生じたのだと感じていても、そうした自分たちの姿が世間からは忘れられていくような気持ちになる。それが「幻滅期」であるとされている。

福島の人たちと語る中で感じたことは、広大な範囲を巻き込んだ原発事故という要因が、彼らから「蜜月期」を奪っているのではないかということだった。五月に訪ねたときも、八月に訪ねたときも、原発事故は終熄していなかった。単に事故が終熄していないということだけではない。仮に原発が冷温停止を迎え、「終熄」が宣言される日が来たとしても、それでかつての「日常」が回復するとは限らない――いや、たぶん回復しないだろう、という彼らの気持ちが伝わってきたのである。福島市内は浜通りとは違い、表面的にはさほど甚大な被害を受けているようには見えなかった。しかし、屋根瓦が落ちた、ガレージが崩れた、壁にひびが入った、といった被害は随所に見られたらしい。ある母親はこう語っていた。「見積もりはとったんだよね、一応。二〇〇万くらいで綺麗にはなると言われた。出せない金じゃないんだけど、でも、それで家を直したところで、計画的避難区域を何キロか拡げられたら、出て行くしかない。そうなったら帰ってくる保証なんてないよね。だから、家を修繕しようという意欲も出てこなくてね。何か行動して気分を変えようと思うんだけど、その行動をする意欲が出てこないの…」。

福島からは話がそれるが、「忘れられる」という点で触れておきたいことがある。今回の震災では、茨城県の北部や千葉県の一部などでも相当の被害が出た。余震の頻度はむしろ茨城県北部の方が多かったかもしれないし、震災直後のライフライン寸断も深刻だった。千葉では大規模な液状化が発生した。震災後、私は千葉県の幕張に出向く機会があったが、さまざまな建物の入り口がスロープ様になっているのを見た。駐車場が機能しなくなっている場所も散見された。だが、震災後の報道はともすれば東北三県に集中し、こうした地域の情報はあまり伝わってこなかった気がする。たしかに、死者は出なかったかもしれないし、津波も襲わなかった。しかし、そこに暮らす人々の生活が大きく脅かされた点では何も変わるところはないはずである。「報道されて忘れられる」だけではなく、「そもそも注目されない」という「幻滅」が生じているかもしれないという危惧を感じている。

子どもたちの反応

震災の直後から、日本ダウン症協会は会員で被災地に暮らす人たちの安否確認作業を開始した。当初、連絡のとりようもない中で、インターネットの掲示板に次々とアップされる各避難所の手書き名簿の写真が唯一の情報源だった。公開される写真の中には、名簿が貼り出された壁や黒板の前でVサインをしたり、おどけた表情をしてみせる子どもたちの姿が写っているものもあった。手書きメモは写真の解像度によってはきわめて判読しにくいため、これをテキストデータに変換する作業が各地のボランティアの手によって進められていたのだが、その作業をしたくても子どもの姿が名簿の一部を隠してしまっている写真もあった。そのため、ボランティアの中には、「笑う神経を疑う」「子どもが邪魔だ」「どうしてこんなふざけた真似ができるのか」といった意見を寄せる人たちもいた。だが、それは違う。極限に近い恐怖と、その直後から続く絶え間ないストレスの中で、笑う、おどけるという反応は、子どもにとっては有効な防衛戦略のひとつだったはずである。阪神淡路大震災後に行われた長期追跡研究では、子どもたちのトラウマがさまざまな「こころの問題」として顕在化したピークは、震災から三年後だったと言われている。大人が茫然自失し、にわかには気力を掘り起こすこともできない状況に陥ったとき、子どもたちはかえって落ち込むことができなくなるのではないか。大人たちが復興に向けて立ち上がり、徐々に「日常」を取り戻し始めたとき、子どもたちはそれまで隠してきたこころの傷を剝き出し始める。それはまるで「もう落ち込んでもいい？」と尋ねてきているようである。四月に南三陸町で出逢った子どもたちもおしなべて明るかった。高校生くらいの年齢の子どもたちの中には、涙を見せて苦悩を語る子もいたが、幼児や小学生にはほとんど落ち込んでいるような印象はなかった。もちろん、表面的には、ということである。

子どもたちのこころに何も起きていないなどということはあり得ない。今回の震災の発生は午後三時近くであり、保育所や学校ではまだ下校していない子どもたちが多くいたはずである。多くの学校では、子どもたちは保育士や教員の誘導で高台に避難できた。そのことは、町がたちまちのうちに津波に呑み込まれていく光景を直接目撃していたということを意味している。震災の直後に繰り返し放映された映像の中には、無言で津波の脅威を見つめていた小学生低学年くらいの子どもが、突然号泣し始める様子が映されていた。それが当たり前である。しかし、その子ども以外の子どもたちは、無表情でひたすらに津波を見つめていた。

トラウマをどうとらえるか

トラウマというものをどうとらえるべきだろうか。精神医学の用語を駆使して説明することもできないことではないが、体験がトラウマになるということをできる限り簡明な言い方で表すとしたら次のようになると思われる。トラウマとは、激しいショックに際して生じた反応が、未完了のままで凍結されたものと考えていい。

強い脅威にさらされたとき、人間は扁桃体を通じて視床下部が活性化される。視床下部はさまざまなホルモンの分泌を司るが、そのひとつとして、交感神経系を通じて副腎が刺激され、カテコールアミンという物質が生成される。カテコールアミンはドーパミンやアドレナリンに形を変えていくが、その働きは活動への準備状態を整えることにある。危機に瀕した人間の反応は「闘争か逃走か（Fight or Flight）」と呼ばれることがあるが、いずれにしても必要に応じてすぐに活動を起こす必要がある。そのために身体の準備状態を整える―つまりは、エンジンのアイドリングの回転数を上げて維持するのがカテコールアミン関連物質の仕事である。これによって、人間はいつでも逃げ出す準備をすることになるが、アイドリングの回転数が上がりっぱなしでは焼き付いてしまう危険性もある。脅威が一瞬で過ぎ去るのであればともかく、今回の震災のように、津波が去った後も危機的な状況が延々と続くことになる場合も多い。そこで、視床下部はもうひとつの経路を活性化する。これは、脳下垂体を経由して副腎皮質刺激ホルモンを創り出し、このホルモンが副腎を刺激することでコルチゾールという物質を生み出す。コルチゾールは視床下部や脳下垂体に作用して、その働きを低下させる機能をもつ。つまり、視床下部が活発に活動すればすれほど、一方でカテコールアミンが創り出されて活動への準備状態が高まり続けるが、同時にコルチゾールが増加することで視床下部の働きが低下し、いわば「エンジンが適度に冷却された状態」になるのである。しかし、ある程度まで視床下部の働きが低下すれば、再び機能が回復してくるので、結果として活動への準備状態は適度な水準で維持されることになる。実は、コルチゾールは視床下部と脳下垂体以外に、海馬という器官にも作用してその機能を低下させる。海馬は記憶の中枢である。耐えがたいショックや、持続する危機的状況では、海馬の働きが低下することで記憶力が減退し、「イヤなことはあまりはっきりと覚えていない」ということになるのである。ところが、こうした神経活動の起点になっている扁桃体に対しては、コルチゾールは作用しない。そして、扁桃体もまた海馬と並んで記憶に関連する器官であり、海馬が言語による記憶（顕在記憶）を担当しているのに対して、扁桃体は感覚による記憶（潜在記憶）を担当する。つまり、ことばとしての記憶は一連の出来事やショックを「忘れがち」になったとしても、感覚＝身体は忘れない、ということになるのである。そして、今回の震災のような圧倒的な外圧にさらされたとき、身体は抵抗したくても叫び出したくてもそれらを実行することはかなわず、強烈な無力感とともに凍てついてしまった自らの状態を記憶することになる。

トラウマに苦しむというのは、ことばが「もう終わった。もう済んだ。もう安全だ」と言い続けたとしても、身体が「逃げなくちゃ。戦わなくちゃ。何かしなくちゃ」と感じ続ける状態なのである。ことばと身体の異なるメッセージに挟まれて、こころは混乱するしかない。身体の反応は、トラウマのきっかけとなった出来事を連想させるような刺激に遭遇すると引き金を引かれることになるが、意識レベルではその理由を明瞭に理解することができない。思考は、必死でその出来事を忘れようとしているからである。トラウマの後遺症に悩む人の多くが「自分が自分じゃないみたいな気がして」と語るのは、自分というものを構成している身体と思考と感情が適切に結びつかなくなってしまっていることを表しているのである。

子どもたちにとっての震災

自然災害は、予測ができない。三月一一日の朝、保育所や学校に出かけるときに、まさか夕方には家族が離れ離れになるなどということを考えたはずはない。「とにかく長かったんだ」というのは、被災地の子どもたちから何度も聞いた地震についての感想である。「いったいいつ終わるのかと思った」という揺れの後で、津波が子どもたちの「日常」を激変させた。私が南三陸町に入った期間で実際に瓦礫の町を見た時間はせいぜい小一時間に過ぎない。しかし、その短い経験の中でも、汚れ、あるいは変形して点在するアルバム、玩具、ぬいぐるみ、教科書などはいやでも目に入った。それこそが、子どもたちの「日常」が力任せに奪い去られていった何よりの証拠だった。予想だにしなかった環境の激変に見舞われた子どもたちが「日常」を取り戻していくためには、少しでも多くの「過去との連続性」が必要になる（実は、これは被災地の子どもたちに限った話ではない。震災後一週間のテレビ報道は、被災地以外の人々にもトラウマになり得るほどに執拗で、凶暴だったと思われる。実際、子どもがテレビを怖がるようになったという訴えを聞いたのも一度二度ではなかった。関東ではテレビ東京が早々にアニメ番組を再開して一部からは不謹慎という批判も受けていたが、私は子どもたちの精神的安定という意味ではむしろ英断だったという気がする）。

生活には、時間・空間・人という要素がある。このうち空間に関しては、場所という意味でも物という意味でも復旧がとうてい望めないほどのダメージが起きた。時間についても、テレビ、交通機関、照明などが正常でなくなった状況では、決して安定的とはいえない。最後の要素である人こそが、震災直後の子どもたちにとって拠り所だったはずである。

二　子どものトラウマへの対処

休眠効果―単純ではないトラウマの現れ方―

トラウマの現れ方は一様ではない。急性期の症状と呼ばれるものは、衝撃的な体験の直後から出てくる不安や恐怖の発作、さまざまな身体反応などが含まれる。だが、こうした症状は周囲からも「あって当然」と見なされ、比較的冷静に受け止められるようだ。ある意味でより深刻なのは、休眠効果と呼ばれる現象である。

今まさに自分が直面している脅威に対しては、子どもであれ大人であれ、いわば全力で立ち向かう。この時期には、実は意外なほど大きな症状が出てこない。自然災害とはかなり状況が異なるが、たとえば介護に当たっている人が、介護を続けている間は自身については病気知らずの状態でいながら、無事に見送りを済ませると途端に体調を崩したりするという話を聞いたことがあると思う。これもまた、眼前に「闘うべき課題」があるうちは疲れや不安は症状として顕在化してこないという例であると考えられる。

だが、脅威が去り、徐々に「日常」が戻ってくるにつれて、トラウマはさまざまな形で症状化してくる。特に、親からの保護を毎日の生活で絶対的に必要としている幼児では、親が挫けているときにはむしろ「平気なふり」をすることで自分を守ろうとするし、親を助けようとする。幼い子どもが、愛着の対象である親が異常な状況に陥っているときに、驚くほどの気配りや耐性を発揮することは、保育者であれば心当たりがあるのではないだろうか。トラウマとは関係ない例だが、生まれてきた子どもに障害があるという事実を告知されて泣き暮らす母親に向けて、四歳の兄が「泣かないでね。僕は大きくなったらお医者さんになるよ。お医者さんになって、もうママが泣かなくてもいいように、○○くんの病気を治すお薬を見つけてくるよ」と語りかけたりする話を聞くと、子どもも親も家族というひとまとまりの生き物の一員であることと、子どもというものがいかに感性豊かな存在なのかということを思い知らされる。だが、災害直後の衝撃から親が立ち直っていくにつれて、子どもはトラウマの後遺症状を示し始める。悲しいことに、その段階で大人たちはしばしば「もう終わったんだから」という態度で接してしまう。前述したトラウマという状態の解説を読んでいただければ、こうした「もう済んだんだ」という態度が決して子どものトラウマを救うことにはならないということを思い知らされる。理解していただけると思う。

急性期の症状

この原稿はすでに震災から半年以上が経過した時点で書かれているため、保育の現場などでは子どもたちの急性期の症状はある程度鎮静化しているかもしれない。急性期症状として代表的なものは、多動や不眠といった神経活動の過活性化による行動の変化や、恐怖や不安（対象はテレビの報道であったり暗闇であったり親との分離であったりする）の反応である。

こうした反応に対しては、とにもかくにも寄り添う気持ちが大切になる。やめなさいと制止することは避けた方がいい。意志で制御できる反応ではないのだから、安全のうちにその反応が通り過ぎるまでそばにいてあげるという考え方の方がいいのである。恐い、心配、という気持ちは受け容れてあげるべきである。ことばでの否定はおそらくあまり功を奏しない。「もう地震は来ないよ」ということばが「嘘」になってしまうことは、半年を経ても続発する余震を見ればあきらかであろう。また、きわめて切ない言い方になるが、「大丈夫だよ」ということばも怪しい。南三陸で訪れた避難所にも、家族が異なった避難所に分断され、それぞれの安否が確認できなくなっている方たち（もちろん子どもも含めて）が多数おられた。離れてしまった家族や親族を気遣う子どもたちの質問に、おそらく子どもとともにいた大人たちは「大丈夫だよ」「きっと迎えに来るよ」「どこかで元気にしているよ」と語りかけたであろう。それ以外に何が言えたかと問われれば答えはないからである。だが、そのことばが結果として「嘘」になってしまったという悲劇は幾多生じていたはずである。

寄り添う際には、子どもの手を握ることを試みてほしい。往々にして、子どもたちの手足は冷たくなっている。身体の末端が冷たくなるというのは、交感神経系が活性化しているときの特徴である。つまり、「闘っている」状態なのである。その手に暖かみを伝えることは、おそらくことばを超えた励ましと癒しにつながるはずである。

保育所などでは、描画や遊びの中に子どもたちのショックが表現されることも多いはずである。「避難ごっこ」「地震ごっこ」が見られたり、宙に浮く人物画や、身体の輪郭が途切れるような人物画が描かれたりする。地震ごっこへの対応はなかなか困難で、これが強烈なショックを癒し、その経験を適応的に統合していくための練習として起きているのか、それとも受け容れがたい衝撃の再現として起きているのかを判断しなければならない。前者では、その遊びがくり返されることで子どもたちは心理的な安定に向かうことが期待できる。しかし、後者であればその遊びを許容することはとりもなおさず子どもにトラウマを再体験させることになってしまう。絶対的な基準とは言えないが、前者の場合にはごっこ遊びは徐々に省略が効いていくのに対し、後者ではむしろくり返すごとに微に入り細をうがつ状況になっていくことが多い。また、後者の場合には遊んでいる子どもたちの表情が楽しげではないという印象を受けることもある。ごっこ遊びが後者であると判断されたときには、「楽しそうに見えないよ。別な遊びをしよう」と語りかけ、できれば役割規定が明確な別の遊びに誘導してあげることを考えてほしい。

人物画に現れる浮遊や断絶は、衝撃的な体験によって一時的に自己イメージが崩れたり、生活文脈との遊離が体験されていることを示すことが多い。おかしいよという指摘ではなく、描画を手伝ってあげるような関わりの中で、人物画を着地させるなどの修復的な関わりをしてあげることが求められる。

不眠や多動などの症状は、たいていが子ども自身に制御できない身体的反応である。トラウマについての説明でも触れたとおり、子どもは理由のわからない感覚に翻弄されている状態であると考えた方がいい。床に仰臥して遊びの感覚で腹式呼吸をしたり、ストレッチをゆっくりと実施したりして、「安全」「安心」「快適」につながるような身体感覚を体験させてあげることが、子ども自身の身体感覚に対する主導権を回復していくことを手助けすることになる。

後続する症状に対して

保育現場でむしろ重要になるのは、この先一年ないし二年という期間を経てから子どもたちが示し始める症状かもしれない。これは、どのような現れ方をするのか断定的に言うことができない。その期間に親を中心とする家族メンバーがどのような関わりをしたのかという要因を含め、大きな個人差が生じるからである。また、こうした症状が出現するときには、すでにその子は卒園して学校に通っているということも充分あり得る。子どもはすでに自分たちの前にはいないが、保護者が子どもの学校不適応を嘆いて相談してくるといった事態も考えられる。こうした状況で保育者ができる支援は自ずと限られてしまう。ただ、以下のことを常に念頭に置いておいてほしい。

トラウマの解説でも触れたとおり、ことば（思考）と身体（感覚）と気持ち（感情）のつながりが切断されてしまう状態こそが苦しみの原因になる。こうした状態を「解離」と呼んでいるが、解離への治療的なアプローチは場合によってはきわめて専門的な領域になる。しかし、乳幼児期を担当する保育者は、実は解離からの回復にとって重要な視点を身につけていることが多いのである。

そもそも、思考と感覚と感情がつながらないという状態は、幼児であれば当然見られるものなのである。散々騒いでいた子どもが突然静かになったと思って見に行くと、戦いごっこの格好のままで床に寝ているという姿をみたことはないだろうか。あるいは、大好きな献立が出てくると食べ過ぎて吐いてしまうという子どもを見たことはないだろうか。どうしても両親につきあいたくて、端から見れば完全に船を漕いでいるにもかかわらず、寝なさいと言われると「眠くないもん！」と憤然としてみせる子どもに苦笑したことはないだろうか。これらはすべて、思考と感覚と感情のつながりが未熟な姿なのである。保育者、そして親は、こうした子どもに接すると、思考と感覚と感情のつながりを学習させるための関わりをしているものなのである。手を握り、「こんなに手があったかいよ。もう眠いんだよ」と伝えたり、「おかわりしても大丈夫かな？　おなかに訊いてごらん」と伝えたりするのは、すべて、自分の現在の感覚がどんな感情と結びついていて、そういうときにはどう判断すべきかを教えることなのである。

一度は達成された思考と感覚と感情のつながりを、衝撃的な体験によって分断されてしまうのが解離である以上、発達的に当然の「つながらなさ」に寄り添ってきた保育者には、つながりを取り戻すためのアイディアがあるはずである。「育て直す」という視点から、子どもにどう関わればいいのかを保護者とともに考える存在でいてほしいと願う。

避難してきた子どもたち

今回の震災の被害規模の巨大さは、全国各地へ避難する被災者を生み出した。私の知る限りでも、避難先で学校の学習進度の違いやことばの違いに苦しみ、不登校の状態になっている子どもの相談もあった。福島から転入したというだけでいじめ的な言動に見舞われるという、聴くに堪えない事例にも出逢った(だが、これを子どもたちの無邪気な残酷さと糾弾することはできないだろう。大人たちこそ、福島県産の花火を拒絶したり、被災地支援のための高速道路無料化を利用した不正通行で水戸市近辺を交通危機に陥れたりしたではないか。自覚的にしている分、子どもたちの言動よりもはるかに重大な問題である気がする)。

避難してきた子どもたちは、それこそかつての「日常」からの空間的な分離を経験している。だが、受け容れた側からすれば、避難とか被災という事実に子どもをさらすことを躊躇してしまう。結果として、「何事もなかったかのように」振る舞おうとするかもしれない。しかし、子どもたちにとってかつての「日常」との連続性は大きなリソースである。避難してきた子どもたちにとって、そのリソースの源は「人」なのである。「前の保育園ではどうだった?」「前の学校のやり方と違うかな?」と尋ねてあげる方が、子どもたちにとっては救いにつながる。そんなことを尋ねて、もしも子どもがトラウマの傷口を開いてしまったら…と恐れるかもしれない。しかし、「あなたが今までしてきた生活」を意識してくれる大人の存在は子どもたちを助けるはずである。わかったふりをしなくてもいい。「先生にはわからないよ。でも、先生はあなたのそばにいるからね」、そう語りかけることが必要なのだと思う。

三　再び個人的な体験から

三月一一日、私は山梨県の甲府から上京する特急電車の中で被災した。私は、かつての宮城県沖地震を仙台市で体験し、三日ほど登山用のコンロと非常食で凌いだ経験を持っているが、その経験を超越する異常事態が発生したということを直観するような揺れだった。一時間以上電車内に閉じ込められた挙げ句、線路上を徒歩で避難することになった。

最寄り駅に到達し、やっと高架から下りた私が見たのは、かつて生活していた仙台市の近郊が炎上する報道画面だった。とてつもないことが起きたらしいと思いつつも、まだ私は上京をあきらめて甲府に帰ろうというくらいにしか考えていなかった。

だが、それが不可能だということを思い知らされることになる。電車は動かず、電話は通じない。歩いてみたが、限度がある。寒い夜だった。国立までたどり着き、もう歩けないと感じたときに、駅前に市役所職員が出て、小学校を帰宅難民の避難所として開放したというアナウンスを聞いた。国立市民でなくてもいいのですか、と尋ねると、職員は「もちろんです」と言ってくれてから笑顔で「国立市民なら自宅に帰します」と言った。

避難所は体育館で、マットと毛布しかなかった。乳飲み子を抱いている女性もいた。限られたコンセントから電熱ポットで湯が沸かされ、カップうどんが提供された。私は、今もなお、あれほど美味しい食事を経験したことがない。後から調べれば、それが購入価格一〇〇円を下回る商品だったということはわかる。しかし、そんなことは問題ではない。「生きている」ことを実感させてくれたのは国立市の避難所だったのである。

震災後、直接の被災者ではなく、避難してきた被災者を支援する側の人たちの話を聴く機会があった。そこには、二次的なトラウマに傷つく人もいたし、自身が避難者でありながら、「自分よりももっと酷い目に遭っている人」を探すことで自身の精神的な居場所を見つけようとしているように見える人もいた。それを「病的」と評するのはたやすいが、考えてみれば被災地では皆「被災者が被災者を支援する」活動をしているのである。

人が人を助ける。それはどういうことなのだろう。私を含めて、研究者たちはとても説得的な言辞を述べるだろう。だが、今の私は、それを信じられない気持ちでいる。今回の震災には「想定外」ということばが再三使われたが、子どもたちを含め、被災した人たちのこころのケアについても「想定外」の事態が出てくるかもしれないという気がするからだ。しかし、どのような事態になっても、そのときにできると思われることをするしかないし、そのことが私自身が国立で感じたような癒しと救いとして受け止めてもらえると信じるしかない。

震災の影響は今も続いている。福島は今も苦しんでいる。しかし、福島を苦しめている原発の電気は東京に送られていたのである。それを思うとき、支援者になるということはどういうことなのか、ふとわからなくなる。

福島で聴いた話の中に、ある保育士の淡々としたことばがあった。県外に避難した家庭の子どもは仕方がないが、県内に留まりながらも別の園に移っていく子どもが続いている、という。問題は、転園の理由である。「お母さんに言われたんだよね。ごめんね先生、でも、土のない保育園に行きたいの、って」。

この震災が奪い去ったのは、命や財産だけではなかったようだ。それでも、向き合うという姿勢だけは持ち続けようと思う。

忘れない・忘れられない

――二〇一一年三月一一日と、その日からのこと

千葉幸子

私の住む街、石巻市は、雄大な太平洋と、北上川・緑の美しい山々、そして田んぼがあり、海の幸・川の幸・山の幸が豊富で、美味しく、石ノ森萬画館がある自慢の街だった。

しかし、二〇一一年三月一一日午後二時四六分。

カタカタと揺れ始めた地震が未曾有の津波を引き起こし、全ての人たちの人生を一変させてしまった。揺れ続けた大地震、そして、一晩中繰り返し襲いかかる津波、消えることのない火事。地獄絵図のような出来事だった。

三三ヵ所あった市立保育所では、倒壊の恐れや床上浸水のため使用できない所もあった他、所庭陥没などの被害を受けていた。それぞれの保育所の震災時の様子を聞くと、職員と子どもたちそして保

護者との繋がりの深さ、毎月行われていた避難訓練の重要性がたくさんの命を守ったと感じた。

私が当時勤務していた「門脇保育所」の震災時の様子をお話ししたい。

今まで経験したことのない揺れ。けたたましいサイレン音。津波が六～一〇メートル。「何？ どうすればいいの？」、いつもと違う。絶対違う。高い所、着いたら子どもが安心できる所。「石巻保育所に行くよ！」決断するのに時間はかからなかった。

迎えに来る保護者への引渡し。同時に記録。そして、避難準備。職員の行動も子どもたちの行動も早い。誰も泣かない。おしゃべりをしない。困らせない。第一陣が出発したのは一五時一五分。〇歳児はおんぶ、一・二歳児は避難車に乗せ、三歳児からは走る。石巻保育所まで遠い、坂道もある。頑張って！と送り出す。第二陣は保育所の中に子どもが残っていないか確認。「石巻保育所に避難しています」と貼りだし、鍵を閉め、「帰ってきたら片付けるからね」と保育所を後にする。何も壊れず、物が少し散乱していただけだった。第三陣は車に子どもたちに必要な物と貴重品を積んで出発。第一陣は、一五時五〇分頃、石巻保育所に到着。「よく逃げてきたね！」と涙ぐむ職員に温かく抱きしめられたとのこと。第二陣は一六時頃到着。第三陣は津波にのまれ流された。（が、近くの会社の人に助けてもらい一夜を過ごす。その後合流できた。）

一七時、火の手が保育所に迫ってきた。一八時、石巻高校に避難する準備をして出発。避難場所の貼りだしをする。同時に、ラジオ石巻で安否確認の放送をしていたのでメールを送る。数回読み上げてくれたのを聞いた。

石巻保育所から持ってきた少しの食料と、布団。誰一人我儘を言わず、夕飯にはクッキー一枚と一〇〇ｃｃの小さなジュースを口にして、日暮れと共に眠った。子どもたちが全員保護者のもとへ帰ったのは五日後の一五日だった。その間、子どもたちはとても頑張っていた。職員は、保護者が避難していると思われる小学校まで情報を求め、情報を貼りだし歩きまわった。石巻高校の避難所のお世話係も朝早くから夜遅くまで泊り込みで行い、同時に、子どもと保護者の安否確認、他の保育所への入所に向けての聞き取り調査等を三週間ほど行った。電気無し、水無し、食料無し。電話も通じない。職員も被災していた。心が折れそうになり泣いて励ましあった。大変な状況を乗り越えられたのは、職員間の絆。頑張ってくれた子どもたちと温かい保護者。「ありがとう」という避難所でのねぎらいの言葉であった。

津波で全てを失った門脇保育所は海から四〇〇メートルの所にあり、避難した石巻保育所までは一八〇〇メートル程の距離があった。

避難所では忘れられない出来事がたくさんあった。辛いだけではない。クスッと笑ってしまう事も…。

「センセ～おしっこでる」

真夜中のこと、一歳児の男の子、トイレットトレーニングが成功しつつあり、オムツにおしっこをするのが苦痛のよう。「オムツしてるからこのままして いいよ！」「ヤダヤダ出ない」と我慢して眠ってしまったが、また目を覚まし「おしっこでる～」トイレは暗くて寒いことを教えると、「うん」と言うが、やはり我慢できない様子、「保育所で使ってください」と何故かペットシートを頂いていた。「なんで、これ？」と不思議に思って頂いたが、役にたった。ペットシートを床に敷き「ここでしていいよ」というと、「うん」と言っておしっこをした。「出た」と言うと安心したように眠った。この子は、小学校一年生の兄（保育士が偶然別の避難所で出会い、石巻高校の避難所に連れてきてくれた）と三歳児の兄と三人で、迎えを待っていた。両親共に公務員で母は会いに来たが連れて帰ることができなかった。父は、支援物資を運びに来たが、次に行かなければ…と会わずに行ってしまった。子どもたちの送迎や保育所の行事のお手伝いをマメにしてくれるお父さん。どんなにか子どもたちに会いたかったか。心が痛い。三人の子どもたちは母方の祖父母が山形県から迎えに来てくれて、四日目に山形に行ったまま戻っては来なかった。半年後父親だけが石巻に残り、母親も山形の住人になったと聞いた。

届けられた、イチゴのケーキ

三月一二日、「ケーキを食べてください」とホールケーキが二つ避難所にいた保育所の子どもたちに届いた。「地震で崩れてしまい、冷蔵庫もなく、とっておくことができないので」と、持ってきてくれたという。ズボンも靴下も泥だらけだった。大変な思いをして持ってきてくれたことが想像できた。

二つの保育所の子どもたちは、まあるく座りケーキを見つめていた。一口ずつ食べて隣の子へ回している。本当にびっくりするくらい律儀だった。イチゴも一個食べ、隣の子へ渡す。涙が出るほどいじらしかった。全部平らげると、全員がにっこり微笑んでいた。紙コップにもらった水も、一口飲んでは隣の子へ渡す。もっと飲みたいだろうに、わがままは誰も言わなかった。

水汲みのボランティアをしませんか

始めの頃、避難所には、水も食べ物も本当に何もなかった。給水所に行けば水がもらえると分かったとき、一人の青年が、「ここに黙って座っていてもどうしようもないので、水汲みのボランティアをしませんか?」と声をかけてくれた。出入口の所で、黙って座っていた男性が「ハイ」と直ぐに立ち上がった。それをきっかけに、数人の人たちが手を挙げた。ペットボトルを集め、給水所へ、四〜五時間は並んで順番待ち。汲んできてくれた水は、本当に貴重だった。

その後、「ボランティアをしませんか?」と声をかけてくれた男性が、「にじいろクレヨン」という、子どもたちの遊び場を避難所の一角に作ってくれた。保育士はその時、遊びの導入を一週間ほどお手伝いした。何も材料がないけれど、廃材を利用して作り上げるアイディアが素晴らしかった。そして保育ができる喜びを感じているようだった。

「クソババア!」と怒鳴られて

避難して三日目。先が見えずだいぶ疲れがたまってきているはずなのだが神経が興奮状態で疲れは感じない。体の大きな男性が受付に来た。「食べ物を分けてくれ」と言う。

「食料がなく避難所の皆さんの分を確保することもできていない」と話すと、「ウルセークソババア!おめらは食ってんだベ! ババア」と大騒ぎ。三〇分程罵声を浴びせられたが、「どうしても食べるものがなくて困ったら、どうぞ避難所に来て暮らしてください。そうしたら、食料は何とかしてお配りします」と言うと、「分かった。どこの避難所でも来たって入るところがない、食べるものがないと断られてきた。来ていいって言われたのは初めてだ」と言って帰っていった。その後開いている店も増えてきて食料が調達できたのだろう、避難所に顔を見せることはなかった。怒鳴られたことよりも、分けて差し上げる食べ物が手に入らないことが悔しかった。

避難所でのお別れ式

三月一九日はお別れ式の日。そのことに気づいた女の子が、「ぞう組さんのお別れ式の日だから、お歌うたってあげるね！」と可愛い声で歌い「おめでとうございます。」とお祝いをしてくれたとのこと。

修了証書もアルバムも手作りコサージュも津波に流されてしまった。

五歳児の担任保育士のアイディアで、手作りの保育証書を作り、年長児の、一人一人に避難所や自宅を訪ねて歩き渡してきた。

修了アルバムは、だいぶ後に、写真屋さんがデータを復元してくださった。

お父さんと一緒に津波の犠牲になった年長組の女の子。正装し嬉しそうに、にっこり微笑んだ写真を前に、その子に宛てた弔辞を読むのが辛かった。悲しくって、悔しくって、涙が止まらなかったが、ちゃんと送ってあげなければ、もっと可哀想だと思った。「お父ちゃんと一緒に天国で仲良くしてね」と写真に語りかけた。「しょちょうせんせい〜！」と呼ぶ声が聞こえてきそうだった。

避難者支援・子どもたちの安否確認——保育所はどうなるの？

保育士である前に公務員の私たちにも、避難所の運営の命令が来た。「人手が足りない。避難所が多すぎる。やらなければならないことが山ほどある」との理由からだ。

津波のヘドロで歩きにくい瓦礫だらけの道を、長靴を履き、長い棒で道をつついて安全を確認しながら歩いて、どこまでも歩いて保育士は子どもと保護者の安全確認に行く。携帯電話も通じない。歩くより方法がない。

避難所、自宅、その近辺、情報を求めて歩き、訪れた避難所に「石巻高校にいます」と張り紙を貼ってくる。

「門脇保育所は流失。再建の見通しはない」とのこと。平成二三年入所予定の子どもたちを二つの保育所に分けて入所させることになり、保護者に連絡を取る。四月一一日が入所の集いとなった。私が勤務することになった石巻保育所は、八〇名定員だが、一三六名の子どもを受け入れ保育が始まった。四月七日の震度五強の地震で水が止まり、都市ガスが使えなくなり困惑したが、水道はまもなく復旧した。ガスは、プロパンガスと大きな五徳を借りて給食室に置き、給食もスタートさせた。パックご飯を温めた物と、缶詰を工夫しての汁物の献立だった。避難所から通ってくる子どもたちは、白いご飯を持ってくることさえ出来なかった。

石巻保育所は津波の心配がない高台にあり、子どもたちも保護者も、職員も安心して過ごせる場所である。二階のテラスからは、大暴れをした海が嘘のように静かに青々としキラキラと輝いて見えた。門脇保育所があった付近は、ガレキ置き場になり日毎にその高さを増していった。

石巻保育所・門脇保育所・湊保育所・はまなす保育所の四ヵ所の保育所の子どもたちが一緒に生活を始めた。クラスの人数は倍位になり部屋の中を歩くのも大変そうであった。比較的広い所庭では元気いっぱい走り回っていた。避難所で生活している保護者は「周りの人たちに迷惑をかけるので、静かにしなさい！　と叱ることが多く可哀相。保育所でしか伸び伸びと遊ぶことが出来ないから、本当に保育所はありがたい」と言っていた。静かに砂遊びをしていた門脇保育所から来た四歳の男の子が「この保育所大好き！　だって津波こないもん！　先生も一緒だから好き！」と安心して遊んでいる姿を見ることが幸せだった。保護者もとても安心だと喜んでいた。私自身も、「地震や津波警報が出たら、保育所の子どもたちは命懸けで守るから、地震が落ち着き、津波警報が解除になってから迎えに来てね！　絶対自分の命を守ってね」と保護者に言える安心感を感じていた。（想像を絶する津波、その中を、我が子を迎えに行こうと門脇保育所へ向かい命を落としてしまった保護者や親族がいた。その命を救えなかった事が無念でならない。）

保育所が始まる頃から、「何が今必要ですか？」との問い合わせが多くなり、保育や生活に必要な、布団・布袋類・文房具・衣類など支援物資がたくさん送られてきた。〇歳児保育をしていなかった石巻保育所に、門脇保育所と、はまなす保育所の〇歳児一五名を受け入れたが、〇歳児保育に必要なベッドもコンビラックも哺乳瓶も、もちろん調乳室も無かった。でも、必要な物をたくさんの方がたが支援してくださった。ボランティアの方たちの訪問も多く、震災前には体験できなかったこともたくさん経験させてもらった。

四月から六月までの三ヵ月間石巻保育所で所長をし、七月一日に現在の職場、井内保育所に転勤になった。震災からまだ日が浅く心の傷がまだ癒えていない保護者や子どもたち、職員と別れるのがとても辛かった。

九月の運動会には、もう、すっかり「石巻保育所の子ども」になり、元気いっぱい参加していた。成長した姿が眩しかった。

時折、震災のことを思い出し家では不安がる子もいたとのこと。保育所では、自分たちを守ってくれた先生たちがいるから「安心」と不安な様子も見せず楽しく生活していたとのことであった。

三月には、年長組は無事お別れ式を迎え、立派に修了していったとのことである。

職員に感謝

臨時職員もパート職員も正規職員も全員が一生懸命、本当に一生懸命働いてくれた。避難所では、保健室に介護の必要な老人がいると手伝いに行った。病院が開設されれば受付の手伝いをした。無我夢中で働いた。何度お礼を言っても足りないほど働いてくれた。愚痴一つ言わずに。感謝・感謝だ。

震災後は、苦しいこと・悲しいことなど想像を絶する出来事がたくさんあった。何十年分の仕事をしただろう？　体が心が壊れてしまいそうだった。

でも、私たちには、たくさんの支援の手が差し伸べられた。「どうして、そんなに一生懸命私たちのことを心配し行動してくれるんだろう？」「大切なお金を、寄付してくださるんだろう」、震災後ずっと続いている。人と人との繋がりが、私たちに生きる希望を、前進させてくれる力をくださっている。

全国の温かいご支援と拙い文章を終わりまで読んでいただいたことに、感謝と御礼を申し上げたい。

最後に、「津波てんでんこ」――津波の時は、高い所に、自分の身を守って逃げなさい。「津波警報が出ているうちは戻ってはダメ」、命より大切なものはない。貴重品を取りに戻って、家が心配で戻って、誰かを探しに戻って、亡くなった方がたくさんいます。絶対に戻ってはいけません。

震災から命を守るために、やらなければならないことが沢山あります。多くの資料から学び、今回の大震災のような犠牲者を出さないために準備してくださいとお願いし、ペンを置きます。

外遊びを奪われた福島の子どもたち

門間貞子

放射線で壊された大地

「こどものいえそらまめ」（以下「そらまめ」）は、福島第一原発から北西六一キロメートル、阿武隈川と弁天山に挟まれた福島市内の自然豊かな住宅地（渡利）にありました。福島県は横長で、浜通り・中通り・会津地方に分かれます。福島市は県北の中通りに位置する県庁所在地、主な産業は観光と果樹栽培。震災前の人口は二九万人強でしたが、原発避難による転出は六千人を超え、二〇一二年四月一日現在の人口は二八万四四九三人となっています。原発事故に伴い住民票を移さずに転校できる制度になっているので、実際の人口はもう少し減っていると思います。

事故当初、発電所から三〇キロメートル圏内の住民に避難勧告が出されました。しかし、三〇キロメートル圏内にも汚染されていない地域はあり、三〇キロメートル圏外でも高濃度に汚染されている地域がありました。これは爆発直後の雨雲の流れによるもので、風向きや地形によって、まだらに分布していたのでした。そのことを住民は、だいぶ後になってから知らされました。事態を小さく見せようとした一部の役人たちだけが真実を知っていました。私たちはこの地域にまで被害が及んでいることを知らずに、無用な被曝を課せられていたのです。

一五年前、私はシュタイナー教育の実践を目指して、一棟の借家から保育を始めました。やがて二棟になり、四年前、伝統工法を大切にする建築士さんと保護者さんとが週末作業をくりかえし、多目的ホールを建てました。定員二五名の小さな保育園は、当時二三名でした。子どもたちは兄弟のように仲良く暮らしていました。認可外保育施設というと、よくない印象を持たれる方が多いと思いますが、食べ物や暮らしのことを真剣に考える親さんたちが力と知恵を寄せ合う、和やかな集団でした。母親の胎内にいるかのような温かさと静けさの覆いの中で、一生の土台となる健康な体と、意志の力を育むことを保育の根幹にしてきました。

除染で子どもたちに遊び場を

しかし、二〇一一年三月一一日をもって、全ては一変しました。一〇日間の断水が復旧して保育を再開したのは三月二二日。その時すでに「そらまめ」においては半数以上の子どもたちが福島を離れていました。九名の子どもたちと二三年度の保育を始めたものの、放射能との真っ向対決が保育の中心となる一年でした。

突然ぷつんと絶ち切られたお友達のことを、子どもたちは子どもたちなりに、口にすることを避けているようでした。

恒例のお花見遠足にも出かけることは出来ず、ホールに桜を持ち込んで遠足ごっこをしました。本物が遠ざけられる状況の中、子どもたちは不満を漏らすこともなく健気に持ち前のファンタジーの力で、室内で、ごっこ遊びを楽しんでいました。

大人たちは、そんな子どもたちのために、最短最速で、自分たちにできることは何でもしようと奮い立ちました。

四月末、数名の有志で、門扉から玄関までのアプローチの土を削りました。地表面で毎時六・四マイクロシーベルトあったものが〇・八マイクロシーベルトになり、成果を得た私たちは政府の対応を待たずに、自主除染をすることに決めました。

家庭数も少なく、手作業ですから、園庭全域は出来ません。一〇〇平米に限定し、専門家のアドバイスのもと、町内会長さんはじめ近隣の方々の協力も得て、総勢一七名で作業をしました。事前に水をまき土ぼこりが上がるのを防ぐようにしました。削り取った土を埋めるための穴を掘る作業だけは機械を使いました。重機は子どもたちが毎年リンゴ狩りでお世話になっている農家さんからお借りし、園児のおじいちゃんが操縦しました。削り残しがないように、除染エリアに消石灰を撒いて目印にし、さらに計測器を当てながら覆土後の値が地表面で毎時〇・三マイクロシーベルトになるまで削りました。鍬で削り取った土を、手みのに乗せ、一輪車に積んでは畑の穴に運びました。

作業の朝、志織ちゃんのママが、「志織が遊べるお庭を作って来るよ」と言うと、五歳の女の子は「ヤッター!」と言って飛び跳ねたという。子どもたちはずっと我慢していたのです。泣きもせず、文句も言わずに。

外遊びを奪われた子どもたちは二ヵ月ぶりに定められた土の上においてのみ、三輪車に乗り、砂場で山を作り、ままごとをしました。しかし、園庭の隅は除染前と数値がほぼ変わらず、ボールが転がればハラハラし、虫を追いかける子どもにもハラハラし、のびやかな遊びを保障してやることは出来ず、私を含め、職員は相変わらず緊張していました。

子どもたちを庭中自由に遊ばせるには隣接家屋の除染もしなければなりませんでした。そして点から線にし、面にして、町中の線量を下げ、今まで通り散歩に連れ出したい！　目の前の山にも、近くの公園にも、河原にも連れて行きたい！　と思いました。

私たちは除染の意識を広めようと、自主除染の行動記録を一冊の絵本『やっぺはぁ！　希望の光』（石川誠絵・文、SEEDS出版）にし、震災から半年後の九月一一日に出版しました。

福島第一原発一号機と三号機の屋根が水素爆発で吹き飛んで骨組みが露わになり、黒煙が上がっているシーンから始まります。その雲から雨が落とされたことにより除染という名の戦いが始まります。原発事故は人災…国と東電の責任…私たちは放射能で汚れた土に「ごめんね」と言い、お墓に葬り、手を合わせるという内容です。心を一つにし、抜群の協力体制を実現した、いわばピーク時であり希望の光を確実に信じていました。

分断された人々の心

突然の災害に自分たちの生活が破壊されてしまったことを受け入れることが出来ず立ち尽くした「茫然自失期」、そして復興へ歩み始めた「蜜月期」。「研究子ども文化」一三号の玉井先生の記述（本書三五頁参照）の通り、繰り返し喪失や絶望と対面しながらも確実にするべきことがあるという目標を持って、私たちの園にも、力強い連帯意識が生まれました。その集大成があの絵本『やっぺはぁ！ 希望の光』であったように思います。そして今、「幻滅期」にあります。

ある程度までの復興がなされ、今までの不断の緊張や不安に耐えてきたことへの反動はいつしか再び、人々を分断するという悲しい結末へと向かっていきました。

秋の集中豪雨で、山から雨水が流れ込み、一度は下げた庭の線量が上がっていました。除染が、いたちごっこであることの証明でした。このままここに居続けてよいのだろうか？ 大人たちの動揺は隠せませんでした。

このような大人たちの感情の推移を子どもたちは、いつもいつも傍らで見て取ってきたのですから、穏やかであったはずはありません。人数が減ったというのに、年度の後半はクラスがまとまらなくなりました。三歳以上児と未満児との混合クラスになったからということだけでもありません。長期に及ぶ活動制限の反動なのでしょう、しだいに子どもたちには境界線がなくなり、保育士たちは、「子どもたちを制することができません」と訴えるのでした。

「そらまめ」は解散を決め、二四年度の保育を続行しないと表明しました。しかし、「うちはそらまめ」という家庭が出たのです。年度末寸前、更なる決断をし、現在、福島市内の低線量地域（荒井）で小さな保育の火を灯しています。渡利から通うには車で二〇分程の移動を伴います。時間と交通事故という別のリスクが発生したわけですが、今、子どもたちは、かけがえのない子ども時代の遊びを取り戻しています。

四月、八重桜の下で筍御飯を食べ、五月、近くの池にザリガニを釣りに行き、六月、田んぼにオタマジャクシを取りに行き、水槽の中で飼育中です。

そして、「そらまめ」は開園以来初めての長い夏休みを取り、福岡のシュタイナー幼稚園で保養をしたり、津波により壊滅的な被害を受けた宮城県南三陸町で船に乗せてもらったりして過ごしました。

被曝線量という点でのみ見た場合、福島で安心して子どもを預けられるのは土のないビル内の保育園ということになります。福島市や郡山市には巨大屋内遊戯施設が作られ、子どもたちはボールプールや、ふわふわ滑り台で運動不足を解消しています。キッズカラオケルームが併設されたりもしています。屋外遊技場にそのままドームのようなものを被せた施設もできたそうです。これらが福島の子どもたちの本命の遊び場として何年、君臨し続けるのでしょうか…。

つかめない実態と不安、そして決意

市内の乳幼児施設、学校、公園、公共施設等の除染に続き、渡利・大波・小倉寺などの高線量地域では、各戸の除染がなされています。外壁や屋根を洗浄し、庭木の枝を落とし、削り取った土を埋める場所がない場合は衣装ケースのようなものに入れて庭の一角に保管します。若干の自然低減もしていますから作為的な効果(低減率)の実態はつかめません。

一年以上経つともう、空気から取り込む放射能を心配する人は少なくなっていて、食べ物から取り込む放射能を避けることに気を使っています。皮膚からの被ばくを避ける為に夏も長袖・長ズボンという姿も今年は見かけません。

福島市の自然放射線量は毎時〇・〇四マイクロシーベルトでした。年間で〇・三六ミリシーベルトです。年間一ミリ以下という基準値であったものが、事故後、二〇ミリに引き上げられ、大人よりリスクが高いと言われる子どもも大人と同じ二〇ミリのままになっています。せめて子どもだけでも一ミリにという市民団体の運動は虚しく掻き消され（一ミリに近づける努力はするとのこと）福島県は一〇〇ミリまで安全だという医師を健康アドバイザーとして就任させています。

子どもたちの細胞は少なからず放射線によって傷つけられています。その結果がどう出るのか、ただちには分かりません。同様に外遊びが少なかった子どもたちの心身両面での影響も、ただちには分かりません。

命の尊厳を最優先し、大人が決め、行動したことには責任を持ち、私たちは、これからの社会を作っていく子どもたちに負の遺産を残さないようにしなければならないと思います。

被災地における精神的ケアについて

――放課後子どもクラブの活動を通して

高橋信行

二〇一一・三・一一　一四：四六、発災

それは、旧北上川河口部に架かる日和大橋からわずか四〇〇メートル、海岸にある石巻魚市場から西に二〇〇メートル付近を市街地に向かっている運転中に起こった。与えられた豊かさや便利さがもたらした生活が、いかにもろくもはかないものであったか。

自らがすべてを失うことから、他者を思いやるコミュニケーションが生まれ、見ず知らずの被災者どうしに新たな出逢いも誕生していったのではないだろうか。

石巻高校に避難し、分け合い支え合う新たな価値が蘇る兆しは被災したその日から生まれていた。

石巻高校トレーニング室避難所には門脇・石巻保育所の子どもたちと保育所職員や保護者の方々が一団になって避難していた。そして、子どもたちの存在と子どもたちが発する被災体験とその後の非日常環境から生まれる異常行動こそ私たちが計画的に取り組まなければならない最初の課題となった。すなわち、震え・視線や視点が定まらない・動けない・動かない・保護者から離れない等の静的異常や、叩いたりけったりの暴力行為・乱暴な発言・高言等の動的異常、さらにチック症状・夜尿症・夜泣き・激しい寝言など生理的異常、多様な表現がそこここで散見された。これらの症状を改善し、「子どもの健全な姿を見せることが保護者や周囲の人々を明るくし、子どもの安全を確保することで保護者や施設内の人びとの安心を醸成する」、そのことを大事に考えた。

雑踏のごとく窮屈な避難所に不安を抱えたままでいる避災者に対する迷惑を思い、怒鳴られるかもしれない恐怖を感じるがゆえに、保護者が子どもの大声や活発な行動の自由を抑制し、表面的には静かさが保たれるという異常状態であった。避難所は、ほこりっぽく不健康な、ゴミゴミざわざわの雑居雑魚寝の状態で、喧騒を許さない重い空気が充満していたのである。

記載されたトレ室在籍者は二三一名。これが後に石巻高校トレーニング室避難所家族会を設立し、分け合い支え合う生活を続ける自立支援活動の下敷きになった。

一五日、三代目トレ室避難所リーダーをお引き受けした。「決め事は拍手で全会一致」を基本ルールとし、反対者が一人でもいる時は話し合いをすることにした。

避難生活と遊び

一六日朝六時、トレ室避難所中央壁面に目標を掲げた。「明るく・元気に・朗らかに―みんなで元気に帰ろうね」と。

最初の朝礼で、「頑張らないで下さい」と呼びかけ、①全員が二次避難する日までリーダーとしてトレ室を運営する事を約束し、②避難所生活は六ヵ月位と長くならざるを得ず、その先も長い二次避難生活が待ち受け、さらにその先の自立が避難者の最終ゴールなので避難所では何事もゆっくり進めるつもりであることをお話しした。

一七日、毎日開かれる避難所リーダー会議の席で、柴田滋紀氏から避難所内の子どもの遊び場創りの提案があり、学区内の他の二施設と比べ多くの子どもたちを抱えるトレ室リーダーとしてその提案に賛成した。

こうして避難所運営に携わる必然をますます強く感じていった。

私は、自分たちの生存と石巻高校避難所で避難所を運営している事を友人・知人九〇〇余人に発信し、写真を添付しながら避難所を取り巻く様々な出来事をそのまま伝えた。(そして避難所解散式をする一〇月一〇日まで二〇五日間可能な限り毎日続けた。被災地報告は一五一号に及んでいた。以後は、ウィークリーレポートの二次避難報告に切り替え、二〇一二年一〇月九日現在、すでに五七号に達している。

子どもたちを集め、避難所サブリーダー役を担う太田が、遊び広場の予行演習教材としてそれまで貯めていた古ダンボールやコピー裏紙、カラーペンなどありったけの筆記用具を持ち出し、「さあ、みんなでお絵かきしよう」と呼びかけた。すると子どもたちは夢中で書き始めた。なかには、真っ黒に塗りつぶす子や鳥の絵を何十枚も描き続ける子、四階建ての家を描く子もいて、子どもたちが内面をぶつけて自由に表現する機会を心待ちにしていたことが明確に分かった。みんなの描いた絵を使って創作紙芝居にトライし、子どもたちに笑われてしまったりもした（それらの絵はいまでも大切に保存してある）。

その日以来、子どもたちに一〇時半から一一時半の一時間子ども遊び場を毎日開くことを約束し、「にじいろクレヨン」の協力を得ながら、環境変化に応じて時間を替え、避難所から子どもがいなくなる日まで開催し続けた。

二つの保育所の園児たちの一団がトレ室避難所から高校の本部館に移動することでトレーニング室には大きなスペースが出来ていた。避難所内での人間関係・家族構成を重視して班を編成した。避難所での仕事も指名するのではなく、自発的な挙手による意思表示で自主的に動くようにした。以後も同様にあくまで自主の発露を待つことに徹した。

役割が子どもを支える

このように役割を担う人々が日常的に周辺にいることで、子ども自身もささいな仕事でもすすんでやりたがった。教えなくても子どもは大人の背中をしっかり見ているのである。例えば、飲料水を給水所から運び、トレ室まで運ばれた新聞の配達、食事のお運び、段ボール箱つぶし、消灯時間を迎えると入口部の集中スイッチの前にはいつも複数の小さい子どもが来て消す係とおやすみなさいを言う係をしてくれた。

そこで子どもたち一人ひとりに、係や隊長等の名称をつけることで子ども自身が自らの役割に積極的に関わりやすいよう配慮を重ねた。仕事の取り合いになるような時は、まず小さい子から大きい子へとしてもらうようにした。

こうして、子どもたちは自分のポジションを理解し、譲ることも覚えていった。喧嘩になりそうな時はそれを止めず、腕相撲や相撲・柔道・空手などスポーツで勝負して決着することを求め、大抵の子どもたちはその提案により喧嘩の矛を収めてくれた。それでも収まらない幼児がいた時は、私が一対一で徹底して受け身をとり続け、疲れるまでやりあうと、抑え込まれたままその子は寝てしまった。こうして、子どもの意思表示を受け流さずしっかりと受け止める姿勢を示すことで子どもたちは私たちに信頼を寄せてくれるようになった。二〇日に任意団体〝避難所子どもクラブ（後にNPO法人「にじいろクレヨン」に改組）〟を設立した提案者の柴田滋紀さんと連携し、子どもたちを頼りにして遊び広場を運営した。子どもたちをお客さんにするのではなく、各々役割を担い、自主的に参加し、主体的に遊びに取り組むよう、場と材料を用意して見守ることに努力した。

特に、毎日発信し続ける携帯電話からの避難所報告で多くの子どもの存在を知った友人・知人を介して、続々と支援物資が届けられた。それらの画材や工作用品材料、本や避難所内で発生する古新聞紙、配食時に残った割り箸、輪ゴムやダンボール箱を活用して、モノづくりを通した心の表現に注力して遊び広場を運営していた。絵を描いたり、新聞紙の紙飛行機や竹トンボ・割り箸ゴム鉄砲を作ったり、粘土細工や折り紙遊びをした。後には大阪のリフォーム業者が持ってきてくれた支援物資ののこぎりやドライバーなどの道具を使って、避難所で使用する棚やスノコ作りも危険を配慮しながら手伝わせた。

同時に、子どもたちのリーダー育成を図るべく、南浜町の自宅が流出して愛用のピアノや大正琴等すべてを失い、しかも祖父母が不明のままの門脇小五年女子Aを子どもリーダーに指名した。更に、父母と兄が不明のまま女川で教職につく父と三日目に石巻高校で再会できた同小六年男子Bと、被災直後一緒にいながらその後祖父不明で四日目に母弟たちと再会できた石巻小五年男子Cをサブリーダーに任命した。子どもたちから拒否されるかなと思っていたが、すんなりと引き受けてくれたことは、子どもたち自身も薄々こちらの意図を感じていたからなのかもしれない。

心に大きな穴を抱えているリーダーを中心に、自らも大きな喪失感を持ちながらもその子を支えようとする子どもたちと、ともに相談しながら進めていった。自分がどんな被害にあったのかは、避難所を出るまで子どもも大人も自分からは殆ど話さなかったし、私たちもあえて聞き出そうとはしなかった。しかし、全員が傷ついていることはお互いに感じていたのである。大人はもとより、子どもは保護者の内面を感じ取るアンテナが大きいため即座に保護者の不安や動揺に反応し、あたかもそれを自分の変化や異常行動で知らせようとするかのように発現するのである。

しかし、大震災という共通体験は彼らに強い連帯感を育て、互いに支え合おうと兄弟姉妹関係に近い絆すら芽生えさせていた。こうして時間がすぎていった。

避難所から仮設住宅へ——子どもたちの葛藤

私たちは、避難所を運営しながら復興自立支援のNPO団体を立ち上げたのは四月一七日であった。四月一九日、二一日に学校が再開され、入学式を迎えるに当たり、学習補助を目的に、チャイルドスペースで一八時から一九時四五分までのチャイルド塾を開始した。

当初は、保護者と私たちが付き添うつもりであったが、学習教材のない環境であったため子どもたちに相談した。すると、子どもたちは自分たちでカリキュラムを組み、子どもたちで問題を作りはじめた。高学年が低学年に教え合うチーム編成まで行い、自習型寺子屋に育てて行った。

学校が始まった二一日からはチャイルドタイムを一六時からの一時間に変更し、遊び場活動を継続した。その間にできた作品は、壁面に常設展示していた。

日ごとに多種類の材料や道具等を用意し、創作意欲に応えられる体制を作った。子どもたちの作品は、開始当初の黒を使うものからどんどん色味が増し、隅っこに小さく書いていた作品も中央部に大きく大胆になった。日を追うごとに変化していった。それは内向きに閉ざしていた気持ちを外部に開放するように前に向かっていることを教えてくれた。

避難所での一次避難生活から始まり、仮設・みなし仮設・縁故避難・在宅の二次避難生活を余儀なくされた復興地。そして、新たな自立生活に向かう日を前にして、復興地は先の見えない不安・不信が底流奥深く流れている。

七ヵ月にも及ぶ第一ステージの〈避難所生活〉では、着の身着のままで水・食料・電気・交通手段・情報など一切を断たれた茫然自失の日々から始まり、インフラ整備の進展とともに世界中から多くの支援を受けながらも自然災害がもたらした喪失感を埋めることは出来なかった。住む場所の選択すらできずに抽選方式による新たな生活拠点としての〈仮設住宅生活〉の第二ステージに入った。

新聞が避難所の閉鎖が近いことを報道し始めると、皆に先駆けて五月に仮設住宅に二次避難していた門脇小学校六年男子Dは、「おれ、これからどこへ帰ればいいんだ」と、ぽつりともらした。この言葉は、私たちを一次避難所解散後の子どもたちの居場所づくりへと導いたのである。

彼はこの震災で父を亡くし、母と姉の三人で避難所生活をしていた。子どもたちに参加を呼び掛けていた支援事業（清水国明さん主催：春休み河口湖子どもキャンプ）の出発前日、期せずして不明になっていた父が見つかった。母は、その事実を子どもたちに伝えることをためらっていた。彼はそれを知ってか知らずか、門脇中校庭から母に見送られ河口湖キャンプのバスに乗り込んだ。涙をこらえて母は話してくれた。私は、その重い決意に反論はしなかったが、「子どもたちは薄々感づいていると思うよ。とにかく帰ったらありのままを話し、子どもを一人の大人として尊重して、子どもたちを頼りにしていることを伝えたら」と話した。彼がキャンプから戻ると、母は事実を告げた。門脇中一年の姉は激しく泣きじゃくり、その悲しみは収まらなかった。他方、彼は感情を表には出さず冷静にふるまった。母は、この事態の急変に避難所では対応できないと判断し、家族で話せる空間（親戚の家）へと車を走らせ、彼ら家族は外泊した。彼ら家族にとって、内にこもらずに他に環境を変えることが大切だったのである。数日後、彼は同様に祖父母が行方不明だった避難所の仲間で門脇小五年女子Eに「その場で、話してくれればいいのに」とつぶやいたそうだ。

子どもは、どんなつらい場面でも家族の一員として真正面に対応してほしいのである。見送ることで喪失感に区切りがつき、新たな一歩を踏み出す契機になる。

Dの家族は五月初めから仮設住宅で二次避難生活を始めた。仮設住宅で暮らしながら、門脇中学校からなぜかいつも一番にトレ室に帰って来た。いつもきまって「くっそー」と大声をあげ、チャイルドスペースにランドセルを抛り出すように投げると、いつもそこに置いてある、ひと抱えもあるピカチュウのぬいぐるみにしばらく当たり散らしていた。それを止めようとする人は一人もいなかった。それほど強い意思表現だったのだ。彼の怒りが収まるのを待つだけにした。戦争などの人災とは異なり、当たり所のないのが自然災害であり、当たる物や人がいる被災者にはまだ救いがあるのかもしれない。私たちはただ見守るだけでいいのである。

子どもたちのために新たな取り組み

平成二三年一〇月一〇日、避難所解散式を終え、石巻高校からほど近い市街地の事務所に向かった。一一日から開所する〝いしのまき寺子屋〟の最終準備をした。〝東日本大震災〟圏域創生NPOセンター〟と看板を掲げ、平成二三年一〇月一一日、センターを開所した。

このセンターの課題は第一に「子どもたちの居場所づくり」である。そして、最大の役割は、「放課後の小中学生に対して安全な遊び場環境を整え、保護者が安心して働ける家庭支援と共に寺子屋での自習補助などの見守り」である。

家族会の仲間をはじめとして復興地で暮らす人々の拠り所の役割も引き続き果たしていく。被災者よろず相談センターである。

私たちの役割は「場をつくり、必要なモノを想定して準備し、いつでも安心して立ち寄れる安定した安全な環境を整える」ことであり、来たときは「何事も押し付けず、ただ寄り添うように傍らにいる」ことである。お茶や菓子などを用意して語り始めるのを待つことである。

いしのまき寺子屋（四三平方メートル）、お話カフェ〝虹色ピアノ〟、サポート・マーケット〝五〇〇縁ショップ〟を配置している。

最初に取り組んだのは、引きこもりがちな復興地で暮らす女性に手仕事を創生し、創作行動で自分と向き合いながら自立生活のリズムを取り戻して頂くことを目的にした、〝組紐ミサンガ倶楽部〟の創設であった。

〝いしのまき寺子屋〟は、室内の八割が畳敷きである。毎日一五時からお迎えの一八時位までの「放課後子どもクラブ」遊び広場と、平日九時からお迎えの一八時位までの「春・夏・冬休み寺子屋」学習支援事業を中心に運営している。

基本的なプログラムは、私たちが組み立て、事業ごとに適任者をコーディネーターとして雇用して配した上で、子どもたちが自主的に進められるように配慮した。「やらされている」活動として遊び場事業が出発した。しかし、現在は途切れることなく続けることを通して「やりたいことをやっている」という自主が芽生え、主体者として行動できる子どもになることを目標としている。

私たちはまず、子どもの持つ力を信じ、子どもの意欲がわくような道具や材料を整えることに力を傾けた。すると子どもは、子ども自身で考え、判断し、行動し始めた。迷ったり困ったりしたときも自分たちで相談しながら解決を図れるのである。それでも解決に向かえない時だけ子どもたちがそれとなく事務所に来て、私たちのまわりをうろうろする。それが私たちの出番であることを示すサインである。

お話カフェ〝虹色ピアノ〟には、ピアニストの山本実樹子さんから贈呈された鍵盤を七色に塗装したピアノが置いてある。開設当初は、ガレキ撤去作業等に使う機材・道具・備品などの支援物資資材倉庫として使用していたが、今はそれも殆どを移譲し終え、落ち着いて読書をしたりお茶を飲みながらお話のできる大人の拠り所に変身させたのである。また、展示会などを開催して、復興地の皆さんをお誘いし、皆さんのお話をお聞きする場として活用する予定である。現在、その一角には八平方メートルほどの〝箱庭ルーム〟を用意して、人に言えない悩みを抱える人を対象に、自分と向き合う個室箱庭セラピーを開始している。

支援物資を活用して、被災による喪失感を買い物で埋めて頂くためのサポート・マーケット〝五〇〇縁ショップ〟は、二〇一一年一一月二三日に開店した。避難所や仮設・みなし仮設住宅で多種多様な支援物資を貰いながら、被災者は表面では恥ずかしくも嬉しくもあり、内面では悲しくもあったのである。被災地では、支援を受けることで喪失したヒト・コト・モノを想い出し、自覚なく自尊心に傷がつき、しまいには貰うことが当たり前になっていくほど後ろ向きになっていった。こうして貰ったモノは、モノが無いがゆえに身に着けたり使ったりはするが、どこかで自分のモノにはなっていないのである。「ああ、あそこにあんなモノがあったよな」とよぎるのは、被災で失ったタンスや引き出しに入れていた自分で選んで購入したモノたちであった。

センターの敷地内には道路に面した所に一〇〇平方メートルくらいの花壇とも畑とも言える土地がある。その土地を活用して、子どもたちと一緒にヒマワリなど花の種や苗、ジャガイモの苗などを育てたり、ミツバチの養蜂箱を設置したりした。また、この春、桜を二本植樹した。周囲を花一杯にする活動は短時間だが、植えた後にそれらの成長を見守るのは楽しい時間のひとつである。

センター外での活動としては、昨年の四月から子どもたちを中心に避難所家族会の皆さんを誘って、毎月第二日曜日、登米市東和町米谷字相川のかじか村の里山体験・里山保全活動に通っている。私たちが発災後最初にお風呂を頂いて生き返る想いをしたのも、このかじか村であった。ここでは、里山散策から下草刈りや除間伐作業、田んぼでのコメ栽培や、畑でのジャガイモ・枝豆の野菜栽培、季節毎の山菜採り、清流での川遊び、隠れ家づくりなどをしている。そして、夏休みは、〝子どもサバイバル・キャンプ〟など復興地ではできない多様な野外活動をさせて頂いている。子どもたちが大好きな場所でもある。

また、昨年の八月に続いて、今年の八月一九日には、日和山城址公園をお借りして〝音楽と子ども夏祭り〟を開催した。勿論子どもが主役であり、保護者は応援団、私たちは黒子役である。

こうして一年半、大きな支援を頂きながら避難所運営からセンター設立を経て子どもを中心に自立支援活動を続けてきた。しかし、この道はまだ「始まったばかり」という感覚でいる。復旧はもとより、復興はやっと槌音がきこえてきた程度であり、まして新たな街づくりは殆ど見えてこない。復興地全体のガレキ撤去率は一五パーセント。ここ宮城県全体では、死者一万人超、被災家屋八万戸超だという。

自立の日まで

最終の第三ステージである、自立の日まで、では私たちはどうしていくのか。

公設復興住宅の選択だけでは復興地で暮らす被災市民は新生活に夢が持てない。そこに新たな価値に基づく新たな「結結コミュニティ」の必要性が生まれる。

子どもはもとより、すべてを喪失した被災者は、支えられ支える―支え合って生きるコトの喜びを学んだ。結が結を生み、ヒトが人に生まれ変われたのはこの大震災の力である。

与える・つなげる・わたす―他者と関わり、他者の役に立つ、そして、そのために自ら学ぶ姿勢にこそ子どもたちに未来が見えるのである。

∞《無限大》を未来に伝える意志ある人が「邑《ムラ》」を形成し、友人を招き、コトを為す。こうして子どもたちに開放された邑を各地に起こすコトで邑×邑が連環され、邑邑の鎖で全国をつなぐ。この世界に開かれた邑邑連携が織りなすコトで、首都圏や海外からの友達が頻繁に訪れるにたる邑が確立される。

そこには雇用が発生し、お金を基準にしない「安全・安心の幸せ度をモノサシにする」新たな価値によるコミュニティが成立する。

無色透明・不偏不党・無国籍・自給自足・自然エネルギー自立生産供給の地域完結資源循環型ミニコミュニティを。心豊かな環境・資源・生活・文化の創生を。以上が基本的なコンセプトである。

〈結結〉が次世代につなげるモノは、喪失し・喪失しかかっているコト・モノを地域に根付かせた生活拠点である。

〈結〉で地域を結び〈結結結〉圏域を構成するコトで、末代住み続けたい元気な日本を築くコトである。

これを、この平成二四年四月から開始した「結結プロジェクト」で首都圏の皆さん主催による車座ミーティングの俎上にあげ、五月からNPO法人女子教育奨励会が助成申請をし、この九月現地登米での私たちの下準備は整った。そして、一〇月一日、三井物産環境基金復興助成に採択され、同月一三日、かじか村に東京から本部事務局二名を迎えた八名でスタートアップミーティングを開催し、計画の具体に迫っていくことになった。

そして、これから三〜五年計画で、登米市東和町のかじか村で新たな結結コミュニティ〝ゆっくり邑子ども王国プロジェクト〟の実践開始である。

II　震災と子どもの文化

東日本大震災と教育・文化

——子ども観・教育観・文化観を問い直す

増山　均

はじめに

小論をはじめるにあたって、三・一一東日本大震災の被災者の皆さんにお見舞いを申し上げるとともに、犠牲になられた方々のご冥福をお祈りしたいと思う。大震災が起ってから一ヶ月後、私は連載をしていたある新聞に、「いま、本物の教科書はどこにあるのか」と題して次のような随想を送った。

＊　＊　＊

大自然は、人間に恵みをもたらしてくれる宝庫だが、時に牙を剥き出して、本当にむごいことをする。

東日本を襲った大地震と津波によって被災した家族・地域・自治体・企業が、危機の中に投げ込まれている。地震と津波によって破壊された福島第一原発による放射能汚染のひろがりは、さらに長期にわたって深刻な事態をもたらす可能性があり、子どもたちの未来にとって心配な状況を生み出している。被災された方々への緊急支援に全力を尽くし、支援を通して生活再建、地域復興への希望を届けたい。

被災地からの報道に接すると、元気の源と希望の光が、被災地で懸命に生きる子どもたちの姿の中にあることを知らされる。岩手県山田町の大沢小学校では、小学生たちがお年寄りの健康を気遣って、いち早く「肩もみ隊」を結成した。子どもたちの手を取りながら、「生きていて本当に良かった」と涙ながらに語る高齢の方々の姿がテレビで放映され、深く胸打たれた。

宮城県の多賀城市文化センターでは、中学生たちがボランティアの大学生・青年とともにQ&Aコーナーをつくり、自分たちで調べた情報を発信している。食糧配給の長蛇の列の中に立ち、「最後尾はここです」のプラカードを掲げる子どもたちの姿も頼もしい。家族を失い、日常生活を失い不安と背中合わせの中で、人と人が支えあって生きる極限状況の中で、子どもたちは心を鍛えられ、生きる力と知恵を授けられている。

こうした時、新学習指導要領に対応して、来春から使われる中学生が使う教科書の検定結果が公表された。「脱ゆとり」を反映して教育内容が大幅にかわり、現行よりも約二五パーセント、ページ数が増えるという。

教科書は子どもの教育にとって、何よりも大切な財産である。しかし今、東日本大震災で被災した子どもたちは、地震と津波によって教科書もカバンも家ごと破壊され、学校の多くが避難所となり、学ぶ場そのものが失われている。文科省によると、校舎に被害を受けた学校が、東北・関東六県で三千校以上に上り、新年度に配られる予定だった教科書のうち約六七万冊が、津波による損傷を受けて使えなくなっているという。

教育が「生きる力」の育成を目的とするならば、この震災は、子どもたちに、そして日本社会そのものに「生きる力」とは何かを問いかけている。子どもたちにとっても、大人にとっても、社会にとっても「生きた教科書」が、被災地の苦闘と復興への歩みの中にあり、自然と対峙して人間が築き上げてきた文明社会そのものの、根本からの問い直しを求める地球的・世紀的規模での宿題が提起されている。

世界中が注目する三・一一大震災は、いま人類にとって最大の教科書となっている。(下野新聞二〇一一年四月一一日付)

＊　＊　＊

宮城、岩手、福島三県を中心に、死者一万五八二九人、行方不明者三七二四人、避難者七万一三五八人(二〇一一年一〇月二七日警察庁調べ)、一〇〇〇年に一度といわれる大震災の被害は、あまりに甚大である。ピーク時には四〇万人を超える人々が避難を余儀なくされた大震災の発生から半年を過ぎた今、直面してきた事態を「最大の教科書」として、その中から何を読み取り、今後に向けて何を教訓とするかが、各分野に問われている。小論は、子どもの教育と文化の視点から、東日本大震災の教訓を読み解くのが課題である。

大震災によって、平常の生活を維持するためのライフラインが絶たれたことにより、子どもも大人も、根源的な「生きる力」が問われる非常事態に投げ込まれた。被災地の多くの学校が避難所となり、子どもたちは家庭生活と学校生活を同時に失った。この予想もしない衝撃的事態、揺るぎなく確立されていた生活・教育システムが機能しなくなった事態の発生により、私たちが平常の安定した生活の中で見失っていた「子ども観」「教育観」「文化観」が問い直されている。子どもは本来どのような力をもっているのか、どのような存在なのか、学校と教育の役割は何か、子どもにとっての文化とは何か、文化はどのような役割と機能を持っているのか、「人類にとって最大の教科書」が投げかけている本質的・根源的問いに向き合い、そこから実践的回答を見出したいと思う。

一　学校とは何か――〈いのちと生活を守る拠点〉〈地域住民の共同とコミュニティ創造の拠点〉

一　震災を支えた学校教師たちの偉大な役割

今回の大震災において、被災地の人々が示した対応と態度について、海外の人々から多くの賞賛の声が寄せられた。耐え難い苦難に直面しているのに、多くの避難所で「水や食料品を求める列は整然としている。乱暴な言葉や粗野な身振りはまったくみられない」「店で電気が消えた時、人々は商品を棚に戻し、静かに立ちさった」など日本人の倫理的意識の高さについて、海外メディアが、驚きをもって報じた。[注1]国内のニュースでは、原発事故の避難地域の住宅が荒らされたニュースや、一部避難所でのトラブルなどが報じられたものの、大局的に見れば被災地の人々の姿は「大災害にもかかわらず、あの人たちは尊厳も高潔さも失わない」という海外からの賞賛に値する、誇るべき日本人の品性が示されたといえよう。それらの背景が、東北という地域で培われてきた人々の人間的資質にあるとしても、日本社会が育て継承してきた人間形成史の成果であることを確認しておいてよいと思われる。「日本社会の教育力の総体」の中で、学校教育がどれほどの力を発揮してきたのかを正確に測ることはできないが、今回の震災で多くの学校が、地域住民の避難所となり、その避難所の運営にあたって学校の教師集団が、寝食を忘れて活躍した事実が、日本人の倫理観の高さを支える土台にあることを忘れてはならない。

被災した教師が、的確に子どもたちを誘導し、地震と津波から子どもの命を守るために尽力したこと。わが子と家族の安否確認を後回しにして、担任している子どものことを第一に考え、子どもの命を預かり守り育てる仕事の責任を貫いたこと。その後も、交代で自宅に戻りながら、避難所での炊き出しの手伝いや支援物資の分配など、献身的に働いたこと。地域の人々を支援し、住民とともに避難所生活を運営するとともに、手の空いた教師は、さながら野戦病院と化した学校で、養護教諭を中心に、けが人の看護にあたったことなど、教師が果たした役割は極めて大きいものであった。

そうした教師の姿は、子どもたちに安心感を与え、親からの信頼を得るとともに、子どもたちがあこがれる大人としての姿を示した。石巻市で被災し、迫り来る津波への恐怖の下、雪中を日和山に避難した山下美咲さん（石巻市門脇小学校六年生）は、そのときの状況をリアルにつづっている。「先生は、着の身着のまま避難して来たにもかかわらず、近くにいたおばあさんの心配をして、あたまにはようしゃなく雪がふりかかり、それにもかかわらず、時々声をかけながら歩く先生を見て、私は（先生みたいな大人になれたらいいなあ）と思いました。それからの先生もすごくテキパキと動いて、門小生を落ち着かせているのを見て、（ああ、カッコいいなあ）と思いました。[注2]」震災に伴う危機の中で、多くの教師が身をもって示した実践力・教育力は賞賛に値するものであり、〈いのちと生活を守る拠点〉としての学校と教師の役割を見事に示した。

二　求められる防災教育の必要性

地域の指定避難場所としての学校の役割はさらに重視・強化されるべきであろう。教育の場としての学校は、災害時には身近な避難所となり、かつ住民の集会所、相談所となり、さらに臨時の病院ともなる。地域住民のいのちと生活を守る拠点であり同時に〈地域住民の共同とコミュニティの拠点〉となる。今回の震災を体験した松浦泰三氏（宮城県石巻工業高等学校）は、学校が平時から確認しておくべきこととして、次の五点を指摘している。注3

① 学校は、自治会や町内会と、緊急時にどう協力するかを話しあっておくこと

② 一ヵ所に七〇〇人〜一〇〇〇人といった人びとが避難しても間に合う水・非常食料を備蓄すること

③ 携帯電話が使えないときに備えて、学校には衛星電話を一台確保しておくこと

④ 緊急時、学校が地域の要請に応えられる技術・施設を周知しておくこと

⑤ 災害弱者と言われる妊婦・要介護の高齢者・誕生後まもない赤ちゃん・病人に、避難所でどう対応するかのシミュレーションをしておくこと

地震多発国の日本では、校舎の耐震性を強化することをはじめとして、災害時の拠点としての学校施設の備蓄の充実は喫緊の課題であろう。東日本大震災の悲痛な体験を踏まえて、文部科学大臣が中央教育審議会に防災教育の教育方法を諮問し、「防災教育」を重要課題として設定した。

死者・行方不明者が一二〇〇人にも及ぶ中、市内約三〇〇〇人の小中学生の生存率が九九・八パーセントという「奇跡的状況」を実現した岩手県釜石市で、防災教育のアドバイザーをしてきた片田敏孝氏（群馬大学教授）は、生き抜く力を育てる防災教育のための三原則を提起している。注4

① 想定にとらわれるな
② その状況下で最善を尽くせ
③ 率先避難者たれ

片田氏は、自然を侮ってはいけない、自然の驚異に畏敬の念を持ち自分の命を守る主体性を醸成することが重要という。

一九三三年の昭和三陸大地震、一九六〇年のチリ地震での大津波と、歴史的に何度も災害を経験してきた釜石市では「防災文化醸成プロジェクト」をたち上げ、特に「子ども」への教育を重視した。子どもは、一〇年たつと大人になり、二〇年たつと親になる。防災意識を持った子どもが親になることを見越して一〇年単位での防災教育を継続してきたのである。

今回の地震と津波で、長年の防災教育の成果が生きた。子どもたちは、自ら判断して、その状況下での最善を尽くした。単に知識を与えるのではなく、主体的な姿勢を子どもに培うことが重視された。学校の教師とともに「津波防災教育のための手引き」を作成し、教育課程の中で徹底した。「津波が来たら自分も絶対に逃げるから、お父さんお母さんも逃げてね」と、家庭にも三原則を広げてきた。親が子どもを迎えに来て、一緒に津波の犠牲になるケースが多いなかで、「津波てんでんこ」の教訓を現代に生かし、「津波の時にはてんでんばらばらに逃げて、親も子も自分の命を守りあい、あとで必ず子どものことを迎えに行く」という信頼関係を確認してきた。今回の津波では、中学生が「てんでんこレンジャー」として活躍し、地域のお年寄りや小学生、保育園児の避難をサポートし、安否札配り、清掃や避難した人の名簿作りなどで力を発揮した。

地域には「子ども津波避難の家」の認定をひろげ、ステッカーを玄関に張り出す。地域の子どもの命を守るために避難することが、住民の命も守ることになることを広報してきた。片田氏は、「脅しの防災教育」「知識の防災教育」ではなく「姿勢の防災教育」の重要性を説く。さらに、防災教育の場面だけで子どもの主体性は作れない。子どもが危険から守られる、危険を避けるための教育、危険に向かいあう教育が必要だという。「知識付与型の教育にとどまることなく、子どもが柔軟な姿勢をもって自分で考え、判断し、行動する主体性をはぐくむ教育」が求められ「防災教育は、単に災害時に子どもの命を守るということにとどまらず、学校のあり方、親子関係、子どもを中心とした地域の中での関係のあり方を問い直すもの[注5]」だと言う。

二　子ども観を問い直す――子どもたちの実践力・人間力

一　子どもたちの活躍と行動力への注目

今回の東日本大震災の中で、子どもたちが活躍する姿に注目が集まり、さまざまな形で報道された。家族を失い、家を失い、仕事を失い、生きる希望を失いかけていた大人を励ましたのは子どもたちの姿だった。深刻な青少年問題や子どもの発達の危機が叫ばれ、否定的な子ども像が報道されることが多い中で、震災の中では、かつてなく子どもの主体的な力への注目が集まり、肯定的な子ども像が示された。それらは、保護の対象としての子ども、教育の対象としての子どもという受動的子ども観から、市民・住民として子どもの主体性を認め、社会の担い手として子ども参加の意義を確認する能動的子ども観への転換を迫る課題を投げかけている。

各地の新聞報道をてがかりにして、子どもたちの活躍の一端を見てみよう。[注6]

仙台市内の各中学校では、在校生や卒業生がボランティアとして、炊き出し、水汲み、掃除の手伝い、荷物の運搬など、避難所運営の主軸として働き、避難住民からは「子どもたちの笑顔と頑張りに救われる」と感謝の気持ちが寄せられた。（河北新聞三月二六日付）

同新聞によれば、若林区荒浜中学校では、中学生が自主的にトイレ掃除、ゴミの始末を担当した。中学生は「避難所でただ時間を過ごすより、みんなの役に立ちたいと思った。『ご苦労さま』と声を掛けられて、うれしい」と語っている。同じ若林区の蒲町中学校では、同校を卒業した高校生約二〇人が、午前九時から午後八時ころまで、食料の配布、ストーブの給油、避難所の清掃、さらには子どもの相手や、お年寄りのマッサージをして喜ばれた。青葉区の折立中でも中学生がプールの水をトイレに運ぶ作業や物資の運搬にパワーを発揮した。

若林区の南小泉中では、中学生が食事の配布を担当し「食料が少なく被災者に不満がたまったとき、子どもたちの笑顔が雰囲気を和らげた」という。一緒に取り組んだ教師は「大人だけで対応していたら問題がおきたかもしれない。生徒に助けられている」と語っている。

宮城県女川第一中学校では、自閉症の中学二年生の少年が特技のピアノ演奏で、避難所の人を癒すラジオ体操の伴奏をし、子どもたちのリクエストにも答え、癒しの時間を提供した。（新潟日報三月二六日付）

宮城県石巻市では、小中学生と大学生が支援物資の仕分け配給、水汲みトイレ掃除に「欠かせない存在」になった。（朝日新聞四月五日付）

宮古市では、鍬ヶ崎小学校に届く救援物資を二人の姉妹（一〇歳、一二歳）が一日三回竹の籠を背負って高台の避難所に届け、お年寄りに感謝された。（岩手日報四月一三日付）

宮城県気仙沼市気仙沼小学校では、小四と中一の姉妹が中心になり、手書きの壁新聞『ファイト新聞」を毎日張り出し、「一日の楽しかったことが子どもたちの素直な視点で表現されている。新聞を楽しみに、避難所生活をがんばりたい」と避難者を元気付けた。（河北新聞四月一五日付）

二　「子どもの集団離れ論」を問い直す―潜在力への注目を

一九八〇年代から「子どもの集団離れ」[注7]が叫ばれてきたが、被災地の経験は子どもたちは本質的に集団を求め、仲間を組織する力があることを示しており、現代の子どもに対する「集団離れ」という特徴づけが必ずしも的確でないことを示している。

『つなみ―被災地のこども80人の作文集』を編集したジャーナリストの森健氏は「校内に入ると、どこからか子供《（ママ）》たちの声が聞こえてくる。……年のころは保育園から、小学生、中学生までさまざまだ。場所によっては、高校生までが境なくじゃれあっているところもある。各地の避難所で何度も目にしてきた」[注8]と報告している。

マスコミでも注目された気仙沼市の「ファイト新聞」[注9]を手がかりに見てみよう。創られた新聞へ注目が集まっているが、重要なのは、子どもたちが組織を作って活動したということである。初代編集長の吉田理沙ちゃんは小学二年生である。中学生のお姉さんたちを巻き込み、自分たちで新聞社の組織体制（編集長、副編集長、平社員、アルバイト、パシリ）をつくり、係りを決め、新聞発行という目標を実現するための活動を継続的に展開した。

「きょうはかかりきめをしました。私は『掲示がかり』になりました」（四月二八日号）。「けいじがかりはかべにかみをはったりとったりします。私はけいじがかりをいっしょうけんめいやりたいです。」

「かほです。ついにわたしが平社員に昇格しました！　よかった！　これからはアルバイトではなく平社員としてこのファイト新聞に尽力していきたいと思います。」「昨日かほ（アルバイト）は平社員にしょうかく!!　すごくよろこんでいました。ちなみに藤沢（アルバイト）はパシリに降格しました。」「ぼくはまだはいったばかりなので、パシリです。でもいつかアルバイトになる日が来ると思います。」（四月二七日号）

「ファイト新聞社」の取り組みが教えているのは、子どもたちには自分たちの力で、集団を組織し、自治的に活動する力と知恵があるということであり、子どもたちは避難所の住民として、地域の人びとの役に立ち、認められる中でさらに成長していくということである。

家族を失い、日常生活を失い不安と背中合わせの中で、人と人が支えあって生きる極限状況の中で、子どもたちは潜在的な力を発揮した。自分が果たすべき役割を見つけることによって大人からあてにされ、生きがいを見出し、生きる力と知恵を授けられている。皮肉にも、学校教育のシステムが破壊されたことにより、子どもの自主性が発揮され、自治的活動を展開する機会が生まれた。同時に、人びととの交流の機会が作られ、コミュニティの重要な構成員として認められたのである。避難所において子どもたちが示した姿は、学校内外の教育において、子どもの潜在的な力に信頼を寄せ、自主的・自治的集団活動、社会参加活動の機会をもっと保障すべきことを問いかけている。

三　震災被害が問う——教育福祉問題への対応

一　トラウマティック・ストレスへの配慮——子どもの心のケア・カウンセリングの課題

震災の困難な避難生活の中で活躍する子どもたちの姿から積極的な側面を学ぶことは大切だが、子どもたちが示している活動的な姿を楽観的に見てはならないだろう。積極的な活躍の裏に潜む深い心の傷を見つめ、今後の生活と教育の中で、子どもたち自身が時間をかけて癒していく課題があることを看過できない。秋田魁新報三月二〇日付には、宮城県東松島市のある中学校で「中学生ボランティア」として活躍するA君の記事が載っている。A君は家族の遺体が発見され、身元確認を終えるとすぐに自主的にボランティアを申し出た。「無理をするな」と気遣う教師の声を振り払い「死んだ家族のためにもがんばらないと…」と避難所での掃除や配膳の仕事に打ち込む。記事には「何かを振り払うように作業に没頭するA君の姿を見て、中学生たちのボランティアの輪がひろがっていった」とある。トラウマとストレスの問題を研究してきた宮地尚子氏は東日本大震災をめぐる諸問題を取り上げた中で、「被災しながらの支援は体力や気力を消耗させますが、同時に自己コントロール感や自己効力感を取り戻し、喪失感や無力感、罪悪感に襲われることから自分を守ることができます。今すべきことに集中し、活動しつづけることで、徐々に痛みが和らいでいくこともあります。ただ気力が続かなくなった時、棚上げにしていた過去が一気に押し寄せてきて、激しい喪失反応や遅発性のトラウマ反応をもたらすこともあります[注10]」と警告している。避難所での積極的な活躍の姿とは裏腹に、子どもたちが抱えている心の傷やストレスを見つめ、長期にわたって心のケアに取り組む体制づくりが求められている。こうしたトラウマが引き起こす問題は、決して被害を受けた当事者、被災地だけに限定された問題ではない。宮地によれば、テレビの映像を見て恐怖感を味わった人々にも広く及んでいるという。大地震と巨大津波の恐怖に追い討ちを掛ける原発事故による放射能被害は、いま日本列島すべてを覆い尽くす大規模なストレスを子どもたちにもたらしている。心のケアに取り組むスクールカウンセラーが位置づけられて久しいが、学校教育におけるカウンセラーの配置とその役割は、これまで以上に大きくなっている。

れている。

二　子どもと家族の生活相談・生活支援―福祉サービス、スクールソーシャルワークの課題

東日本大震災で死亡・行方不明になった小・中・高の児童生徒数は五三六人（四月二七日、岩手・宮城・福島県教育委員会発表）、三県での転校生は一万四〇〇〇人（福島から八五パーセント）といわれている。

父母のいずれかが死亡・行方不明になった一八歳未満の震災孤児は、岩手・宮城・福島三県で一二九五人（七月二九日厚生労働省発表）にのぼる。両親とも死亡、行方不明になっている震災孤児は二二九人で、その大半が、祖父母やおじ・おばなどの身内の元に引き取られている。宮城の二人が児童福祉施設に入所した他は、全員が親族に養育されている。「養育里親」制度の活用など、福祉サービスの情報提供とフォローが必要である。

いま被災地の子どもたちは、ＰＴＳＤ（心的外傷後ストレス障害）への精神保健的ケアの必要性とともに、家族と死別した要保護児童の養護の課題、生活再建、教育扶助・就学援助などの教育機会の保障などの福祉的支援・ソーシャルワークが必要となっている。他の自治体への転校問題、転校先での差別問題などの二次被害なども報告されており、被災児童受け入れにあたってのスクールソーシャルワーカーの役割がクローズアップされている。[注11]

福島での原発事故による放射能汚染からの避難も含めて、いま全国的規模での人口移動・子どもの転校が起こり、避難生活はさまざまな問題を生んでいる。家族離散、友達関係の喪失、転校による不安、移転先生活への不適応や矛盾・軋轢など、生活支援問題の広がりと根の深さは、計り知れない。

震災がもたらした子どもの問題は、ひとつの学問分野からでは対応できない広がりと深さをもつ。

中でも、教育と福祉・心理との連携は緊急課題であり、学校教師とスクールカウンセラー、スクールソーシャルワーカーの実践的協働が求められている。

四　文化の力・遊びの力―トラウマティック・プレイとアニマシオン

一　心と体を解放する遊び―文化団体の活動からの教訓

被災体験の消えることのない恐怖と新たな生活不安の中で、多くの子どもたちがトラウマとストレスを抱えて生活している。被災地だけでなく各地のチャイルドラインには、子どもたちの心の奥の叫びが寄せられている。栃木県のチャイルドライン[注12]には、三・一一から二ヵ月間で一〇〇〇件をこえる電話相談が入ったという。

「避難所にいるんだけど、着替えもする場所がないの。お風呂もやっと一〇日ぶりにはいったの。寝ていても、泣き声が聞こえたり、けんかしている家族もいるし、ゆっくり寝られない。家に帰りたい。避難所は本当にプライバシーがない。疲れた…」(被災県、高校生)

「地震でこんなにたくさんの人が死んで、つらい。自分も死ねばよかった。テレビを見ていると気分が悪くなる。ほんとに吐き気がして頭痛がしてくる」(他県、中学生)

「地震があってから、気分が落ち込んで…。自分は何のために生きているのかな。テレビであんな津波を見ていると、不安になる。一瞬のうちに自分の家や家族が流されてしまったら、どうしたらいいんだろう。生きているのがむなしくなる」(他県、高校生)

被災体験のトラウマと避難所生活でのストレスを抱えた子どもたちに対して、いま必要な取り組みは何か。こうした課題は、教育や心理分野からの専門的アプローチ、福祉分野での支援サービスだけでは解決しない。阪神・淡路大震災の経験に基づいて、「子どもたちには心を解放する遊びと文化が必要である」として、カウンセラー・ソーシャルワーカー・小児科医・セラピスト・児童文化団体が次々と取り組みを立ち上げた。その取り組みを見ると、子どもの自己回復力は、遊びと文化を通して、もっとも自然な形で発現することを教えられる。

筆者は〈東日本大震災と子どもの未来〉を特集テーマに掲げた二〇一一年版『子ども白書』の編集にあたり、被災地を訪ねて子どもの遊びと文化に関わる取り組みに着目して取材し、その重要性を再確認した。

日本冒険遊び場つくり協会は、被災直後いち早く宮城県気仙沼市に子どもの遊び場「あそびーばー」を開設した。その運営に当たった天野秀昭氏は、阪神・淡路大震災で神戸市長田区での五ヵ月間の遊び場作り体験から、特に子どもの心のケア問題に注目し、トラウマティック・プレイ(遊びの中で被害内容を再現すること)の意義を語っている。「津波ごっこ」「震災ごっこ」で走り回っていた子どもたちが、一ヵ月を過ぎるころ、何人もの子どもたちで机にのぼって揺らし、『震度七じゃ』といって破壊する。端材を並べ新聞紙で火をつけ、うちわで扇ぎながら、「燃えとる、燃えとる、町が燃えとる、学校が燃えとる!」と歓声をあげるようになったという。こうした子どもの行動に、不快感を示す大人に対して、トラウマティック・プレイの意味を説明して理解を求めている。天野氏は「子どもには自らをケアする力が備わっている」という。そしてさらに「子どもにとっては遊ぶ機会が自分をケアするために必要であることだけでなく、『場』を作ったことの意味は、地域の大人がそこに集まることで、老若男女の交流の場となっています。その大人たちが、子どものすることを温かく見守る、その視線自体が、子どものケアをさらに深めていきます」「遊び場は、新たなコミュニティーの核となるエネルギーを秘めているのだ[注13]」と語っている。

「東日本支援クレヨンネット」は、震災三日後から取り組みを開始した。そこには、子どもだけでなく大人も参加して、思いのままに絵を描く。自由な色使いで恐怖を吐き出す「お絵かきセラピー」だ。セラピストは、「問題は、その後が大切。恐れや不安から解放された後穏やかな気分を取りもどすような継続した長期のかかわりや声かけが大切」として、出張アトリエを続けるという[注14]。色彩表現による心のケア、絵を通して心のケアを行うアートセラピーは、いじめや不登校で悩む子どもたちが絵を描くことの自己表現を通して、自分らしさや自信を取りもどしていく経験を生かしたものでもある。

国際NGOセーブ・ザ・チルドレン・ジャパンも、いち早く仙台市若林区七郷小学校避難所の校舎の一角に「こどもひろば」を開設し、絵を描く、遊ぶ取り組みを行った。そこには、阪神・淡路大震災のとき小学一年生だった青年がボランティアとして参加して活躍している。

認定NPO法人日本グッド・トイ委員会は、岩手県陸前高田市に、おもちゃと遊びを通しての子どもの心のケアにとりくむ「遊び支援隊」を派遣して取り組みを続け、おもちゃコンサルタント〔人〕が、グッド・トイ（もの）を届け、「あそびとおもちゃは、食事と同じくらい大切な心の栄養素」と述べている[注15]。

二　子どもにとって遊びと文化の価値を見直す

被災地だけではなく、日本の子どもたちに、十分な遊びと文化の時間を保障することが、重要な課題になっている。文科省の「脱ゆとり路線」によって、学校教育が「学力」重視に転じてから、教科書が厚くなって授業時間が増えている。子どもの放課後の時間が減少し、子どもたち自身でつくる地域生活や仲間との遊びや文化活動の意義が軽視されている。

加藤理氏は、自らの被災体験の中でのわが子との経験と、被災地の子どもの取り組みをふまえて、「今こそ児童文化の力を」と呼びかけている。「自らの意思でさまざまな児童文化活動を選択することは、子どもにとって『～のために』行う行為から逸脱して主体的意思で行動を選択する事を獲得・回復する行為である」[注16]とし、主体的意思の取りもどしにとって文化が果たす役割の重要性を指摘している。

しかし、日本社会においては、子どもの遊びや文化それ自体に価値があることがいまだ承認されていない。学校における文化活動も衰退の道をたどっている。[注17]ＩＰＡの「子どもの遊ぶ権利宣言」[注18]にあるように「遊びは、栄養や住まいや教育などが子どもの生活に欠かせないものであるのと同じように、子どもが生まれながらに持っている能力を伸ばすのに欠かせないもの」である。子どもの遊びは、子どもの心をイキイキ・ワクワクさせて魂をゆさぶり、心身の活性化をもたらす力がある。ヨーロッパでは、遊びや文化が持つ魂（アニマ）の活性化作用を「アニマシオン」と呼び、健康で充実した生活と発達にむけてのエネルギーとして重視している。[注19]エデュカシオン（教育）と並んで、遊びと文化活動がもたらすアニマシオンの価値を重視したい。

おわりに――放射能汚染と失われた〈世代間の平等〉

子どもたちが遊びと文化活動を展開する基盤が、根源から崩されている。福島第一原発の事故発生以来、頼りにしていた自然環境そのものが、大地が、水が、空気が、日々放射能汚染に晒され、根底から安心・安全が揺らいでいるのだ。営々として築き上げてきた生活・文化・伝統が根こそぎ奪われている警戒（立ち入り禁止）区域、緊急時避難準備区域、計画的避難区域の方がたが直面している苦悩は、言葉では表現できない。

これまでは、ほとんど耳にすることのなかった「シーベルト」「ベクレル」数値の報道が、不安を掻き立てる。農作物、魚介類の出荷停止、水道水の取水制限と飲料警戒、農地の汚染、園庭・校庭の汚染による屋外活動の制限、そして母乳からも放射性ヨウ素とセシウムが検出され、福島の子どもたちの体内からもセシウムが検出されている。今後、乳幼児や子どもたちの健康にどのような悪影響がもたらされるのか、誰も正確な予測ができないでいる。長期にわたって近未来に発現してくるかも知れない放射能被曝が、今、目の前で進行しているのだ。

太古の昔から、子どもたちは近所の川で自由に泳いで育ってきた。その最後の経験をもつ還暦世代は、自分の人生そのものの中で、わずか一世代の間に、生活廃水や石油化学製品・農薬などによって川が汚れ、土が崩れるのを見てきた。その最後に起こったのが原発事故である。原発事故による放射能汚染は、まさに「戦後日本の自然破壊の総決算[注20]」といえよう。

国連大学が後援した研究からうまれた〈世代間の平等〉という概念がある。「各世代は地球の質を維持して、その条件を自分が受け継いだときよりも悪くしないで引き渡す。各世代は祖先が維持した地球と同等の地球を受け継ぐ権利を持つ[注21]」というものである。

欲望の肥大化にまかせて「豊かで便利な」生活を享受し、そのツケを未来世代に回し〈世代間の平等〉を奪ってしまったことへの悔恨の中で、「地球的・世紀的規模での宿題」を解いていかねばならない。

注

1　ロシア・タス通信のゴロブニン東京支局長の「他の国ならこうした状況下で簡単に起こり得る混乱や暴力、略奪などの報道がいまだに一件もない」との報告など。詳しくは http://miru285.blogspot.com/2011/03/blog-post_14.html

2　みやぎ教育文化研究センター・日本臨床教育学会震災調査チーム編『3・11あの日のこと、あの日からのこと―震災体験から宮城の子ども・学校を語る』かもがわ出版、二〇一二、三〇～三二頁

3　同前一二七頁

4　片田敏孝①「『姿勢の防災教育』が『想定外』を生き抜く地域を創る」日本子どもを守る会編『子ども白書二〇一一年版』〈特集1東日本大震災から未来へ、特集2〝無縁社会〟を克服するために〉草土文化、二〇一一、同②「子どもたちを津波から守った釜石市の防災教育」『季刊教育法』一六九号、二〇一一

5　同前①五六頁

6　池上彰・文藝春秋編『東日本大震災心をつなぐニュース』文藝春秋、二〇一一

7　田中治彦「『子ども・若者と社会教育』の課題」日本社会教育学会編『子ども・若者と社会教育―自己形成の場と関係性の変容』東洋館出版社、二〇〇二、一二頁

8　『つなみ―被災地のこども80人の作文集』「文藝春秋」八月臨時増刊号、二〇一一、一一頁

9　ファイト新聞社『宮城県気仙沼発！　ファイト新聞』河出書房新社、二〇一一

10　宮地尚子『震災トラウマと復興ストレス』岩波ブックレット八一五、二〇一一、一五頁

11　金沢ますみ「学校は被災地からの転入生をどのように迎えられるか―スクールソーシャルワークの視点から見た『転校』・『転入』」前掲『子ども白書二〇一一年版』

12　『チャイルドラインとちぎ』一三号、二〇一一
13　天野秀昭「被災地に『遊び場』をつくること」前掲『子ども白書二〇一一年版』七二頁
http://hi-kimidori.cocolog_nifty.com
14　末永蒼生「子どもたちは絵を描きながら自らの心を癒す」前掲『子ども白書二〇一一年版』六七頁
15　馬場清「被災地の子どもたちに笑顔を」前掲『子ども白書二〇一一年版』七四頁
16　加藤理「児童文化の力と被災地の子どもたち」前掲『子ども白書二〇一一年版』三四頁、「大震災の暗闇と物語の力」『子どもの文化』二〇一一年五月号
17　増山均・須藤敏昭他「文化創造と教育」『日本の民主教育二〇〇九年版』、大月書店、二〇〇九、二五六頁
18　IPA（International Play Association）「子どもの遊ぶ権利のための国際協会」は一九六一年にデンマークで結成され、一九七九年には日本支部が作られている。「子どもの遊ぶ権利宣言」は、一九七七年に国連との共催で、マルタ共和国で開かれた国際会議で採択され、国際的に呼びかけられている。
19　増山均『アニマシオンが子どもを育てる』旬報社、二〇〇〇、佐藤一子・増山均編『子どもの文化権と文化的参加』第一書林、一九九五
20　池田清彦・養老孟司『ほんとうの復興』新潮社、二〇一一、二七頁
21　日本ユニセフ協会『子どもにどんな地球を残しますか』福武書店、一九九一、六七頁

希望を紡ぎ、明日を織る

――再生に果たす文化の役割

片岡　輝

はじめに

三月一一日、東日本を大震災が襲った日、四歳の私の孫は、たまたま保護者会で幼稚園にいた母親と、余震の中、私の家へ辿りついた。被災地の深刻な被害が次第に明らかになるにつれ、母親が状況の説明をすると、孫はこう言ったという。「まゆは、もしおうちがなくなっても、ママとパパとじーじとばーばがいれば、それだけでしあわせ。それだけでじゅうぶんだよ」

被災地から遠く離れた四歳児の脳裏に去来した「それだけ」を、どれほど多くの被災者が失ったことだろう。その心境を思うと、言葉は音もなく宙に彷徨うばかりである。

岩手県宮古市で漁師の両親と妹の一家四人で暮らしていた四歳の昆愛海ちゃんは、三〇メートルを超える津波で家族を一瞬のうちに失った。祖母の許で一カ月たったころ、愛海ちゃんはノートにえんぴつでこう書いた。[注1]

ぱぱへ
あわびとか　うにとか　たことか
こんぶとか　いろんなのをとってね
ままへ
いきているといいね　おげんきですか
おりがみと　あやとりと
ほんよんでくれて　ありがと

被災地の子どもが受けた心身の傷に加えて、同時代を生きる日本中の子どもたちに大震災が与えたショックは計り知れない。

三月二九日の新聞は、首都圏などの小中学校で三学期、保健室に駆け込む子どもたちが増えたと報じた。〈「いつでも逃げられるようにと思うと、カバンが手放せない」。東京都内のある区立中学校では一四日、二年生女子が通学カバンを抱きかかえ、泣きながら保健室にきた。震災の様子を伝えるテレビ番組を見続けて「怖くて涙が止まらない」と言う。保健室には「不安で眠れない」「揺れ続けているようで気持ち悪い」と生徒たちがひっきりなしに訪れた。授業中に地震があると、泣き出す子も多か

った。[注2]〉

こうした不安は、福島原発の放射能漏れの事態が明らかになるにつれ、より拡大していく。

すでに起こったことは無論のこと、これから起こるかもしれないことを含めて、大震災がもたらした被害、二次災害とも言える被害を大きくしたシステム、価値観、ライフスタイルについて検討し、改めるべきを改めなくてはならないのは、被災地を超えた課題であり、問題は、生活、教育、福祉、産業、政治、文化…、生きる営み全てにわたっており、被災地固有の、あるいは、子ども固有の問題として矮小化することは出来ない。

子どもたちが出会ったこと

被災地の子どもたちは、日常では決して出会うことのないこと・ものに出会ってしまった。

宮城県石巻市立大川小学校は、全校生徒一〇八人中、四月九日現在、死者六四人、行方不明一〇人。下校の支度を終えた一四時四六分の大きな揺れと、そのあと襲ってきた津波が引き起こした残劇の一部始終を子どもたちは見てしまった。

それから一ヵ月。子どもを失った多くの親が学校付近に通いつめて子どもを捜し続けた。新聞はその様子をこう伝えている。

〈一二日に遺体で見つかった五年生の紫桃千聖さんは、傷だらけだった。娘の目や鼻、耳の泥がなかなか取れないので、自分の舌でなめてきれいにした、と母親（四五）は言う。「誰を責めるというわけではないけど、小学校にいたのに……。悲しくて、悔しくて」

福田みゆきさん（四三）は、三日目に、六年生の長女理沙さんの遺体を確認した。きれいな顔だった。卒業式で、はかまをはくのを楽しみにしていた。「しっかりしていて聞き上手で。娘なのに相談する相手でした」

三年生の長男昌明くんは行方不明のままだ。「イケメンの人気者。私の宝物です。あの子はちっちゃくて怖がりだから、早くみつけてあげたい」

娘の火葬の日を除き、毎日、現場に通っている〉[注3]

記録写真や映像で私たちのまぶたに焼き付いた廃墟となった大川小の無残な姿とともに、失った級友の姿はいつまでも子どもたちの記憶の中で生き続けるに違いない。

子どもたちは、生と死を分ける一瞬を見た。生命の脆弱さと強靭さを見た。生き残るために力を合わせる人間を見た。全国から外国から駆けつけて来て黙々と献身的に働くボランティアを見た。子どもたちのために自分のことを考えずに不眠不休で仕事に取り組む教師や保育者や医療関係者やカウンセラーを見た。そこには、普段触れることのない素顔のままの人間の心とつながりのぬくもりがあった。

〈ヘドロかきをしたが、かいてもかいても終わらなかった。その家の人は、目の下にくまができるくらい疲れているのに、作業もして、ボランティアにお礼まで言って、すごいと思った〉[注4]

八月に、千葉で開かれた教育研究全国大会で飯能市の自由の森学園高校の二人の女子生徒は、こう発表した。

子どもたちは、家庭や地域や学校では学ぶことが出来ないことを体験を通して学んだ。

東京の高校一年生の長谷川秀弥君（一六）は、岩手県大槌町の避難所安渡小学校でボランティアを体験した。「三六〇度がれきで、内戦してる国みたいで。こんなところで俺は役に立てるのかって」、途方に暮れた彼は、トウモロコシを焼くように頼まれ、二時間でおよそ一〇〇人分を焼いた。「とりあえず行けば何かができると思ってた。でもモロコシ焼くことしかできなかった」

地元の高校生とも仲良くなりたかったが、がれきの中で暮らす彼らにどう話しかければいいか分からなかった。「ちゃんと自分で考えて来ないと、無駄にしちゃいますね」と反省した。また来ようと思った、と言う。[注5]

川上エドオジョン智慧君（一三）は、NPOの被災地ツアー「がれきの学校」で埼玉から宮城県南三陸町を訪れた。来る前は、津波や廃墟の映像にうんざりしていたと言う彼は、花を植えるボランティア活動に参加した。

「小学校の時、俺、悪かったんすよ。授業に出なかったり。学校に行きたくても行けない子もいるのに。ちゃんとやればよかった」

そんな彼が変わった。サッカークラブで、きつい時にも手を抜かなくなった。電車で席を譲る。挨拶し、礼儀を守るようになった。

「被災地の子たちは良い環境にいないのに、俺らに普通に関わってくれた。それがありがたくて。だから自分が今やれることは一生懸命やろうって」

今も南三陸町の子どもたちとはメールや電話でつながっていると言う。[注6]

彼を変えたのは、彼を迎えた南三陸町の子どもたちの予想を超えたホスピタリティだった。

被災地の子どもたちは、傍目にも痛々しいほど健気だ。

「ボランティアに来てくれたお兄さん・お姉さんに幸せが沢山きますように☆」

母親とわが家を失った小学生の女の子が七夕の短冊に書いた願いという。[注7]

だが、ボランティアに見せる健気な振る舞いや笑顔が、悲しみや不安を忘れるために、もしくは気取られないために無意識にかぶった仮面であるかもしれないことを忘れてはならない。子どものデリカシーは、常に大人以上に繊細だ。

新しい出会いから、子どもたちは自ら学んで新しい自分を発見し、世界を広げていく。この営みが一過性で終わらず、持続的なものになるよう支え、勇気づけたい。

学びの場は、学校に在るだけではなく、人と人の間、生きる営為の総体である生活と、それを彩る多様な文化の中に在る。

震災を巡る言表から

岩手県大槌町の大槌小学校二年の同級生の三浦あかりちゃん（八）と三浦楓子ちゃんは、避難所のある高台から壊滅した灰色の街を見下ろしていた。二人と一緒にいた女性の新聞記者がその時のやりとりを記事にしている。

〈「ねえ」。ふうちゃんが後ろに立つ私を見上げて言った。「あの堤防が無くなっちゃって、また津波が来たらどうするの？」。焦っているような早口。私は思わず彼女の頭をなでた。それからスイッチが入ったように、ふたりは次々にしゃべりだした。「あのね。うちトイレとお風呂だけ残ったんだけど、あと全部燃えたの」「あのね、二年二組の子が死んだの」「あのね、あのね……」（中略）「あれ初めて見た」。帰り際、あっちゃんがつぶやいた。「海が……」。続けようとしてやめた。私は馬鹿の一つ覚えのように、もう一度抱きしめた。

避難所に戻ると、あっちゃんは、急にままごとのような口調で、こう切り出した。「地震のことは忘れて、楽しいことを考えましょ？」。そしてふたりは、また地震の話をしなくなった。[注8]〉

あっちゃんは、「海が……」に続いて何を言おうとし、何故言葉を呑みこんでしまったのだろうか？作家の姜信子は、六月半ばに、訪ねるならば、しっかりと、何かと、誰かとつながりたいと思って訪れた陸前高田で、生きなおす言葉についてこう考えている。

〈命にまつわるすべてが押し流された地で、語りかける言葉も問いかける言葉も自分が持ち合わせていないことはわかっている。同時に、あの日、それぞれの場所で根こそぎ揺さぶられた「私」と「あなた」がつながって生きなおしていくための言葉が切実に必要なこともわかっている。それは、性急に私たちを丸呑みする「がんばれ日本」でも「ひとつになろう日本」でもない、そのはるか手前の、ひとりひとりの生と死の言葉。でも、その言葉は今はまだ確かな言葉の形を取れぬまま、ただ気配だけがそこにあることも痛切にわかっている。だから、せめて、その気配にそっと寄り添ってみようと思っていた〉。

姜は、ボランティアセンターで登録をすませ、瓦礫の中から集めて来た泥だらけの水道の蛇口やパイプやねじを井戸水できれいに洗う作業に取り組む。

〈命を奪い、命をつなぐ、水。渦巻く生と死を宿しつつ、果てしなくこの世を巡りゆく、水。よみがえれ、よみがえれと念じつつ水道管を洗った。水を想い、命を想った。水とともにある命を語りなおす言葉を産み育む私たちであれと強く深く願った。そうしてつながりなおし、生きなおしていく私たちであれと。[注9]〉

八月。全国高校総合文化祭が、原発による放射能汚染の被災地福島で開かれた。文芸部門で発表された俳句を二句紹介する。[注10]

〈酒蔵の瓦割れたり盆の月〉

仙台白百合学園高校の加藤晴香さんは、壊れた街を見つめ、未熟な表現で句にする違和感と戦い、実体験をそのまま書いたと言う。

指導者の宮城県出身の俳人高野ムツオは、「悲しみを真摯に受け止めているかと自問すると、特に被災地の高校生は苦しいと思う」。それでも「その時、その場でないと詠めない句もある」と、自らが選んだ句を紹介した。

〈泥の遺影泥の卒業証書かな〉

被災の体験を語る、文章に書く、絵に描く音楽や歌にする、劇や遊びとして再現するといった表現活動が子どもの心のケアにとって有効か有害かについては諸説があるが、それこそ、一〇〇人子どもがいれば、一〇〇の受けとめ方があり、子どもの年齢、置かれている環境、その時の心理状況など、いわゆるＴＰＯに応じた慎重かつ細心の注意が実施に当たって求められることは言を俟たない。だが、表象精神病理学者の斎藤環は、自らが責任編集を担当した「imago」の総特集「東日本大震災と〈こころ〉のゆくえ」の巻頭言で、この特集の責任編集者として、〈「三・一一」を徹底して「換喩化」すること〉、言いかえれば、〈〝崇高なる悲劇の象徴〟としての「象徴化」を防ぐこと〉を意図した、と述べている。

「換喩化」とは、〈一つの体験を、その本質や意味によってではなく、隣接性や類似性によって処理する記号操作〉のことであり、「駄洒落」や「連想ゲーム」がこれに当たると言う。また、過度の象徴化は、例えば、「九・一一」が「イラク侵攻」という象徴的誤動作をひきおこしたように、しばしば「現実」からの乖離を招くと言う。

斎藤は、〈私はＰＴＳＤの一因として、トラウマの象徴化不全とともに「過度な象徴化」を考えている。確かに外傷体験をくり返し語り、あるいは物語化することには治療的な意味があるだろう。しかし、その作業の中でこうした「過度な象徴化」が起きてしまうのは、やはり危険だ。それはしばしば意味づけの方向を単純化し、換喩的な「ズレ」や「遊び」を抑圧する。その結果、定型化された情緒的反応の繰り返しを固定してしまう〉。

今回の震災における換喩化の例として、斎藤は、穴のあいたＣＭの埋め草として繰り返し放送された公共広告「あいさつの魔法」を挙げ、被災者がそのトラウマを換喩的に「あいさつの魔法」に置き換えたとする。このことは、かつて精神科医の中井久夫が、いじめによるＰＴＳＤへの対処法として、いじめっ子の似顔絵を描かせることを提案し、加害者のイメージを換喩的に処理することでトラウマを無害化した手法と同じである、と言う。

斎藤は、〈暗中模索に耐えかねて拙速な象徴化をいそぐよりは、換喩的な連想の芽をできるだけ豊かに繁茂させておきたい〉と、傾聴すべき提言をしている。[注11]

被災でなんらかの心の傷を受けた人間は、被災直後の茫然自失の状態から、体験の共有で強い連帯感を持つ蜜月期、支援や行政への不満が噴出する幻滅期を経て、復旧と生活再建が進む再建期へと、時とともに感情の変化を見せると、精神医学の知見は言う。

野田正彰関西学院大教授は、〈みんなで協力して工夫しながら生きていこうという前向きな姿勢を子どもに示すべき〉として、〈思春期以降の子どもは自分で考える力を持っており、社会の動揺を直接肌で感じながら世の中がどうなってしまうのか、どう生きていくべきかを必死に考えている。今直面している原子力発電所の危機的な状況を含め、何が原因で今のような状況になっているのかを、ごまかすことなく、きちんと話し合うべきだ。問題から目をそらしてはいけない〉と、述べている。[注12]

子どもとの向き合い方、教育の在り方への時機を得た助言と言える。善意のケアがＰＴＳＤの一因となったり、パターン化した紋切り型のサポートにおちいったりすることのないよう心する必要を痛感する。

ケアに果たす文化の役割

震災直後から、文化に関わっているさまざまな関係者による被災地支援や遺児支援、募金、チャリティ公演、コンサート、お話し会、紙芝居、出版などの活動が、多様かつ継続的に全国で展開されている。

福島県いわき市出身の講談師神田香織（五六）は、講談「チェルノブイリの祈り」を九年前から語り続けてきたが、福島原発事故以来、客席の空気が一変し、緊張感がひしひしと舞台に迫って来ると言う。最近の舞台では、「ときは二〇一一年三月一一日、太平洋に面した東京電力福島第一原発が史上最悪の原発事故を起こしました。再循環経路は破断し、炉心はメルトダウンを起こしました」と続け、郷里福島に降ってきた人災に怒りを表わし、汚染が広がる中、被害を福島に押し込めようとする空気と差別を阻止する決意を訴える。[注13]

一〇月一六日。山形市の東北芸術工科大学やまがた藝術学舎に、石巻市の二つの小学校で津波に呑まれた二台のグランドピアノが、汚泥を付けたまま展示された。脚が一本無くなった一台は、赤やピンクの口紅で化粧が施され、一音だけ出るように修理されている。

作者のオランダ在住のアーティスト向井山朋子は、「一台は休ませてあげて、そのままの姿で悲惨さを伝えたかった。もう一台には、女性にとって日常そのもので元気にさせてくれる口紅を施し、ゆっくり目覚めさせてほしい」と展示の意図を語り、観客に口紅でピアノに化粧することで参加するようにと呼びかけている。[注14]

斎藤の言う換喩による遊びを通しての心のケアの一例と言えよう。

一一月四日。子どもの歌「サッちゃん」や「犬のおまわりさん」で知られる作曲家の大中恩（八七）が夫人の母校である福島県鏡石町の鏡町第一小学校を訪ね、詩人の山岸千代栄に作詩を依頼して作曲した「鏡石のこどもたち」を贈った。

たのしいときも
くるしいときも
まけないで　チャレンジ
しだれざくらに　はげまされ
くやしさ　かなしみのりこえて
やりとげる　ぼくたちわたしたち
さわやかに　ひびきあううた
しっかりと　とどけよう　ありがとう
いつまでも　あしたをしんじてうたおう

各行の頭の字をつなぐと「たくましくやさしい」と言うメッセージを読むことが出来る。[注15]

仙台市立八軒中学校の吹奏楽・合唱部の生徒たちは、自作自演のＣＤをリリースし、その収益を復興支援に全額寄付している。「あすという日が」「しあわせ運べるように」「あすという日が」の三曲には、中学生の熱い想いがみなぎっている。[注16]

福島市でルドルフ・シュタイナーの教育学に基づいた保育を実践している「こどものいえそらまめ」は、福島第一原発から六二キロに位置しており、二三人の園児が遊ぶ園庭が放射能に汚染された。代表の門間貞子は、職員、保護者と話し合いを持ち、有志と町内会の協力を得て、一七人の除染チームを作って、一〇〇平米の園庭の自主除染を実施した（本書六二頁参照）。そして、その経過を保育士の石山誠が二六ページの絵本に描いて、九月一一日、『やっぺはぁ！　希望の光』として出版した。[注17]

あの日、爆発した。
見えないほこりが雨雲にのって
やってきた。
（園舎は）人々の健康をおびやかす
みえないほこりにのまれてしまった。
みんなみんな毎日不安だった。
悲しんだり、怒ったり…
でも、なにも解決しなかった。
「そうだ！　今こそ、子ども達のために
自ら動こう！」
そして、同じ考えをもつ人と人が

手をとりあった。

「よし！　やっぺ　はぁ！」

「高いな、ここは！」

力を合わせ、土に降り積もった
危ないほこりをけずりとった。

ゆっくり　ゆっくり　ていねいに…

「みんなして、なにやってんだい？」

「土、きれいにしてんの。」

「見えないほこりとってんだ〜。」

「どうだい？」「おっ！　低い、低い。」

さらに作業が続き…

「俺らも、子どものために愛情の
ひとかきすっぺ！」

だんだん消える見えないほこり…

危ない土を深い深い土の中に
ほうむった。

「土さん、ごめんね…汚してしまって。」

「いまはゆっくり休んでね。」

「そんなら、うちでもやってみっか！」

「おたがいさまだ、手伝うぞい。」
となり、またとなりときれいになって
いった。
福島もゆっくりだけど、希望の光は
見えてきた。
自分たちの力でみんなと一緒に、
がんばっぺ！

この絵本を広げるための組織も生まれた。新しい子どもの文化が着実に育っている。これまで紹介した、従来のシステムに依拠しない手作りの文化の在り方こそが、子どもたちを新しい価値観を持つ明日の市民に育てて行く。子どもたちは、私たち大人の背中を今も見ながら成長を続けている。

再生の核に据えるもの

九月一八～二〇日の三日間、八王子の大学セミナーハウスで開催されたインターハート人間教育研究会の夏季セミナーで、保育士の中谷里美が報告したイタリアのレッジョ・エミリア市独自の街ぐるみの幼児教育の誕生に関してのエピソードは、転換期にあるわが国の幼児教育の在り方、そして、被災地の再生の基本理念の構築に当たって何を核に据えるべきかの大きな示唆とヒントに満ちていた。
レッジョ・エミリア市の地域社会と密接に結びついた幼児教育のシステムと学習内容とその方法に

ついては、この二〇年来、世界的に関心が高まっている。レッジョ・エミリア市は、北イタリアのエミリア・ロマーニャ州にあって、子どもの本の見本市で知られるボローニャ市から電車で一時間。人口約一七万人、子どもの数は約六六〇〇人で、農業や畜産が盛んなほか、世界的な女性のファッション・ブランド〝MAX MARA〟などの工場が立地している。

この小都市と教育との結びつきは第二次世界大戦のレジスタンス運動にさかのぼる。自分たちの街を自分たちの力で守ろうという旺盛な自治と協働の精神が、大戦後の混乱から立ち直って、瓦礫と化した街の再生を進める中心核に教育を据えるという合意を選択させ、類まれな教育者ローリス・マラグッツィの指導のもと、住民が知恵と力を結集して、子どもの知性と想像力の可能性をのびのびと引き出す世界最高レベルの教育メソッドを育むことに成功した。

グラツィアーノ・デルリオ市長は、「子どもたちに、わかりきった道を示すのはよしてくれ。どうしてもというのなら、人生の魅力だけを教えてほしいんだ」というシンガーソングライターのジョルジョ・ガーベルの歌詞を枕言葉に置いて、〈子どもは文化の担い手です。…子どもたちは町を発見し、自分の居場所を要求する力を持っています。子どもというものは、保育者や調理師、兄弟や祖父母、近所の人、町中で話しかけてくる人たちなど、乳児保育所や幼児学校を中心とした日常生沽において人間関係網を形成するさまざまな世代の人びとと会話する能力も持っています。そして、学びの場という共同体の中で、関係を築きあげ、他者の持つ文化や知識と向かい合いながら、それを実際にやってみることで習得する能力を持っています。他人の体験（相手が考え、口にし、実行すること、あるいは相手の空想やこれまでの経験など）によって、自分が成長できることを、子どもたちは自ずと理解しているのです〉と、行政の長としての全面的な協力姿勢を表明し、さらに、〈子どもたちは、私たちの市の市民であり、しかも素晴らしい能力を持った市民なのです。町のなかで十分存在感を発揮できる子どもであり、私は市長として終始、感嘆の眼差しを注いでいます。乳児保育所や幼児学校における市民権や共生といった概念は、たいへん奥が深く、重要なものです。そのため、私たちはこれを義務教育の場や、青少年に対しても広げていこうと努力しています。それだけでなく、高齢者までを含めた質の高い生涯教育を受ける権利へと拡大していきたいという夢まで描いているのです〉と述べ、〈レッジョ・アプローチが育まれてきた土壌は、人びとの集まりを教育に力を注ぐ地域社会へと変える力を持ちます〉と結んでいる。[注18]

戦後の混乱と瓦礫の山からの再生の都市計画の核に、男性市民が「劇場」を提案したのに、母親を中心とした女性市民が「保育所」を対案として出した。それを採択した市民の見識と子どもたちへの愛情の深さに頭が下がる思いとともに、教育の質を高めるために、住民の力を活かすのは、自治体の責任であるという自負と、それを実現させたレッジョ・エミリア市の開かれた行政の在り方は、これから震災からの再生に取り組む被災地に、大きな示唆と勇気を与えてくれる。

すべては「子どものために」

さて、私たちは子どもたちにどのような未来を手渡そうとしているのだろうか。

産業再生機構などを経て、現在、経営共創基盤のＣＥＯを努めている冨山和彦は、被災地の再生について、レッジョ・エミリアの市長に通底する理念を持っている。

〈これからの日本再興で一番大切なことは、すべての政策やプランを「子どもたちにプラスかマイナスか」で判断することです。

「国は何をしてくれるか」ではなく、「あなたは国の未来のためになにができるか」を問うこと。それを国民に問う勇気のあるリーダーを選ぶこと。だから町づくりも、さらには国づくりも三〇代までの若い世代に任せたい。五〇年後に生きるだろう彼らが、未来を決めるべきです。それより上の世代は、子どもたちのためにどれだけ犠牲になれるか、当然と思っている既得権益をどれだけ捨てられるか、が問われる。年金受給権も、医療保障も、あるいは年功序列や終身雇用も。それが大事です。すべての政策や復興計画は、子どもたちの未来を軸に考えていく〉[注19]

すべてのもの・ことの中心に「子どもたちの未来」を置いてみると、今見ている現実、直面している問題は、どのように変わってくるだろうか。

富山が問いかけるように、私たちは子どもたちのためにどれだけ身を切って犠牲を払えるだろうか。当然と思っている既得権益を捨てられるだろうか。

復興のマスタープラン、エネルギー問題、復興財源、国民の税負担…子どもたちのために、一人ひとりが考え、取り組まなくてはならないことは数多い。その取り組みに、子どもの参画は必須条件であろう。未来は、彼らのものなのだから。

子どもたちに手渡すもの

子どもとともに未来を構想する時に、まずなすべきことは、私たちが歩んできた過去の検証と反省だ。過去との対話なくして未来はなく、未来へのビジョンなくしては現在は語れない。

昨年の秋、採用試験に合格したものの震災で内定が取り消された福島第一原発のある双葉町役場に、この一一月一日、改めて採用された秋元大輔（二九）は、〈原発は生れた時にはすでにありました。父は東京電力の関連企業で働いていますが、原発に対する疑問も関心も湧きませんでした。町内には原発や東電の仕事をする人が多く、「絶対安全」との説明を疑う雰囲気もありませんでした。[注20]〉という生育環境で成人となった。同じように、放射能による被災を受けた地域の住民も子どもたちも、安全神話とともに暮らしていた。責められるべきは、意図的に神話のベールの蔭に原子力の危険と過去の自然災害の爪痕を隠蔽しようとして情報操作を重ねてきた人たちと、それを仕掛けた権力に連なる人たち、さらには、彼らを駆り立てた技術への過信、経済至上主義という価値観である。[注21]

〈放射能を考えると、町に帰るのは簡単でないことを多くの町民も感じ、悩んでいます。国と県、東電には手順、手法、言葉を適切に選んで、腹をくくって町民と向き合ってほしい。その代わり、私たち若い世代も今の厳しい経験をこれからの社会づくりに役立てていく責任と義務があります〉

この抑制のきいた秋元の発言は、同時代を生きる者全てが担うべき未来への責任と義務を訴えている。

福島大学・今井照研究室と朝日新聞社が行なった原発事故の避難住民への聞き取り調査によれば、事故から半年が経過した時点で、「生計のめどが立っていない」六二パーセント、「仕事への復帰の見通しがない」四二パーセント。「今の生活で困っていること」では、①生活費、②仕事、③住環境、④健康の悪化に次いで、⑤「子どもの教育」が二三パーセントとなっており、依然として厳しい状況にある。原因となった原発については、「反対」が前回調査の七〇パーセントから七八パーセントへと増えた。放射性物質への不安は、一八歳以下の子どもがいる人では、「大いに不安」が六九パーセントと高い。[注22]

子どもたちのデータがないのは、大人としての配慮からと思われるが、子どもの権利条約に謳われている意見の表明権の保障という理念との整合性をどう考えるべきか、大きな課題と言えよう。特に、

被災地の復興に当たっては、子どもの意見の聞き取りと参画が必須であると強調しておきたい。[注23]

放射能汚染がもたらす生命と生活に及ぼす影響は、子どもたちが大人になった後も続く。除染対策は無論のこと、子どもたちが安全・安心かつ持続可能な共生社会を生きられるエネルギーシステムとライフスタイル、そして、それらを将来にわたって支え、産み出すための教育と哲学を手渡す責任と義務が私たちに課せられている。

子どもたちのささやかで前向きな願望

三月。避難所の大槌町安渡小学校で。

〈長靴がほしい。物資の仕分けを手伝うとき、雨だとグラウンドがぐちゃぐちゃになる。あと、AKB48の大島優子さんに会いたい。最近通じるようになったケータイでブログで見てるんです。募金活動もしてくれたみたいで最強だと思う〉山崎海斗君（高一）。

〈僕も長靴かな。僕はミュージシャンの黒崎真音さんのブログを毎日チェックしている。避難所だと電波が届かないから、線路を伝って届くとこまで歩いてる。サイン入りポスターがほしい〉佐藤翔君（高二）。

〈安渡小の卒業生たち五人で、安渡青年協力隊というのを作ったんです。『ANDO YOUNG COOPERATION PARTY』で、略称はAYCP。響きが格好いいかなって。校舎のぞうきんがけや物資の運搬、炊事の手伝いをしています〉佐藤大地君（高二）。

〈わたしもそのAYCPに入ってます。いまは二〇日の初登校が楽しみ。クラスのみんなに会えるから。でも制服も教科書も流されました。どうなるのかな。校舎にある（所属する吹奏楽部の）クラリネットは無事だと思うので、それを吹くのも楽しみです〉三浦鈴奈さん（高二）。

〈戸倉中は津波で校舎が使えなくなり、登米市の旧善王寺小で授業を受けています。三日は文化祭でした。開催は無理だと考えていましたが、成功させることができました。下校のバスは午後五時。準備や練習の時間が十分に取れなかったです。でも、団結して頑張ればやれないことはない、と実感しました。一つの物事にこれほど全力を注いだのは初めてです。震災前はあり得ないことでした〉小野寺貴也君[注24]（一四）。

あれから八カ月。五人の生活環境も変わり、願望や想いも移り変わっているに違いないが、マスメディアから配信される子どもたちの姿は、健気なほど前向きで明るく、礼儀正しくつつましやかだ。

だが、震災直後に紙芝居を持って石巻市を訪れた元小学校教師の金谷邦彦が、この一一月に現地を再訪したところ、狭い仮設住宅での子どもへのＤＶや、教室での被災の有無による差別からのいじめなど、憂慮すべき事態の発生が見られたという。[注25]

これだけの大規模な被害である。速やかな復興への期待が高ければ高いほど、政治と行政の対応の遅れがもたらす失望と絶望感も大きい。失意と先が見えない不安が生みだす混乱と厳しい現実の蔭で、表層に見る子どもたちの明るさと裏腹の深刻な事態が進行するのも当然といえば当然と言える。この兆候をどうすればくい止めることが出来るのか。子ども支援の在り方にもより複眼的に現実を把握する力量と、教育、福祉、メンタル・ケア、医療、文化などの専門家・専門機関の連携による対応が求められている。

フクシマの元気を伝え、併せて福島産の農畜産物の購入や観光による支援を求めて各地をキャラバンしている「スパリゾートハワイアンズ」のフラガールたちの明るい笑顔が注目を集めているが、彼女たちの四六年ぶりの全国ツアーをドキュメンタリー映画『がんばっぺ　フラガール！』にした小林正樹監督は、被災者である彼女たちにカメラを回すことへの葛藤を経て、取材を重ねていくうちに、彼女たちの笑顔が単なるパフォーマンスとしての職業的なものではなく、厳しい現実を背負いながらも、キャンペーンの意味と自分たちの使命を自覚した上でのものであることが見えてきたと言う。注26

表層の現象の背後や深層にあるもの・ことを見透かす冷静な知性と、それらに関わるもの言わぬ人びとの心を思いやる温かい想像力をどうバランスさせるか、課題は大きく、重い。

希望を紡ぎ、明日を織る

被災地の人々を真ん中にして、今、私たちみんなが取り組んでいることは、瓦礫、放射能汚染、ごく普通な生活や文化の崩壊、人の絆の分断といった厳しい現実と、あまたな困難と混乱の中から、希望の糸を紡いで明日を織る営みに例えられようか。

たて糸を、生命の継承、文化の伝承、歴史とすると、よこ糸は、今この時点に生起する生活、文化などの生きる営みのあれこれであり、それを織っているのが、私たち大人であり、子どもであると言えよう。

時の流れとともに、年老いた織り手は退場し、新しく生まれた子どもたちが織り手として登場する。連綿と過去に連なる布は、途切れることなく織り続けられて、明日となり、未来となっていく。

どんなに大きな災害や戦争による災厄も、時とともに復興し、修復されて、決定的なダメージとなることはない。それは、過ちから学び、思考し、新たなものを生みだす力を人間が身に付けているからに他ならない。もし、私たちがこの大災害から何も学ばず、考えず、新しいものを生み出せないとしたら、歴史に対しての責任を放棄したことを、やって来る未来の子どもたちから断罪されるに違いない。

〈事故が起こる前なら、絶対安全か絶対危険かといった二項対立で考えることにも意味があったけれど、今は違います。一〇〇ミリシーベルトまでは大丈夫という専門家がいるが、僕はそうは思わない。かといって一ミリシーベルトも危険だから許されない、というのも極端……正解はそう簡単に○か×では出てこない。相対的に考えて、せめて○に近い△を探していく。そうした考え方を構築しなければ、今の状況に太刀打ちできないのではないでしょうか…『がんばらないけどあきらめない』という考え方もますます大事になってくると思います。今回の震災からの復興・支援は長丁場になります。時々、肩の力を抜いた方が生き抜くためのパワーになるはずです〉

長らく長野県諏訪でターナル・ケアと地域医療に取り組んできた医師鎌田実は、三・一一後の「新たな生きるための哲学」をこう提唱している。[注27]

地球環境の保全、エネルギー・システムの見直し、高齢化社会への対応、市場原理主義の弊害の是正、子どもの幸せの保障…といった原理に根差し、生命の芽生えから死までのライフプランを見据えた保育、教育、福祉、文化、生活、経済、政治、社会の在り方を、人生の伴走者である子どもたちとともに模索しつつ確かな明日を次の世代に手渡していきたい。

注

1　朝日新聞二〇一一年四月一一日付「ニッポンみんなで」

2　朝日新聞二〇一一年三月二九日付「不安訴える子急増」
3　朝日新聞二〇一一年四月一〇日付「震災と向き合い成長」
4　朝日新聞二〇一一年八月二四日付「30分間―3月11日14時46分から」
5　朝日新聞二〇一一年八月二七日付「いま子どもたちは」一二四
6　朝日新聞二〇一一年八月二四日付「いま子どもたちは」一二一
7　前田崇博「土筆」『建帛社だより』二〇一一年九月一日
8　朝日新聞二〇一一年四月？「いま子どもたちは」五八
9　東京新聞夕刊二〇一一年七月六日付、姜信子「生きなおす言葉」
10　朝日新聞二〇一一年八月二三日付「震災と向き合う困難」
11　斎藤環「東日本大震災と〈こころ〉のゆくえ」『imago』二〇一一年九月号、青土社、二〇一一
12　日本経済新聞夕刊二〇一一年三月二三日付「震災、子どもの心に変化」
13　東京新聞二〇一一年一〇月二三日付「フクシマの怒り語る」
14　朝日新聞二〇一一年一〇月二五日付「文化再生」
15　東京新聞二〇一一年一一月四日付「明日信じる歌　被災地に贈る」
16　http://sing-all.jpn.com/
17　石山誠『やっぺはぁ！　希望の光』SEEDS出版、二〇一一
18　佐藤学監修・ワタリウム美術館編『驚くべき学びの世界』access、二〇一一
19　朝日新聞二〇一一年四月二日付「耕論　3.11再起」
20　朝日新聞二〇一一年一一月四日付「耕論　原発避難　双葉町から」

21　吉岡斉『新版　原子力の社会史』朝日新聞出版、二〇一一／金子勝『「脱原発」成長論』筑摩書房、二〇一一他
22　朝日新聞二〇一一年一〇月九日付「引き裂かれる福島」
23　堀尾輝久『子育て・教育の基本を考える』童心社、二〇〇七
24　朝日新聞二〇一一年三月二八日、四月九日付「いま伝えたい―被災者の声」、東京新聞一一月七日付「団結すれば必ずやれる」
25　「研究子どもの文化」一三号、子ども文化研究所、二〇一一
26　聖教新聞二〇一一年一一月一一日付「ヒューマン・インタビュー」
27　朝日新聞二〇一一年一〇月三日付「語る人」

歌や舞台、芸術、遊びが与える勇気と力

新田新一郎

アトリエ自遊楽校

私ども「アトリエ自遊楽校」は仙台を拠点に子どもの創造表現活動をする場を開設し一六年になる。二歳から小学校六年生まで二〇〇名もの子どもたちが曜日ごとに一七クラスに分かれている。アトリエなのだから、もちろん絵も描くし、工作もする。

「イキイキした絵を描くためには、イキイキした体験をしなければならない」をコンセプトにしているものだから動物の「ブタを描く」のテーマの時はまずブタ小屋をつくり、一週間仙台市のど真ん中にあるアトリエでブタを飼育しながら制作する感じである。

食べるものもよくつくるし音楽家に来てもらいミニコンサートをしてその曲のイメージを絵にする

ような現代美術にも挑戦する。夏休みや冬休みには合宿をしてグループごとに発表するスタンツ（寸劇）大会が一番人気のプログラム。アトリエ自遊楽校は、劇遊びや表現遊びが身近にあるスペースであり、表現することが大好きな子どもたちなのである。

東日本大震災

二〇一一年三月一一日金曜日一四時四六分はアトリエでは就園児クラスの真っ最中。楽しそうに「〇〇ちゃーん」「はーい！」とやってたときに、今まで経験したこともないような揺れがアトリエを襲った。子どもたちは皆一様に口をピッと結んで、誰も泣いてはいなかった。たぶん、「今は泣いている場合じゃない！」と動物的な本能が全部の感覚を総動員して今起こっていることを感じとろうとしていたのだと思う。

泣いていたのはお迎えのお母さんたち。市内の道路は地割れを起こし、電柱は倒れ、いたるところで壁や屋根が倒壊したのを目の当たりにし、我が子を思う気持ちはそれこそ胸が張り裂ける思いだったに違いない。幸いにもアトリエの子どもたちを無事保護者にお渡しできてホッとしたのもつかの間、車についているワンセグのテレビからは信じられないような津波の映像が飛び込んできた。「これはとんでもないことが起こっている！」というのが最初の感覚だったと思う。

「子どもの笑顔元気プロジェクト」の立ち上げ

三月一五日にまずコンピューター上に「子どもの笑顔元気プロジェクト」のサイトを立ち上げた。

私自身地元の教育大学や保育士、幼稚園教諭養成の専門学校で長年教壇に立っていたこともあり、教え子たちが被災地で必死で支えようとしている子どもの現場を、そして何より被災した子どもたちの笑顔や元気を再生するために、何かをせずにはいられなかったのである。餅は餅屋で、子どもの現場で何が必要とされるかは、全国の子どもの現場の方々がよく理解しているもの。「紙オムツは大量に現場に届くのだが、おしりをふくシートや保湿クリームなどまでは手に入らないんですよー」「粉ミルクはあっても哺乳瓶や替えの乳首などが流されてしまいましたー」子どもの現場から発せられる悲鳴に近いシグナルを全国に発信し続けた。懸命に「モノ」の支援を続けているうちに、私たちでなければできない支援のあり方を模索し始めた。もちろん「モノ」は大変喜ばれたのだが、「モノ」の次は何が必要とされているのだろうかと考え始めたのである。

歌うこと、踊ること、ふれあうこと、そして心の底から笑うこと

アトリエ自遊楽校のスタッフは、保育雑誌に毎月のように遊びネタや歌やダンスを提供している。そんなこともあり被災地の避難所、また少しずつ再開されてきた幼稚園、保育所において、ふれあい遊びコンサート、人形劇を本当に数多く公演してきた。「モノ」だけではない支援の始まりである。さすがに被災当初は、子どもが歌っても笑ってもいけない空気だったのだろう。私の感じでは三月中は子どもたちもその空気を敏感に感じ取っているのと、頻繁に起こる余震で委縮しているのと、本当に堅い雰囲気だった。

それが四月にもなると、このまま子どもたちが暗い表情をしたままではダメだろうという空気になり、一気に被災地支援コンサート・人形劇の公演の要望が多くなっていった。

「ふれあい遊びコンサート」を通して感じたこと。それは、通常のコンサート活動ではありえない本

当にふれあうことから元気が生み出されるという実感である。何もなくなった喪失感、孤立感の子どもたちや大人たちにとって、ふれあい遊びを通して無邪気に遊び笑うことでカチカチになっている心も体もほぐされていく感じなのである。うちのダンスネタ「ラーメン体操」は全国の幼稚園・保育所などで大人気の体操である。子どもたちも保育士さんたちも待ってましたと言わんばかりに「さぁーみんな踊るよー！　あのラーメン体操の家元（？）の人たちが来てくれましたよー」で本当に声高らかに歌い、みんなで体を動かしては、「あーっ何かいままでのいろいろなことが全部ふっとんだ感じ！」というような感想を何人もの方がたから聞くことができた。

また「人形劇公演」をしたある保育所の所長さんから後日電話があった。「人形劇ってすごい力あるねぇ。津波の影響で水が怖くなってお風呂に入れなくなった子どもが、人形劇を観た夜から入れるようになったんだよー。いやーびっくりした。心が溶けたんだねぇ」絵本などのおはなしの読みきかせ、そして人形劇などの生の児童文化財のパワーに驚いた被災地の子どもの現場スタッフがたくさんいたのである。日本の子どもたちが「ハイテク」の時代を生かされて疲弊し元気がなくなってきている報告がたくさんなされているが、そんな時こそ「ハイタッチ」（ふれあい）の手法が必要とされているのではないだろうか。全国の子どもの元気を取り戻すヒントが被災地にあるような気がしてならない。

「じしんごっこ」「つなみごっこ」

私どもは「みやぎ・せんだい子どもの丘」というNPOも運営し、仙台市から児童館六館の業務委託をされている。被災当初「じしんごっこ」「つなみごっこ」といったトゲトゲしい遊びが頻繁に見られたことを心配する職員から報告が寄せられた。沿岸部の子どもの現場も全く同様であろう。心のケアの専門スタッフからは「あまり心配しなくて大丈夫です。一年くらいたったら落ち着くはずですよ」とのアドバイスを受けながら見守ってきて一年余りが過ぎようとしているが、アドバイスの通り遊びの現場ではすっかりと落ち着きを取り戻している。子どもたちはあの非日常の出来事を遊びの中に溶かし、それを遊ぶことで日常に軟着陸させようとしているのだと感じた。

「表現する」ことで、子どもたちは立ちあがる

被災地の子どもたちのために立ちあがった日本を代表する絵本作家二五人からは「よみがえれ！子どもの笑顔・元気展」と題して作品を提供してもらった。作品はネットオークションで販売され、売り上げの一部はプロジェクトに寄付していただいた。いろいろな作家がシンポジウムやワークショップに駆けつけてくれたのだが、絵本『とべバッタ』や『やぎのしずか』等の作品で有名な田島征三さんは、子どもたちと共にワークショップをやってくれた。田島さんならではの草木や石を使っての河原でのワークショップだったのだが、二五名ぐらい参加したうちの一人は、なんと「津波」という作品をつくったのだ。あの体験を作品にすることは震災体験と正面から向かい合い自分というフィルターをとおして「表現」していくという積極的な行為である。あの体験を「表現」することで震災を乗り越えようとする力強い生命力を感じる出来事だった。

ここで気づかされたことは、被災した子どもたちは、もう何もできないという現状から圧倒的に受け身になってしまい、ともすると「支援づけ」になってしまうのではないかということ。もしかしたらそれは、危険な一面も持っていてますます何もしなくなってしまうのではないだろうかという点である。そういう意味で積極的に「自分から表現」していくということが本当に大切であると確認され

た感じがした。しかし子どもを表現させることで元気にしていく手法は神戸の震災の時に盛んに使われた手法であるが、現代ではあまり支持されていない。ここで重要なことは無理やり「表現させられる」ことではなく子どもが「自分から表現」したいと思っているかどうかであると考えられる。

復興のための曲「明けない夜はないから」の制作

次に、アトリエ自遊楽校スタッフが集結してつくった曲「明けない夜はないから」を紹介したい。

一

見上げれば 夜空には 星がきらめく
今まで みたこともない たくさんの星
ふれあうだけで こんなにあたたかい
微笑むだけで つながれる
気持ちと気持ち
手を結び ゆっくりと 立ち上がる
うつむいた顔あげて ふみ出すよ
一歩ずつ 一歩ずつ すすむために
明けない夜はないから

二

凍てついた夜空には にじむ星たち
深くはく真っ白な息 広がり消えた
うなずくだけで こんなにあたたかい
見つめるだけで つながれる 気持ちと気持ち
手を結び ゆっくりと 立ち上がる
たくさんの星たちが 見守るよ
前を向く ぼくたちを包むように
手を結び ゆっくりと 立ち上がる
たくさんの星たちが 見守るよ
前を向く ぼくたちを 包むように
明けない夜はないから
明けない夜はないから

地元の新聞からは、この曲は臨場感あふれる曲であること、震災を経験しあの夜を過ごした思いが歌詞に込められていると絶賛された。早速大きな被害を出した名取市の子どもたちに歌ってもらうことにした。名取市の子どもたちとは前年から一年間かけて子どもミュージカルを制作し発表したというつながりがあった。

六年生の菊池里帆子は、「私はあの夜ゆりあげ小学校で一夜を明かしました。寒くて怖くて早く朝が来てほしいと心の底から思いました。あの日以来、家もなくなり、お気に入りの服やCD、思い出のいっぱい詰まったアルバムもみんなみんななくなりました。でも全国の皆さんのおかげで少しずつ少しずつ元気になることができました。そのお返しは今は何もできませんが歌うことで元気の恩返しができれば嬉しいです。そしてまちの大人の人たちも私たちの歌で元気に笑顔になってもらえればもっと嬉しいです。そんな思いを込めながら『明けない夜はないから』を歌います。」

凛と胸を張り、そう挨拶をして歌いだすその姿に感動せずにはいられなかった。

その様子はYou Tubeで全世界に配信されているが、そのヒット数はなんと六万件にもおよぶ。それが始まりで全国の小中学校、幼稚園や保育所で歌われ始めていて、思いを共感するウェーブが広がっている。「歌う」ことの語源は、「訴える」こと。まさに歌でつながり始めているのである。

こどもスマイルミュージカル「明けない夜はないから」

曲「明けない夜はないから」をテーマにして子どもたちとミュージカルを制作することになった。通販大手会社のフェリシモが支援の手を差しのべてくれた。

名取市、気仙沼市、南三陸町の三ヵ所で制作公演されたのだが、被災地の子どもたちをつのってプロの役者と共に三日間の練習をして四日目に本番という通常では考えられない日程で臨んだ。どの会場でも四〇〜五〇名の子どもたちが集まってくれたのだが、その中の一人のお母さんがエピソードを話してくれた。「この子、仮設に入って暮らしているうちにストレスでブツブツが出ちゃったんですけど、ミュージカルに参加したら治っちゃったんですよー」。ステージに自分からあがり、スポットライトを浴び、万雷の拍手を受け、さらに「ありがとう。元気出たよー」とたくさん感謝される。参加した子どもたちが元気にならないわけはない。

ストーリーはおとぎの国の太陽を悪者オオカミが隠してしまい、プロの役者が演じる「ももずきん」と被災地の子どもたちが演じるヒツジ、子ブタが力を合わせて太陽を呼ぶというもの。最後は会場に観に来てくれた被災地のまちの人たちを巻き込み全員合唱で太陽を呼び、エンディングは子どもたちの有志があの震災の日のこと、つらかったいままでのこと、そして未来に向けての一言を語る。子どもたちが一生懸命やる姿はそれだけで人の心を打つ。満員の会場全体が大感動の涙に包まれたことはいうまでもない。

気仙沼大島で公演をした時、あるおじいさんが頬をつたう涙を拭きながら、「ありがとう。元気が出た。本当はいままでカキの養殖をしていたのだが、今回を機にやめようと思った。でも今日の子どもたちのステージを観たら俺もう一回がんばってみようと思いなおしたんだ。本当にありがとう」。

「感動がまちをつくる」。ブルドーザーやショベルカーでもまちはつくられるが、子どもを中心とした「感動」でまちはつくられるのだと強く感じるプロジェクトだった。

関東大震災下の子どもの震災ストレスと児童文化活動

加藤　理

はじめに

二〇一一年三月一一日に発生した東日本大震災の後、子どものＡＳＤ（急性ストレス障害）やＰＴＳＤ（心的外傷後ストレス障害）に関してメディアによる報道と注意喚起が続いている。新聞では「震災映像、子どもに負担　東日本大震災」（三月二〇日付朝日新聞）や、「幼い心、守れ無表情・『パニック』・地震遊び…東日本大震災の映像が影響」（四月二日付朝日新聞・茨城県版）、「不安がる子、大丈夫だよ　被災でストレス　東日本大震災」（四月六日付朝日新聞）など、被害中心の震災報道から被災者たちの支援に関する報道が増え始めた三月下旬以降、子どものストレスやトラウマについての報道が頻繁に見られるようになった。テレビでは三月二九日に日本テレビ系の「情報ライブミヤネ屋」で「笑顔の奥に〝心のSOS〟被災地の子どものため大人が今すべきこと」という特集が組まれたが、この頃からテレビでも子どもの心のケアに関する情報が流されるようになった。

PTSDは、二〇〇一年に起こったアメリカの同時多発テロ後に用語の使用が世界的に広まり、日本では一九九五年の阪神・淡路大震災や地下鉄サリン事件後に用語への社会的な認知が高まったとされている。特に、阪神・淡路大震災以降、子どもたちのトラウマについての調査とその報告や、心理的なケアについての報告が相次いでなされてきた。

ただし、震災後のトラウマに関する認識が希薄だった関東大震災下の子どもたちについて、当時の人々がどのような認識を抱き、どのようなケアを行ったのか、さらに、関東大震災下で児童文化活動はどのようなものと認識され、どのように展開されていたのか、こうしたことについての先行研究は管見の限り存在しない。

そこで本稿では、関東大震災下の子どもたちのストレス反応とそれへのケア、そして児童文化活動の様子について考察する。

子どもたちの罹災状況

一―（一）学校の被災状況と対応

一九二三年（大正一二）九月一日一一時五八分三二秒に神奈川県相模湾北西沖八〇キロを震源として発生したマグニチュード七・九の巨大地震は、東京・神奈川を中心に甚大な被害をもたらした、二〇世紀における最大級の自然災害であった。死者行方不明者は一〇万五千余人を数え、倒壊・火災・

流出等による家屋被害は三七万二六五九戸を数えている。

その中で、多くの子どもたちも罹災し、その恐怖の体験が多くの子どもたちの心に深く刻印されていく。

ふだんから地震の大きらひな母様が一番早く感じたので大きな声で何かお《マ》しやつ《マ》たが、その時はお倉のつぶれる音できこえなかつた。「あぶないから早く早く」と言ふ誰かの声にお茶の間にいかうとした時に続いて電話室の戸がいきなり倒れて来た。「これは困つた。どうしよう」その時の僕は本当に死んでしまふ覚悟をしてしまつた。地の底がわれたのか、黒い水が大波を立てゝゐる。やつと静かになつたので茶の間に行くや第二震がやつて来た。神棚に上つてゐたものが飛ぶ、めりめりとはげしい音と共に見る見る二階がまがつてしまつた。「あぶない。外に逃げよう」といふ声に皆お庭の大松の根本に出た。石燈籠が倒れてゐた。二階の戸が四五枚落ちてゐた。とこの間は外の方につきおちてしまつて向ふの空が見える。

ごおーとすごい音が聞えるとゆれて来る。母様はまるで死んだ人のやうになつてゐる。もしこのまゝで死んでしまふのぢやないかとつまらないことまで考へた。お兄様が持つて来て下さつたござを皆頭の上からかぶつた。瓦は飛ぶ。たえ間なしにゆれる。生きた心持は無い。（中略）「何だらう」「どこかのばくはつか」といふ人々の声に空を見れば、入道雲のやうな白い銀色した煙がもこもこ出てゐた。今思へばあの大勢の人をやきつくしたにくらしい火事の煙だつたのだ。ともかく家にはいれないので、じうたんを天井にして小屋を作つた。夜はだんだんふけていく。空は真赤だ。火は麹町との報に一同人心地もない。

この文章は、東京高等師範学校附属小学校の生徒の関東大震災の体験談をまとめた『子供の震災記』に収録された尋常小学六年生の文章の一部である。注1 この本には百人ほどの子どもたちの作文が収録され、子どもたちが体験した震災の惨状と恐怖が記録されている。

多くの学校も甚大な被害を被っている。小学校だけを見ても、一〇月五日付朝日新聞によると、東京市の焼失小学校一一八校、倒壊小学校一〇校、神奈川県の焼失小学校二八校、倒壊小学校一七五校、千葉県の焼失小学校一校、倒壊小学校七三校、などと報告されている。だが、夏休み明け初日だった震災当日は、午前中で子どもたちが退校していたために、校舎の焼失や倒壊に巻き込まれた子どもがほとんどいなかったことは不幸中の幸いであった。『子供の震災記』では、当日の様子について、教師が次のように記録している。注2

○大正十二年九月一日は、私の学校でも、始業式の日でした。（中略）雨が上がつて、風のみ烈しい初秋の昼近く、子供たちは思ひ思ひに学校から退けました。

○その時刻から、間もない事です。名状し難い音響と動揺とが、地上のもの一切を昏倒させてしまひました。

何といふ凄惨でしたらう。

○でも、幸ひなことは、子供たちが学校に居なかつたことです。恰度いい工合といふこともちと変ですが、とにかくいゝあんばいに学校からかへつてしまつた時刻でした。もし、あれが、まだ八百の子供が残つてる時であつたらと考へてみると、今なほ、胸がうづくやうな気がします。

地震発生時刻がもう少し早かったら、学校の倒壊や火災に巻き込まれた子どもたちの数は増大し、学校を舞台にした被害はさらに甚大なものになっていたことを教師たちが感じていたことがわかる。だが一方で、これほどの大災害だったにもかかわらず学校内での子どもたちの犠牲が少なかったことは、校舎の倒壊や火災、津波による校舎の流出が発生した場合、学校現場でどのように子どもを守るべきか、ということについて真剣に検証する機会を持てず、後世に課題として残すことになってしまった。ただし、学校の倒壊などに巻き込まれることがなかったとはいえ、家をなくし、親をなくし、学校をなくし、そして学用品等をなくした子どもたちへの支援は緊急を要していた。

震災後すぐ、他県からの救護品の輸送は始まっている。例えば、愛知県からは、白米三千俵、玄米三千俵、味噌二万貫、梅漬四〇貫、食塩一〇〇俵が、名古屋市からは白米二千俵、晒粉六千斤、味噌二万貫、漬物一万貫が、震災から一週間経たないうちに発送されている（九月七日付河北新報）。

諸外国からの支援も震災後すぐに届き始めている。ロシアの沿海州執行委員は日本労働者の児童救済の檄文を発し（九月一二日付東京朝日新聞）、アメリカからはアメリカ赤十字社やボストン市民からの救恤品（白米、豆、砂糖、石鹸、麦粉、木材、牛乳、毛布、下着、シャツ、釘、他）を満載した米海軍船が横浜へ九月二一日に到着している（九月二二日付東京毎日新聞）。九月一三日にロンドンではパヴロバ夫人一座が日本の踊りの上演を行い、その際に義捐金を募集（一〇月二五日付東京朝日新聞）し、ニューヨークの小学校生徒からは五万六千ドルが日本の子どもたちの文房具代にと外務省に届けられている（一一月二一日付東京毎日新聞）。

校舎の倒壊・焼失等により、青空学級での授業再開や転校を余儀なくされた子どもたちも多かった。校舎が倒壊した神奈川県の藤沢小学校では、「校舎がないならないで、何とか方策を立てて、一日も早く授業を開始しなければなるまい」との考えから、九月二九日の午後に開かれた職員会議で、学校南方の松山で野外学校を開いて授業を再開することを決定する。

学校再開に際しての一番の問題は教科書であった。藤沢は火災による被害は少なかったが、「川岸方面の如き、家もろとも、あの境川の流れに奪はれてしまつた。また家屋の倒壊したところではみんな壁土深く埋められてしまつた。その上三日の午後の大雨によつてグチヤグチヤに濡らされて」しまう。そこで教師たちは、被害の少なかった子どもたちの家から使用済みの古教科書を集めて急場をしのぐことにする。さらに、教師たちは倒壊校舎の古材を使って仮設トイレを設置するという苦難の果てに、一〇月二日に授業再開にこぎつける。[注3]

東京でも、校舎が焼け残った牛込区内の一〇校では、一〇月一日午前九時に授業が再開されている（一〇月二日付東京朝日新聞）。だが、再開を待たず、震災後一週間ほどで他県に転校する子どもも多かった（九月一〇日付河北新報）。宮城県仙台市では、震災から一〇日ほどで被災地から八一名の転校生を受け入れている。転校してくる罹災児童には教科書や学用品を支給しながらできる限り受け入れる態勢を整えていたが、転校生は増加の一途をたどり、どれくらい増えるか予測できないほどであった。そのため、仙台市では一学級の収容人員を小学校令が定める最高限度の八〇名に増員して対応を図ることに決している（九月一四日付河北新報）。被災地以外への児童の転出という問題は、関東大震災においても深刻な問題だったのである。

東京をはじめとする被災地の多くは、ほぼ震災後一ヵ月で学校を再開し始める。だが、藤沢小学校同様、学校再開に際しての最大の問題は教科書をはじめとする学用品不足であった。赤司文部次官は、各県知事に罹災児童に供給する国定教科書・学用品等の寄付募集を依頼する公電を打ち（九月一二日付河北新報）、各県では、文部次官の公電を受けて、教科書の古本や学用品の寄付募集を開始する。大阪府では、「罹災地小学教育の復旧を援助する為め、一面府教育会をして、急遽小学校児童用教科書其の他学用品の募集に着手せしむると共に、罹災地に於いて小学校児童用机、腰掛等を短時日に調達するは甚だ困難にして、為めに教授上に支障を来すべきを察知し。之が寄贈の計画」[注4]を立てる。東京市に打診したところ、一〇月一五日に永田市長から机と腰掛各四万五千人分の寄贈依頼を受け、一一月一一日から輸送を開始して一二月二二日に全ての輸送を完了する。さらに、横浜市からも机一万四千、腰掛二万八千の寄贈依頼を受け、兵庫県に交渉して折半して寄贈することを決定している。教科書・学用品不足が深刻な東京、神奈川、千葉の一府三県には、全国の子どもたちから寄贈された教科書類が支給されることになり、一〇月三日には浅草区役所に五千人分の学用品が届けられている（一〇月六日付東京朝日新聞）。

こうして、震災から一か月ほどで学校が再開された背景には、「子供を永く遊ばすな」という東京府の方針があった。一〇月一四日付東京朝日新聞には、「一時的にても入学させよ」という見出しで、東京府の坂井視察の談話を掲載している。そこには、「子供は余り永く遊ばして置くと悪影響を及ぼす虞れがある、暑中休暇後引続いて最早八十日も休んで居るのだから是れ以上遊ばせる事は考へねばならぬ」というコメントが掲載されている。

ここで指摘されている「悪影響」の実態をどのようなものと認識していたのか、この記事からは不明である。大震災後の子どもの心理面への影響といった今日的な理解からはほど遠い理解だったものと思われる。それでも、学校から長く離れて避難生活を送ることが、なんらかの「悪影響」を罹災した子どもたちに及ぼすことへの認識が持たれていたことは注意しておく必要がある。

一―(二) 子どもの健康状態と震災孤児

震災後の罹災児童に関して最も注意がはらわれたのは、学校への復学の問題と同時に、健康面への配慮、そして震災孤児たちへの配慮であった。

震災後一ヵ月以上過ぎても深刻な状態だった子どもたちの栄養不足に対して、日本女子大学桜楓会は、罹災幼年者を救護するために上野のバラックに出かけてご飯とおやつを給与し、病児を引き受けて療養に尽くしていることが報告されている。七日の献立では、二、三歳向きとして野菜入り玉子かゆ（ねぎ、おさつ、牛乳、卵）と四、五歳向きとしてご飯に薄葛汁（ねぎ、ポテト、肉、葛）の二種類を提供している（一〇月九日付東京朝日新聞）。

さまざまな団体が救護を行っていたにもかかわらず、東京市学務局が震災後の子どもたちの健康調査を行ったところ、貧血と栄養不良が四割に達していて、震災前より一割五分多く、しかもその程度が強かったことが報告されている。対策として、特に栄養状態が悪い芝浦などの地域の子どもたちに栄養豊富な昼食を支給することと、深川などの地域の乳児に牛乳を支給することが行われている（一〇月二五日付東京朝日新聞）。

また、上野、浅草、日比谷、芝、九段坂上、青山神宮外苑、富川、業平、築地、洲崎の各バラック村に配給所と児童健康相談所を設置して病弱児の救護を行うことも決められているが、罹災乳児約五〇万人に対して、牛乳の配給はわずかに二万人分しか用意できない状態であった（一〇月二六日付東京毎日新聞)。そのため、震災後約三ヵ月が過ぎようとしていた一一月二五日になっても、震災後に深川の猿江小学校で検査した三一二人の子どものうち、栄養不良と貧血が一二〇人、身体のどこかに故障がある子どもが一八一人、東川小学校では、四二七人の子どものうち、栄養不良と貧血が一七八人、どこかに故障のある子どもが二九三人に達していたことが東京市教育課によって発表されている。さらに、動物性脂肪分の欠乏のために結膜乾燥症(夜盲)の子どもも激増していたため、肝油等を摂取する必要が報告されている(一一月二七日付東京朝日新聞)。

震災孤児は、キリスト教関係団体や赤十字社などさまざまな団体が保護を行っていた。一〇月二八日付の東京朝日新聞には、「両親は死んだが引取人もない」という見出しで、キリスト教連合救護団が九月七日に一五〇人引き受けた迷子のうち、親戚や親が見つからずに残された子ども二六人のことを報じている。一一月二八日付東京毎日新聞では、「地震が齎した孤児と云ふものは実に気の毒なものであるが就中親戚も知友もなく放り出されて市なり赤十字社なりの保護を被つて居る者は一層哀れなもので衣食には別段の苦痛も感じないが暖かい親の慈みを受けて罪もなく育て上げられて来た者がほんの一朝にして孤児になると云ふことは如何に天災とは云へむごたらしい限りだ」と、赤十字社が下渋谷福田会育児院内の臨時児童収容所に収容した一八〇名の孤児について報道している。

また、「保姆は疲る丶　手不足の孤児収容所」という見出しで、震災孤児の世話をする保母の窮状についての報道がなされている(一一月一九日付東京毎日新聞)。そこには、戒厳令が布かれた中での軍隊の疲弊は相当なものだったが、「人命保護に任じてる弱い腕を持つて震災以来帝都の各方面に活動して居る看護婦並に児童収容保護の保姆があることを知らねばならぬ」とし、一〇〇名以上の子どもたちに対してわずか七名の保母が昼夜の別なく活動して極限の状況に追い込まれている様子を報じている。東日本大震災でも避難所で活動した保育士や看護士の心身の負担が伝えられたが、関東大震災下でも、避難所などで献身的に働く保育士には想像を絶する負担がかかっていたことがわかる。

この他に、罹災した生徒の学費問題について「悲惨なのは学費の絶えた者　授業料免除位ゐでは追付かぬ気の毒さ」という見出しで、旧制高校生が直面した問題についても報じられ（一〇月一九日付東京朝日新聞）、この記事からも震災後に教育困難に直面した子どもたちが多数存在したことが確認できる。

不自由な避難所での生活、教科書をはじめとする学用品不足、学校の建物被害と学校の再開、避難した子どもたちの就学問題、罹災児童の栄養事情、震災孤児への対応、避難所で働く人びとの負担、学費の支払い不能による就学困難、等々、関東大震災後に子どもたちが直面した問題の数々は、災害時において子どもたちが直面する可能性のある問題の全てを網羅していたことがわかる。

二　子どもたちのストレス反応

二―（一）　被災地以外の子どもたちの活動と過覚醒

テレビとラジオの放送が開始されていなかった関東大震災時には、震災をタイムリーに報じることのできる唯一のメディアは新聞であった。

被災した東京の新聞各社は、しばらくの間休刊を余儀なくされたが、地方の新聞社では九月二日付の紙面に第一報が報じられている。宮城県仙台市に本社がある河北新報では、「一般電話線並に鉄道電話不通のため詳細を知ることは出来ぬが」としながら、上野行きの列車が運転中の強震により転覆したことを、二面で小さく報じている。九月三日付の紙面では、「昨日の地震の惨害　東京横浜殆ど全滅下町各区既に全焼東京駅猛火に包まる　横須賀も全滅す」という衝撃的な四段大見出しの下、惨状が一面トップで報道され、四面まで震災関係記事に割いている。翌四日付の紙面にも、「未曾有の大惨害　東京全市焦土と化す　大厦高楼続いて倒壊焼失し　各所に死者の山を築く」という一面トップの四段見出しでさらに詳細な被害状況を報じ、その後は連日ほとんどの紙面を震災関係に割いて報じている。

こうした新聞報道を受けて、被災地以外での支援活動が迅速に動き始める。九月五日には早くも仙台市で四万円の予算を支出して震災支援に充てることを決定し、第一弾として味噌醤油、パン、缶詰、沢庵、梅干し、手ぬぐい、ちり紙等を東京に向けて輸送している。さらに、塩釜町（現塩釜市）でも救助米と缶詰を五日に輸送し、仙台駅前には救恤物品受事務所を開設、大河原町消防団は七日に救護団を上京させ、名取郡では千三百俵の白米を五日に輸送するなど、震災から一週間以内に、宮城県内の各市町村で具体的な支援活動の動きを展開させている。

一〇日に東京と東北の電話連絡が復旧すると、被害状況の把握が正確にできるようになり、支援活動はより活発に行われるようになる。そうした中で、子どもたちによる支援も始まっていく。九月一〇日付河北新報には、「児童の義金」という見出しで、「市内小学校児童にも市では震災義金をつのることとし各小学校にその旨通知したが児童たちは、いづれもその貯金のうちから十銭以内の制限で拠出する」ことになったことを報じている。

子どもたちの自発的な支援活動も報告されている。仙台市榴岡《つつじがおか》小学校では、九月九日に震災講話会が開かれると、その日の午後に、震災講話を聴いて心を動かされた尋常五年生男児一同の代表者たちが目に涙を浮かべながら校長室を訪ね、学校園の花壇を指しながら、「東京市の惨状を聞いて可愛想になりましたから是からアノ花を一同で売歩いてその金を可愛想な人達に贈りたい」との申し入れを行っている。事情を理解した学校側からの許可が出るや、花束の作成を行い、市中を売り歩いて夕刻までに四円三銭の義捐金を市役所内の義捐金受付所に届けている（九月一三日付河北新報）。

五橋《いつつばし》と北五番丁高等小学校では、教師たちが義捐金以外の有効な支援策はないものと思っていたところに、児童たちから、竹箸を作って罹災者に贈ることが提案される。子どもたちはまたたく間に一万人分の竹箸を作り、さらに「児童一同は放課後好きなボール投まで廃して熱心に箸の作製を続行」して罹災児童一万人分の竹箸を作ることを目標に活動したことが報告されている（九月一八日付河北新報）。

以上のように、報道によって震災に接した被災地以外の子どもたちが、高揚した過覚醒の精神状態に陥り、その結果生じた様々な行動が美談として報道されていたのである。

二—（二）被災地の子どもたちのストレス反応

九月二二日付東京朝日新聞には、「慄える子供に怖い話を隠して　東京復興の意気を教へよ」という見出しで、東京女子高等師範学校教授倉橋惣三の談話が掲載されている。

今度の大地震によつて子供が深刻な恐怖をうけたことは言ふ迄もない、こはれかゝつた壁土が少し落ちてさへも未だにおびえ泣く子もある、希くは子供を早く斯うした不安な心の状態から平和な世界へうつしてやりたいところが途上見聞するに親といはず兄妹といはず成人が子供の前で遠慮なく家屋の倒壊した話、圧死や焼死の惨めな有様などを尾鰭をつけて喋り合ひ、甚だしきは焼け跡に子供を連れて行つて実教育の格で火災の猛烈さを聞かすなど平気で繰返してゐる、地震の科学的知識を或程度まで精確に教へることは固よりよろしい、しかし今更避け難い天災の恐怖をしひて知らせた所で何の利益があらう、寧ろ親達は此際極力過ぎ去つたわざわひを子供の前に押しかくして現在既に横溢しつゝある大東京復興の眼覚しい意気と活動の実際を十分に詳細に教へるがいゝ今日程子供に国民的緊張の雰囲気を直覚せしめる好機会はないあの焦土から次第に新しは《ママ》立派な東京が生れてくる過程を出来るだけハッキリと子供に知らせたい思へば今十歳前後の子供も十年後東京復活の暁には此大都市の隆盛を双肩に荷なつて活躍する青年となる訳で、新しい市民教育は今や溌剌たる誕生の東京に在つて子供に対し根本的になさるべきである、なほ更に言ひたいことはすべての親達は一家の前途や当面財産の整理その他に心を奪はれて全く子供の衣食をかまつてやる暇さへない、之を矯し且は子供を慰安するためバラック一棟に二人ずゝ位子供係でも置いて適当な世話をすることにしたいものだ、子供は今すべて「野の子供」となつてゐる、お互に考慮すべきであらう

ここには、子どもを災害ストレスから守らなければならないという認識と、子どもたちのケアを目的としたコンサルテーション（相談）活動の必要性が述べられている。同時に、子どもに将来の東京復興の担い手になることを期待しつつ、そうした自覚を醸成できるような市民教育の機会にしていくべきだという認識も示されている。

倉橋が示している認識は、今日的な心理学の知見に裏付けられた子どものストレス反応への認識と比べても、さほど大きな違いは認められない。ただし、こうした注意喚起が、社会的な共通理解とな

って子どものストレス反応に注意深く対処する契機になったという事実は、残念ながら認められない。時間の経過と共に復興が進み、大人たちに余裕が出てくると、次第に震災前とは異なる子どもたちの言動に目が向けられるようになってくる。東京高等師範学校附属小学校の『子供の震災記』には、一〇月二日に学校を再開した後の子どもたちの様子が次のように記されている。注5

○その翌くる日から課業をはじめました。子供たちが、綴方にかいたものは、何一つ地震に関係のないものはありませんでした。何回にもわたつて、長いものをかきました。一時間毎に項をかへては、やはり地震話をかきつゞけました。私共は、それを読まされて、子供たちのかつてない深刻な記述に驚きました。

○凡ては遭難者であるが、中にも火の海を逃げまようた者には、苦しい体験が烙印のやうに刻されてゐました。

『子供たちの震災記』には、震災の恐怖体験をくり返した記した尋常一年生から高等科の生徒までの子どもたちの作文が残されているが、子どもたちの心に刻印された恐怖は、作文だけではなく絵にも残されている。東京朝日新聞には、一〇月一二日から一九日まで、子どもたちが描いた震災に関する絵が掲載されている。付けられたタイトルを見ると、「焼ける焼ける」（女子師範附小尋一）、「十二階が焼けた」（女子師範附幼稚園）、「火は迫る」（麹町区永田小尋一）、「叔父さんが探しに」（越前堀小尋二）、「あゝ学校が焼けた」（津久土小尋二）、「壊れた門」（麹町小尋三）、「恐ろしい一夜」（市ヶ谷小尋二）となっている。

「叔父さんが探しに」は、学校も家も焼けた子どもが両親と避難しているところに、渋谷から叔父さんが探しに来てくれた時の様子である。叔父さんの家に身を寄せることになるが、体の悪い母親は叔父さんの自転車に乗せてもらい、父親は迷子にならないように子どもを帯でつなぎながら歩いている。道端に転がった焼けた電車も描かれている。恐怖の中で感じた喜びと、電車が焼けて横転していたことが恐怖の象徴として刻印されている心象風景が描かれている。「あ、学校が焼けた」は、家が倒壊したために鎌倉から避難してきた子どもの絵である。父親は両替商だったが家と仕事を失ってしまっている。作者は、地震のことを思い出すと「身の毛がよだつ」と述べている。作者とその友人たちが焼け落ちる学校をただ呆然と見ている様子は、体験した出来事のショックの大きさを伝えてくれる。

子どもたちの心に刻まれた恐怖は、それまでと異なる子どもたちの言動として大人たちの目に映じるようになる。一〇月一七日付東京朝日新聞には、「仮小屋児童の悪い遊」という見出しで、日比谷バラック居住者の子どもたちの中に、「自警団の真似や爆弾遊びなどをしてゐる者もある」と紹介している。また、一九日付東京朝日新聞には、「一般の傾向としては浮世の風に誘れ易いコドモの心と震災前に比し落ちつきがなく竹槍を持つて自警団ゴッコなどをして心のすさびが見える。その上他人から物品をもらふ事を当然のことと思ふ様な傾向がある」という記事も見られる。

震災後に見られた子どもたちのこれらの言動は、しばらくの間続いていく。一一月二〇日付東京毎日新聞には、「困つた此頃の小供達」の見出しで次のような記事が掲載されている。

模倣に富んだ小供達は今回の震災の生んだ新しい出来事をスグに真似をし出して相当の家庭に育まれた子弟達もバラック生活などして居る間にいつしか下品になつて今では立派な茶目公、

凸坊になり済まして居るが之れは困つた現象である私は毎日の様にバラックを通つて学校へ出掛けるのですが其間見聞の一二をお話ししますと一人の子供を細縄を以つて高手小手に縛上げ「オイ○○鮮人○○鮮人」と大勢の子供が叫びながら「今に銃殺するのだ」と因果を含めて向ふへ立たせて銃殺の真似するなど困つた遊びをして居る之れは自警団ゴッコと云ふのである又ある子供の如きは夕暮れのバラック街に手を組んで大声に唄つて居る克く聴いて居ると今学生達が唄つて居る「わたしや河原の枯れ芒」といふ節で「俺は神田で焼け出され、同じお前も焼け出され何うせ俺たちや此の世では…」など唄つて居るのであるが之を耳にする度毎に痛々しい気持ちにもなり又教育上誠に困つたものだと思はせられる、又或る子供達は例の甘粕大尉に鴨志田だといつては友達の首を絞て一人が「おいアマカスぞ」と言へば一方が「なにカモシダるぞ」と応酬し又一方が「ヒラに御免」といへば今度は一方が「ホンダに困つた奴だ」など丶とやつて居るのであるが之れ等は何れも甘粕事件の被告達の姓を落酒《ママ》て言つて居るのである之等の悪遊びに対しては教育家達も其親達も慎重に考へなければならないと某専門学校の教授は語つた

震災の混乱の中で起こった自警団による朝鮮人虐殺や、甘粕大尉らによる無政府主義者大杉栄らの虐殺が子どもの遊びに取り込まれ、さらに、震災で焼け出されたことを題材に替え歌を作っている子どもたちが増えていたのである。

こうした子どもたちの現象は、ストレスを減少させていくためには必要な行動であり、現在の子どもたちの間でも地震ごっこや地震・津波の絵となって表現されている。関東大震災下の子どもたちの

表1　被災児童の語彙調べ

語句	読める物	聞き覚えの物	意を知る物	語句	読める物	聞き覚えの物	意を知る物
震災	4	6	1	焼失	1	1	1
鮮人	2	32	32	避難民	1	35	35
慰問袋	1	56	56	罹災民	2	3	2
爆発	1	56	56	圧死	1	3	2
自警団	1	9	2	社会主義	2	12	8
救護班	1	6	1	配給	1	0	0
診療所	1	1	0	家屋倒壊	0	0	0
火災	5	8	2	復興	0	0	0
玄米	6	56	56	収容	1	1	1
バラツク	56	56	56	戒厳令	1	1	1
全滅	1	50	50	御内帑金	0	1	1
行方不明	2	20	12	詔書煥発	0	0	0

間でもこうした行動が見られていたことに注意したい。同時に、ストレス軽減のための子どもたちの行動が、この時代には「困つた現象」だとみなされていたことにも注意しておく必要があろう。

二―(三)　子どもの心への注目

以上のような子どもたちの現状に対して、教育関係者は徐々に関心を向け始めるようになる。三河島小学校訓導永塚は、「幼い児童の心にいかに今回の大震災が深刻な印象を与えたことか。学校の校庭における不用意な遊びの中にさへ痛ましい結果の見られることがある。教育の実際に当る吾々のこれに対する處置や指導は考慮を要することが多い。しかし今のところ何処の学校でも臨機に開校したばかりなので、内容に立ち入つた調査や方策にまで延び兼ねてゐる向きが多い」とした上で、尋常三年生男児五六名への震災関係語彙の調査結果（表1）を発表している（一〇月二九日付東京朝日新聞）。

慰問袋、爆発、玄米、バラック、避難民が子どもたちの間で認知が高いことからは、バラックでの避難生活を余儀なくされる中で、食糧に困窮し、各地からの慰問袋に助けられている子どもたちの現状が読み取れる。また、震災後に起こった流言によって犠牲となった朝鮮人に対する認知が高いことに対して、永塚訓導が「彼の流言が幼い子供にまで浸み込んでゐたのに今更ながら驚かねばならなかった」との感想を述べていることにも注意したい。

横浜市では、「一歩外に出ては万目粛條たる焼土の中に、美的情操を換起せしむる一物もなく、家庭に入れば僅に膝を容るゝ焼トタンの陋屋に血と汗とを以て獲得せる総ての事業と富とを灰燼に帰せしめしを悶へ、将に来らんとする生活の圧迫に慄びえて憔悴たる父母に接し、剰さへ失へる児童の心情は実に沈痛寂莫を極め、斯くして幾句を送れる彼等の心情には大なる反影を投げずにはおかなかつた。元来真純無垢なる児童は事物を批判し、之を考察する能力未だ発達せざるが故に、此の間に起れる社会事象に対し、或は外部的に観察するが故に其の正鵠を失し、やがては此の誤れる認識は潜在意識となりて深く児童の脳裡に浸潤することを想到せば、之が指導啓発の任にある者、其の責も亦重しと云はねばならぬ[注6]」という認識の下、横浜市の小学校の児童に対して調査を行っている。

この中で、「地震後一番悲しかつたこと」「嬉しかつたこと」「悲しかつたこと」「どんなことをした人をえらいと思ふか」「今一番こまる事はなにか」「地震のとき人の物をだまつて食べたり、つかつたりしたことをどう思ふか」「地震や火事はふせげるか」「いつまでも横浜に居たいか」「地震からどんな考へになつたか」、以上の調査を行いその結果を掲載している。「地震後一番悲しかつたこと」の結果は表2の通りである。地震と火事、そして朝鮮人に関する流言が子どもたちの恐怖となって心底に沈殿していることがわかる。

一方、嬉しかったこととしては、「地震後初めて飲食物を貰ったこと」と「配給品慰問袋を貰ったこ

表2　震災に関する児童の調査①

摘要／学年	火事	地震	地震と火事	朝鮮人	地震と朝鮮人	地震と火事と朝鮮人	龍巻が来て	山崩れと大地震	津浪	火に追われて公園に逃げたこと
尋3	3	41		3						1
尋4	1	21	24	2		6	1	1	1	
尋5	9	7	24	1	6	1				
尋6	6	46		1					1	
計(人)	19	115	48	7	6	7	1	1	2	1

と」がそれぞれ計六三人で圧倒的に多く、その他では「家族の無事であつたこと」「自分の無事であつたこと」がそれぞれ計一六人と一四人となっている。

「悲しかつたこと」では、「家族の死んだこと」が計三五人と最も多く、「家がつぶれたこと焼けたこと」が計四一人、「親類の焼け出されたこと」計一九人、「家族の行方不明」計一七人、「火が熱くつて今にも死ぬかと思つたこと」計一四人、「食物や着物がなくなつて」計一三人、「其他の人の死んだこと」計一二人などとなっている。

「地震からどんな考へになつたか」は表3のような結果となっている。「ぜいたくをしない、勤勉にしたい、互いに助け合おう、もっと生きたい、いろんなことをするのが好きになった、友人とけんかをやめよう、といった地震を機に前向きな生を肯定しようとする意志が生れる一方で、網掛け部分の結果に見られるように、地震が刻み込んだ恐怖が子どもたちの心を暗く覆っていたり、自分自身を肯定的に見ることができなくなったり、生への意欲や執着を喪失したりしている様子もわかる。

残された資料から確認できる以上のような関東大震災下における子どものストレスの実態は、現在の東日本大震災下の子どもたちが示すストレスと変わりないことがわかる。時代や社会状況を問わず、災害時における子どものストレス反応には一定の共通性があることが理解できる。

表３　震災に関する児童の調査②

備考：網掛け＝引用者

摘要＼学年	尋３	尋４	尋５	尋６	計
ぜいたくをしない	3	5	8	18	34
勤勉にしたい	8	10	17	10	45
からだを丈夫にしたい				6	6
悪い考へが出てきた		7	1		8
お互いに助け合はう	2	5	4	5	16
地震が恐ろしくなつた			2		2
地震のことばかり考へる様になつた	2	2	1		5
横浜を復興したい	4	2	6	6	18
自分で働かねばならないと思つた		4		2	6
君恩をありがたく思ふ				2	2
いやしくなつた			2		2
いろんなことをするのが好きになつた			2	2	4
頭がへんになつた	2	4	1		7
建築を改善したい		2	1	2	5
地震予防の機械を発明したい			1		1

摘要＼学年	尋３	尋４	尋５	尋６	計
地震の時は学校道具だけ出さう	1	1			2
地震の時はからだだけにげる	2	1			3
地震前と同じ		10			10
着物や何かつくつたらすぐ着てしまはうと思つた		1			1
人から物を貰ひたくなつてこまる		1			1
友人とけんくわをやめよう			1		1
悲しい考へになつた	4	1			5
もつと生きたいと考えた	1	1			2
火を出さないようにしやう	2				2
米はありがたい水はありがたいと思つた		1			1
かえつてぜいたくになつた	1	1			2
着物なにかいらないと思つた	4				4
つまらないと思つた	10	1			11
商売してお金をもうけよう	1	1			2

三　子どものケアを目的とした文化活動

三―（一）震災後の文化活動と対策

子どもたちが抱えるストレスに対して、具体的な対策も行われている。一〇月一日から東京市内の活動写真館は営業を再開し、娯楽に飢えた人々が殺到する。多くの人々は、震災の様子を映像で見ることを目的にしていたが、開館当日になって突然警視庁が震災映画の上映を当分の間中止することを決定している（一〇月五日付東京朝日新聞）。社会が混乱している中で、映像による強い刺激が混乱を助長することを危惧したのである。

こうした配慮の他にも、大人と子ども関係なく抱えている震災でのストレスに対して、様々な配慮がなされていた。新聞報道から確認できる主な動きをまとめると表4のようになる。

このように、被災者に提供された文化活動は、実に多彩であった。東京市も、「罹災者の中には精神的物質的に受けた打撃があまりに大きかつたため非常に悲観したり又は自暴自棄に陥つたりする傾きがあるので、この際一日も早く是等の罹災者に対して慰安娯楽の途を講じてやる」必要を感じ、「最初は芝居をやるつもりだつたが、道具が大変なので方針をかへて先づ活動写真から始め、それも喜劇や漫画などの陽気なものを選びそのあとから講談落語」などをやることに決め、日比谷公園音楽堂などでこうした慰安のための催しを開催することにする（一〇月一二日付東京朝日新聞）。「震災に際して他の落語や音楽による慰安が瞬間的なるに比し講談の感化力が永久」であると講談奨励会が述べてい

表４　被災者ケア関連の動き

項　目	概　　要
音楽関係	バラックでのレコードコンサート等（9/27 朝）、野外少国民の歌（9/28 朝）、野外大演奏会（10/2 朝）、小学校へ巡回のお伽団（11/1 毎）
図書関係	バラック街に図書室（9/28 朝）、図書の貸し出し 1 万冊（10/2 朝）、図書貸し出し好績（10/5 朝）、収容所になっていた帝国図書館を再開（10/7 朝）、復旧の早い読書界（10/24 毎）、少女図書館の開設（11/18 毎）、震災後における読書界の新傾向（11/20 毎）、読書界は工学万能（12/4 毎）
大衆芸能、劇関係	屋外演芸許可される（10/8 朝）、可愛い子どものお芝居（11/19 朝）、日比谷で慰安講談（10/21 毎）、慰安どころではない野外劇（10/24 毎）、精神的復興は講談に限る（11/24 毎）、こども劇にお母さん大喜び（11/28 朝）
映画	震災映画は禁止（10/5 朝）、活動写真の陽気なものを（10/12 朝）、神宮外苑で映画大会（11/4 毎）、法政大学の慰安活動写真（11/16 毎）、内務省が少年少女のために活動写真館設立を計画（11/27 毎）
娯楽場、遊び場、玩具	社会教育課が郊外に娯楽場建設の計画（10/7 毎）、真っ先に教育や娯楽機関を（10/17 朝）、児童唯一の遊び場所（10/28 毎）、華族の公達の古玩具を（10/29 毎）、罹災少年のために運動会（11/4 毎）、運動場の開放（11/25 毎）、おもちゃ復興す（12/4 毎）
慰安会	罹災児童の慰安会（10/19 朝）、大塚講話会でも慰安会（10/19 朝）、児童慰安会（10/20 毎）、罹災児童の為に慰安会（10/21 朝）、コドモ大会（10/22 朝）、品川高女慰安会（10/30 毎）、慰安コドモ会（11/5 毎）、罹災児童慰安会（11/10 毎）、バラック街の慰安会（12/4 毎）、男女学生 500 人の合唱団と罹災児童に 1 万円の贈物（12/12 毎）

備考：概要は新聞の見出しを掲載。カッコ内は掲載日と
朝は東京朝日新聞、毎は東京毎日新聞を表す。

るように（一一月二四日付東京毎日新聞）、各団体ではこの機に乗じた普及活動も活発に行おうとしていた。

各団体の献身的な協力によって震災からの復興に資するための文化活動が行われたことは、災害時における文化活動の前例という点からあらためて見直すべきであろう。

三―（二）震災後の読書傾向

震災では、新聞雑誌各社の被害も甚大であった。震災後の経営難等により廃刊した新聞雑誌は、東京逓信局管内で一二二にのぼることが報じられている（一二月一日付東京毎日新聞）。一方で、震災後の人々が、震災前よりも貪欲に活字を求めたことも数々の報道から理解できる。

東京市では、市立図書館二〇ヵ所のうち、一二ヵ所が焼失したが、焼け残った日比谷図書館では九月二日から野外で新聞雑誌の閲覧を始め、二二日から児童室と雑誌室を開き、一〇月五日からすべての施設を公開（一〇月二日付東京朝日新聞）、上野の帝国図書館も一〇月一一日から再開することになる（一〇月七日付東京朝日新聞）。また、罹災者のために芝離宮、日比谷、九段、上野公園、明治神宮外苑の東京市営バラックに図書室を設けることにし、明治神宮外苑に二六日午後、図書室をオープンさせている。帝国図書館再開後の状況は、一一月に入ってからの一五日間で入場者数一万一七三一人、貸出冊数は三万三九〇六冊と、震災前と比較しても好況を呈したことが報じられている（一一月二〇日付東京毎日新聞）。

読書の傾向としては、震災からしばらくの間、「死に関した書類や、信仰とか占とかの書類が閲覧されて行く」ことが目立っていたが、時間の経過と共にもとの読書傾向に戻り、ドストエフスキーやトルストイなどが歓迎されていく。一方で、「一寸妙に感ずるのは病気治療に関するもの神経衰弱、精神的に関するものも多く読まれるのは全く時勢の瞬間を物語つてゐるものと云はねばならぬ」とのコメントに見られるように、震災ストレスを反映した読書の傾向が指摘されている。子どもたちの閲覧図書としては、アラビアンナイト、ガリバー旅行記、偉人の幼年期など、「無邪気な児童の気風が現はれて面白い」とのコメントが記されている（一〇月二四日付東京毎日新聞）。

こうした読書傾向は、「震災後の読書傾向は漸次変兆を来し一貫した読者といふやうな閲覧者がなくて其時主義のものが多く時局に関する世評の暗示を得てそれに関した書物を読むといふ風」があったが、震災三ヵ月後には震災前にほぼ戻ったことが確認されている。だが、子どもの読書傾向としては、「児童の近時に於ける読書の進歩は著しいもので児童用として備え付けてある書物では満足し切れず大人の書物の中から適当のを選んで備え付けてゐるが童話や雑誌の絵ではつまらないと天文学理科学のやさしいのが読まれて行くのは喜ばしい現象である」との論評が掲載されている（一二月四日付東京毎日新聞）。

子どもたちが読んだという「天文学理科学」の本の具体的な書名は不明だが、震災から時間が経過するにしたがって、「無邪気」な読書傾向には満足できなくなり、「天文学理科学」の本を求めるようになった、という変化は、被災児童の心理状態の変化と連動している可能性が考えられる。現在の被災児童の読書傾向の推移と比較検証することが求められる。

三―（三）子どもへのケア―音楽と子ども向け雑誌

図書館の開放も含めて、子どもを対象とした文化活動も様々に行われている。子どものための文化活動では、表4に示した通り、図書館の開放の他に音楽と童話、劇、活動写真、そして遊び場の提供が確認できた。

音楽活動では、「罹災者の意気振興を急務」として、「荒んだ市民の心を振作させるため」に、野外大演奏会を催すことが計画されたり（一〇月二日付東京朝日新聞）、「荒んだ心を芸術で温める」ことを目的に、日比谷その他の広場でページェントやレコードコンサートが計画されたりしている（九月二七日付東京朝日新聞）。

こうした野外での音楽活動の他に、罹災者のための復興の歌や野外での教育を余儀なくされている子どものための歌を作曲して広く普及することも計画された。その機関として「音楽復興協会」が組織され、罹災者への作曲の他に第一期事業として、①陸海軍軍楽隊、少壮音楽隊が巡回音楽隊を組織して避難バラックでの慰問演奏、②罹災音楽家を慰問し、失職者の斡旋等を行う、③地方音楽団から義捐金を募り、剰余金は運動資金に充てる、④音楽器や音楽教師を失った罹災中、小学校の希望に応じて無料演奏教授を行い、特に楽器を携帯する、以上が計画されている（一〇月二日付東京朝日新聞）。

罹災児童のために作られた歌としては、「野外少国民学校の歌」と「大正震災唱歌」が確認できる。「野外少国民学校の歌」は、少年団日本連盟主催の野外少国民学校の児童の意気を昂げるために作られた校歌である。次のような歌詞の歌を子どもたちは大歓迎したと記されている（九月二八日付東京朝日新聞）。

一

手足にみなぎる血汐の唸り　心の海にあふるゝ力

大天地の魔神の呪詛に勝ちて　誇れる少年少女　あゝわが野外少国民学校
二
野外に集ひて学ぶや幾日　手足も伸びて心も伸びて
大天地にあまねき光は燃えて　輝く我等の至誠　あゝわが野外少国民学校

歌詞を見ると、被災児童を励まし、心を鼓舞する内容であることがわかる。

一方の「大正震災唱歌」は、滝廉太郎作曲の「花」の作詞で知られる武島又次郎（羽衣）が作詞、「故郷」「春の小川」「紅葉」「朧月夜」等数々の名曲を作曲したことで知られる岡野貞一が作曲し、大正一二年一一月二〇日に東京学会から楽譜が発売されている。

一
大正十二、九月朔日　二百十日の厄日の真昼、
天地くづるゝ勢に　ぐらぐらぐらと地はゆれて、　関東地方の国々は　たぐひ稀なる大地震。
二
落ち来る梁に首をくだき　寄する海嘯に身をさらはれ、
救ひ呼びつゝ走る声　いと恐ろしき其うちに、　此処に煙立ち　忽ちすごき大地震
三
風にまかせて燃え拡がり　魔神の如く焼き狂へば、
逃ぐる途なき人々の　死傷の数は数十万、　美観極めし帝国の　首府も焦土となり果てぬ。

四

昨日は誇る巨万の財宝　今日は家なき其の果敢なさ、

親子兄弟散りぢりに　露も防げぬバラックに、明日の米無き身を嘆く　哀を誰か泣かざらむ。

五

されば天皇も憫み給ひ　下し給へる数多の黄金、

之に後れず国民の　立ちて救助にいそしめば、伝へ聞きたる外国も　同情寄せぬは無かりけり。

六

家はことごと砕けたれども　心の柱などか砕けむ、

この苦しみに能く堪へて　不撓の意気をいよゝ練り、前にも優る栄をば　復興すぞ我等の務なる。

以上のように、六番から成る歌詞は、四番までは震災の惨状、残りが復興への鼓舞となっている。注7後半は復興の担い手となるべき子どもたちに自覚を促し、激励する内容になっているとはいえ、前半の歌詞は、震災の惨状と現在の苦しみをまざまざと思い出させるものであり、今日的な知見に立てば、PTSDの主な症状の一つとされる「侵入（再体験）」を惹き起こす危険があると言わざるを得ない。こうした内容の歌が、子どもたちへの慰安と鼓舞を目的として提供されていた事実は、この時代の子ども理解の限界を示すと同時に、今日の被災児童への文化の提供に関する警鐘としても注視したい。

この他、当時の三大児童文芸雑誌である『赤い鳥』『童話』『金の星』をはじめとして、各種の子ども向け雑誌でも震災後には様々な特集を行っている。この中で最も紙数を割いて特集しているのは『金の星』である。『金の星』一〇月号では、四ページにわたる口絵・写真を掲載した他に、西條八十、野口雨情、山本鼎、蕗谷紅児、藤澤衛彦ら一四名による「大震災の日」の特集を組み、それぞれの震災体験談を掲載している。『童話』一一月号では、西條八十の童謡と他四名の体験談からなる一九ページにわたる「大震災記」の特集を組んでいる。『赤い鳥』一一月号では、鈴木三重吉の「大震災記」と、内田亨の「地震の話」が掲載されている。

三大児童文芸雑誌以外でも、『少年倶楽部』一〇月号では、「大地震写真画報」、『少女倶楽部』一〇月号では、「大震大火画報」、『少年世界』一〇月号では「大震災雑記」、『少女世界』一〇月号では「大震災画報」、『飛行少年』一〇月号では「大震火災特別号」というように、軒並み震災関連の特集を組んでいる。

いずれも迫真の文章や写真が掲載されているが、『金の星』に掲載された斎藤佐次郎の体験談の場合、「助けてくれ!」というタイトルで、発震時に博文館印刷所にいた佐次郎が、「天地が覆るやうなあの大地震」に遭遇したことが記されている。豪壮なレンガ建ての印刷所がガラガラと砂煙をあげて倒壊し、出来たばかりの鉄筋コンクリートの工場も倒壊し、建物の下で「助けてくれ!」と叫ぶ声が聞こえていたことが記されている。

童話や童話劇、活動写真など、様々な文化が罹災児童のために提供される一方で、「大正震災唱歌」や数々の子ども向け雑誌の特集のように、震災の記憶を甦らせて子どもたちの内部に「侵入」を惹き起こしかねない危険性のある文化も溢れていたのである。

おわりに

日本における二〇世紀最大の天災と言われた関東大震災は、詳細な記録が残された最初の天災でもあった。

関東大震災下の子どもたちに関する残された資料を見ると、今日の災害下の子どもと同じように、ＡＳＤの症状を示していることが確認できる。また、倉橋惣三の談話に見られたように、子どもたちの震災ストレスに対する明確な認識を持つ識者も存在したものの、社会全般では子どもたちの震災ストレスへの正確な認識は著しく欠如していたことも確認できる。

そうした時代的な制約の中で、子どもを含めた罹災者への慰安のために様々な文化が提供される一方で、子どもたちの震災ストレスを助長する歌や雑誌といった文化が発信されていたことも確認できた。

二〇一一年三月一一日に発災した東日本大震災下でも、子どもたちのＡＳＤやＰＴＳＤに対する注意喚起が行われ、その対策として歌やアニメなどの文化の有効性が認められている。だが、災害によるストレス障害から子どもたちを救う力を持つ文化は、その内容を慎重に吟味することなく子どもたちに提供されることで、逆に子どもたちの心の傷を増幅させる危険性も孕んでいる。関東大震災の歴史的な検証が示す様々な事実を通して、改めて現在の大震災下の子どもたちと文化の関係について省察する必要があろう。

注

1　東京高等師範学校附属小学校初等教育研究会『子供の震災記』目黒書店、一九二四、一四七〜一四九頁

2　同前三頁
3　藤沢市立藤沢小学校『震災誌』一九二四、六五〜七〇頁
4　大阪府『関東地方震災救援誌』一九二四、一四六〜一四七頁
5　前掲『子供の震災記』五頁
6　小池徳久編『横浜復興録』横浜復興録編纂所、一九二五、三一八頁
7　『大正震災唱歌』東京学会、一九二四

〈魂呼ばい〉の物語

――津波と異類をめぐる伝承

鵜野祐介

花や何　ひとそれぞれの　涙のしずくに洗われて　咲きいずるなり

（石牟礼道子「花を奉る」より[注1]）

一　中学生の見た夢

今年（二〇一二）八月はじめの朝、宮城県石巻市門脇地区を訪れた。地震と津波、その後に起きた火災によって、地区全体が廃墟と化したこの地に佇み、緑濃き日和山を背景に焼け焦げたコンクリートの壁のまま建つ門脇小学校の姿に息を呑んだ。

そんな中、校庭には野球の練習をする十数名の子どもたちとコーチたちの姿があった。ユニフォーム姿の子どもたちは大きな声をかけ合いながら、ダッシュを繰り返していた。彼らの声は「希望の鐘の音」のように青空へ向かって響き渡っている、そう感じられた（本扉の写真参照）。

旅行から戻り、手にした本の中に、震災から三ヵ月後の二〇一一年六月、散歩途中に門脇中学校の男子生徒と女子生徒の会話を耳にした元高校教師の報告が載っていた。

女の子は友人の野球部の子を津波で亡くしたようでした。その子と夢で話したことを一生懸命男の子に話していました。

女の子は野球部の子に「津波のとき、どうだった？　苦しかった」と聞いたんだそうです。そうしたら、「苦しかった」と。「いまそっちで元気にしてる？」「元気にしてるよ」、「野球してる？」「してるよ」、「試合とかあるの？」「そっちほどじゃないけど、あるよ」、「そっちってどんな感じ？」「同じだよ。でもちょっと……暗いかな？」といいながら、その女の子は「でも、変なんだよ。あの子、うつぶせになったまま話してるんだよね」と話していました。三か月たってこういう話を聞いたときに、おとなもそうだけれど、子どもたちは重いものを背負ったままで生きているし、これからも生きていくんだなと思いました（みやぎ教育文化研究センター／日本臨床教育学会震災調査準備チーム編『三・一一　あの日のこと、あの日からのこと　震災体験から宮城の子ども・学校を語る』かもがわ出版、二〇一二、一三三〜一三四頁）。

あの時、元気よく声を出していた野球少年たちの中にも、彼女と同じような夢を見る子どもがいたかもしれない。呑気にも「希望の鐘の音」を連想した自分の不明を恥じた。

二　幽霊の話

柳田國男『遠野物語』（一九一〇）に、次のような話が収められている。

九九　土淵村の助役北川清という人の家は字火石にあり。代々の山臥にて祖父は正福院といい、学者にて著作多く、村のために尽したる人なり。清の弟に福二という人は海岸の田の浜へ婿に行きたるが、先年の大海嘯に遭いて妻と子を失い、生き残りたる二人の子とともに元の屋敷の地に小屋を掛けて一年ばかりありき。夏の初めの月夜に便所に起き出でしが、遠く離れたるところにありて行く道も浪の打つ渚なり。霧の布きたる夜なりしが、その霧の中より男女二人の者の近よるを見れば、女は正しく亡くなりしわが妻なり。思わずその跡をつけて、遥々と船越村の方へ行く崎の洞ある所まで追い行き、名を呼びたるに、振り返りてにこと笑いたり。男はとみればこれも同じ里の者にて海嘯の難に死せし者なり。自分が婿に入りし以前に互いに深く心を通わせたりと聞きし男なり。今はこの人と夫婦になりてありというに、子供は可愛くはないのかといえば、女は少しく顔の色を変えて泣きたり。死したる人と物いうとは思われずして、悲しく情けなくなりたれば足元を見てありし間に、男女は再び足早にそこを立ち退きて、小浦へ行く道の山陰を廻り見えずなりたり。追いかけて見たりしがふと死したる者なりと心づき、夜明けまで道中に立ちて考え、朝になりて帰りたり。その後久しく煩いたりといえり（柳田国男『遠野物語・山の人生』岩波文庫、一九七六、六三〜六四頁）。

船越村（現山田町）田ノ浜地区は一八九六年（明治二九）六月一五日の「明治三陸地震」によって二九〇戸が流失、死者は七六三人を数えたという。[注2]『遠野物語』の刊行は被災から一四年後になる。津波の一年後の夏の初めの夜、津波で妻と子ども一人を亡くした男が、遠く離れた便所に行く途中、亡くなった妻と、自分が婿養子として結婚する前に妻が「深く心を通わせ」ていた男が連れ添っているのに遭遇し、この「妻の幽霊」と会話する話である。

三浦佑之によれば、柳田にこの話を語って聞かせた佐々木喜善は後に「縁女綺聞」（一九三〇）の中で、旧暦五月に津波があったその年の七月の新盆の夜の出来事と記しており、こちらの方が事実であったと推測される。[注3] 柳田がなぜ一年後に設定し直したのか、また自身も婿養子であった彼が、どのような心境でこの話を書き留めたのかなど、この話をめぐる興味は尽きないが、ともあれ今回の大震災の後にも多くの人びとが、「夢」の中で死者と会話し、「幽霊」と出会うといった体験をしたであろうことは疑いない。

肉体はもはやこの世界に姿を留めていないけれども、自分にとって今なおかけがえのない存在に対して、その〈たましい〉に呼びかけ、心を通わせたいという想いは誰しも抱くに違いない。その想いが、伝説や昔話といった物語（民間説話）を紡がせ、幾世代にもわたって語り継がせてきた。大震災から一年半が経った今、このような〈魂呼《たまよ》ばい〉の物語を自分の懐に抱くことが、子どもと大人を問わず、求められている気がする。

それでは一体、〈魂呼ばい〉の物語は具体的にどのように語られてきたのであろうか？

三　異類が登場する地震・津波・洪水説話

アイヌ民族も含め、日本全国に伝承されてきた民間説話の中には、地震や津波や洪水などの災害にまつわる説話が数多くあるが、その中にはしばしば、災害を予告し発生させる、あるいは災害から人間を救う存在として「異類」が登場する。「異類」とは、「人間とは異なる存在であるにもかかわらず、あたかも人間と同様に意思の疎通を図ることができる存在」と規定しうるもので、具体的には、動物や植物、水や土や風や火などの精霊、擬人化された気象・天体、幽霊や妖怪、さらには地蔵や大黒天といった神仏などを挙げることができる。結論を先取りして言えば、災害説話における「異類に対する人間の姿勢」と、その結果としての「被災の有無」に、〈魂呼ばい〉の物語を語り継ぐことの意味を読み取ることができるように思う。

文字化された民間説話資料の中から、三八編の「異類が登場する地震・津波・洪水説話」がこれまでに検索されたが（文末の表1）、その中から五話の梗概を紹介したい。

Ａ　二匹の黒狐が去童にいた。集落の老人が漁場の親方に叩かれ、縄でしばられ庭に投げ出されていると、黒狐が助けてくれる。黒狐が祭壇のところで騒いでいるので、老人は「悪いものが沖から来るなら山に、山から来るなら沖に向かって行ってくれ」と頼む。黒狐が山の方へ向かって行ったので、集落中に知らせて高台に避難すると、津波がやってきた。集落の人たちは黒狐を神様として尊敬した（アイヌ民族　北海道日高・新冠郡新冠町万世　稲田浩二・小澤俊夫『日本昔話通観』第一巻、同朋舎、一九七七～九〇、五二五頁）。

——異類が天変地異を予告し、それに従うことで人間は被災を回避する。

B　オイラトウゲという鉄砲撃ちの妻が、夫の留守に縁の下の一斗樽の物を食い、蛇になって堤に身を隠す。三年目に堤のそばのミノン堂で泊まった瞽女が三味線をひいて歌っていると大蛇が現われ、「この村を泥の海にして天竺へ昇ろうと思うが、お前の歌にめでて助けてやるが、人に言うと命を取る」と言う。瞽女が村の旦那に知らせると、人々は網で蛇をつかまえ瞽女にほうびをやった（新潟県五泉市赤羽『通観』一〇、五〇九〜五一〇頁）。

——主人公の人間に対する恩義により異類は天変地異を予告する。主人公は異類を退治し、天変地異は発生しない。

C　地蔵を信仰している男が「『おれの顔が赤くなったら、ここらは泥の海になるから逃げろ』と地蔵様が言った」とみなに話すと、青年たちがおもしろがって地蔵の顔に赤い絵の具を塗る。男がつぎに参りに行くと、地蔵が真っ赤な顔をしているので、その土地を立ちのく。まもなくその辺は泥の海になった（静岡県小笠郡大東町『通観』一三、三四一頁）。

——主人公の人間の善行に対する報償として異類が天変地異を予告し主人公は助かるが、他の人びとは異類を侮辱したため被災する。

D　久礼の浜は、外海に面しており沖に島がないので、海が荒れるたびに大波が打ち寄せて来ては家が流され、船の避難場所もなくて村人たちは困っていた。彼らを助けてやってくれと赤鬼に頼まれた青鬼は、瀬戸内の鬼が島で大岩二つを鉄棒に突き刺して担ぎ、子鬼を連れて四国山地を越え、久礼の浜に着いた。青鬼は大岩を担いだまま海に沈んでいき「双名島」と呼ばれる島になった。島には鉄棒を突っ込んだ穴が開いている。子鬼も親を慕って「えぼし岩」と呼ばれる岩になった。青鬼と子鬼が命を捨てて守っている久礼の港は天然の良港となった（高知県中土佐町　土佐教育研究会『読みがたり　高知のむかし話』日本標準、一九七六／二〇〇五、一七一～一七八頁）。

――人間に対する好意により異類が自己犠牲を払う。松谷みよ子はこの話を元に紙芝居作品『うみにしずんだおに』（絵：二俣英五郎、童心社、一九七三）に脚色している。

E　村の若者たちが月夜に浜辺で遊んでいると、海から美しい女の歌声が聞こえる。数日して、若者たちがその浜の沖で漁をすると、魚がたくさん網にかかり、三度目の網に人魚がかかる。人魚が涙を流し、「助けてくれたら海の秘密を教える」と言うのでかわいそうになり、若者たちが人魚を海にもどすと、人魚は「明日の朝大津波が起こるから、山へ逃げろ」と教える。若者たちは驚いて近くの村の人たちにも知らせるがみな信じず、若者たちの村の人だけが山の上に逃げる。翌朝大津波が起きて村も畑も海に流されるが、若者たちの村は人魚のおかげで一人の死者もなかった。これは一七七一年（明和八）の大津波の話だ（沖縄県石垣市白保『通観』二六、二九一頁）。

――人間に対する恩義により異類が天変地異を予告する。それを信じた人間は被災を回避するが信じなかった者は被災する。ここで登場する人魚はジュゴンのこととされる。[注4]

四　異類イメージの淵源としての〈死霊〉

日本における「地震・津波・洪水説話」三八編に登場する異類の種類を「自然界の存在」と「超自然的存在」に分けて列挙すると、前者は［魚（鯰・鯛・鱶）、ジュゴン、蛇、亀、狐、猿、山犬、鶏、カッコウ、閑古鳥、バッタ］、後者は［人魚、ヨナイタマ、竜神、水の神・川／池の主・滝の神、山の神・山の主、猩猩、鬼、観音様、地蔵］となる（表1参照）。水との親和性や、山や森との親和性を持つ異類が多いこと、また、沖縄におけるジュゴンや鱶、アイヌ民族における鳥、本土における蛇・狐・猿・山犬など、特定の動物が神の使者や化身あるいは神そのものとしてそれぞれの地域や民族の中で認識されてきたことが窺える。

次に、これらの説話における「主人公の人間」「異類」「他の人びと」、三者の関係性と結末に注目する時、以下の三つのパターンに分類される。第一のパターンは、信心深く心優しい主人公、あるいは音曲の才ある主人公に、異類が天変地異を予告し、これに従った主人公は被災を免れるが、異類への畏敬の念を持たず予告にも従わない他の人びとは被災するという結末をとるものである（前掲A・C・E）。

第二のパターンは、異類が自らの命と引き換えに主人公や他の人びとを災害から救うというものである（前掲D）。そして第三のパターンは、異類が主人公に天変地異の予告をした後、他言を禁止するが、主人公はこのタブーを侵して他の人びとに告げ、災害の発生が回避されるというものである（前掲B）。

異類と人間との力関係は、三つのパターンの順に、［異類＞人間］、［異類＝人間］、［異類＜人間］であると見なせるが、いずれの場合においても、異類はその社会における「人としてあるべき姿」を提示し、そこから逸脱した者を懲戒する存在としてイメージされている。この時、異類イメージの背景には、地震や津波で命を落とした親しい存在に対する鎮魂の思いがあるような気がする。つまり、地震・津波・洪水など「非日常の民間説話」に登場する異類たちは、大自然の霊威の擬人化と見なせる一方で、災害によって命を落とした人びとの死霊の化身とも見なすことができるのではないか。[注5] そしてこれら淵源の相異なる〈たましい〉、すなわち大自然の霊威や亡き御霊に対して、遺された自分たちや子どもたちを見守り、再び災害に遭わないよう護ってほしいとの祈りを込めて、先人たちは物語を紡ぎ、またその想いを忘れないようにと願って物語を語り継いでいったに相違ない。

五　波切不動尊に托した想い

最後に、このような先人たちの願いから生まれ、いつか物語へと紡がれる可能性を秘めた、宮城県牡鹿郡女川町の「波切不動尊」にまつわる伝承を紹介したい。[注6]

女川町いどり（井戸通）の谷を村里から二〇〇メートルばかり上ったところに、「波切不動尊」と呼ばれる忿怒の形相の不動明王像が祀られている。そこから数十メートル下がった海抜二〇メートルの場所に砂防ダムが築かれているが、以前ここには小さな滝があり、その横に波切不動尊は安置されていた。そして昨年の震災の際、津波は砂防ダムの位置、つまりかつて波切不動尊が祀られていた場所まで達したという。この事実を知り、「以前の津波の時ここまで到達したから気をつけないといけないよという、先人たちの警鐘だったのだ」と感じた人もいれば、「波切不動さんがこのラインまでで津波を食い止めてくださったのだ」と受け止めた人もいたであろう。いずれにしても、今回の震災が町の人びとに波切不動尊の存在を改めて思い起こさせたことは間違いない。

この不動明王像と堂宇を建立したのは、女川町出身で山形・宮城・福島の三県にまたがって修行し布教活動を行った江戸時代後期の僧侶、独国和尚（一七六二〜一八三〇）とされる。[注7]独国の発願により女川の地に三十三観音像と波切不動明王像が一八二四年（文政七）に、また金毘羅大権現碑が翌年に相次いで建立されたのは、度重なる津波[注8]や海難事故による犠牲者の鎮魂と、災禍の記憶を後世に伝え、神仏の法力によって新たな災害から村人を護ってくれるよう祈念してのことと考えられる。

「波切不動」の呼称は、入唐した空海が帰国途中、風雨に遭った際、師の恵果和尚から授かった霊木に自ら彫刻し師より開眼加持を受けた不動明王像に祈願したところ、この像が剣を振って波を切る形を示し波が鎮まったとの逸話に由来する（速水侑『観音・地蔵・不動』講談社現代新書、一九九六、九九頁）。高野山南院をはじめ全国各地に「航海安全」を祈願する「波（浪）切神社」や「波（浪）切不動明王像」が建立されているが、中には津波に対する効験を期待して造られたものもあったに違いない。そしてここ女川でも、津波の到達点付近に不動明王像を安置することによって、災禍の記憶をより具体的かつ鮮明に後世の人びとに伝えたいと、独国和尚や寄進者の村人たちは願ったのかもしれない。

現在、不動明王像が描かれた石板の傍らにもう一枚の石板があり、「平成四年九月二八日波切不動明王信徒会書」と銘記された「波切不動明王第一ばん御詠歌」が刻まれている。耳を澄ませば、遺されし人びとの亡き御霊に対する〈魂呼ばい〉と、亡き御霊の遺されし人びと——殊に次代を担う若者や子どもたち――に対する〈魂呼ばい〉、双方の詠唱が聞こえてくる気がする。

あおやまに　おもかげうつす　おながたき
こゝろのあかを　きよめそゝがん
南無ふどうめょう　南無ふどうめょう

そのかみの　女川浜の　奥深く
海を守りて　いく百年
南無ふどうめょう　南無ふどうめょう

注

1　藤原新也・石牟礼道子『なみだふるはな』河出書房新社、二〇一二所収。

2　赤坂憲雄・三浦佑之「東日本大震災と文化復興」『遠野学』vol.1、遠野市遠野文化研究センター、二〇一二、一二四頁。

3　同前一二五頁。なお三浦は「縁女奇聞」と記しているが、ここでは『佐々木喜善全集』第一巻（遠野市立博物館、一九八六）の表記に従い「綺聞」とした。

4　ジュゴンと津波との関係をめぐる沖縄の伝承については、谷川健一『神・人間・動物　伝承を生きる世界』平凡社、一九七五に詳しい。

5　井村君江が「妖精の淵源」として挙げている「1．元素・自然の精霊、2．自然の擬人化、3．卑小化した古代の神々、4．先史時代の精霊、土地の霊、5．堕天使、6．死者の魂」を参考にした（井村『妖精学入門』講談社現代新書、一九九八、一二〜一五頁）。

6　女川町の波切不動尊に関して、前女川町教育長遠藤定治氏より数多くの資料や情報をご提供いただくとともに懇切丁寧な説明を賜った。また、今年（二〇一二）八月五日に女川町を訪れた際、女川町教育委員会生涯学習課課長佐藤誠一氏に図書館や被災地をご案内いただき、遠藤氏への仲介役も務めていただいた。両氏に対し、紙面をお借りして心からの謝意を表したい。

7　独国和尚について『女川町誌』は次のように要言する。「上人は曹洞宗の僧侶ではあるが、他の宗の山門にも修業を積み、殊に真言宗の祈禱をはげみ、無論妻子はなく無欲無念の境涯を愛し俗気が起きれば断食参禅して澄み切った精神に立ちかえり、ひたすら仏道の弘通と庶民の病苦災禍を救うために一身一代をつかった近代稀に見る名僧である」（九二二頁）。

8　石井正己他編、山口弥一郎『津波と村』三弥井書店、二〇一一によれば、三陸地方には「天正以来三百五十年間に二十三回、十五年間に一回の割合で津波が来襲している」（一九四頁）。

災害の種類	災害発生の有無	主人公の安否	村人（他の人）の安否	異類の安否	出典
津波	発生	無事	主人公の言葉を聞いた人のみ無事	不明	通観１：542
津波	発生	無事	無事	不明	通観１：525
嵐	発生	無事	（オキクルミ）被災	無事	通観１：526
津波・山水	発生	無事	（サマイウンクル）被災	無事	通観１：525
洪水	発生	無事	（下の集落の人）被災	無事	通観１：525
津波・鉄砲水	発生	無事	（別の村の人）被災	無事	通観１：525
大水	発生	無事	被災	不明	通観２：301
洪水	回避	失踪	無事	失踪	通観２：301
地震	回避	無事	無事	死	民話ＤＢ地震：6
津波	発生	無事	被災	死	民話ＤＢ津波：４
洪水	回避	死	不明	死	通観７：428
洪水	回避	死	無事	死	民話ＤＢ洪水：11
地震	発生	無事	不明	不明	通観９：215
山崩れ	発生	無事	無事	不明	通観９：215
洪水	回避	死	無事	死	通観９：261
洪水	回避	無事	登場せず	捕獲	通観 10：509
洪水	回避	無事	登場せず	死	通観 10：510
洪水	回避	死	無事	死	通観 10：509
洪水	回避	死	無事	不明	通観 10：510
洪水	回避	死	無事	不明	通観 12：380
洪水	発生	無事	被災	不明	通観 13：341
洪水	発生	死	被災	不明	瀬川 1973:117
津波	発生	無事	無事	死	中森 1941:35
大波	発生	無事	無事	死（⇒島と岩）	土佐 1976/2005：171
山津波	発生	死	登場せず	死	民話ＤＢ津波：40
地震・津波	発生	無事	被災	雄－死 雌－不明	通観 24：340
島の沈没	発生	無事	被災	不明	通観 24：326
洪水	発生	無事	不明	無事	民話ＤＢ洪水：18
津波	発生	無事	（隣村の人たち）被災	無事	通観 26：291
津波	発生	無事	（白保の人たち）被災	無事	通観 26：291
津波	発生	無事	被災	無事	通観 26：292
竜巻	発生	不明	被災	不明	通観 26：294
津波	発生	無事	被災	死	通観 26：294
津波	発生	不明	被災	不明	通観 26：293
津波	発生	不明	被災	不明	通観 26：294
津波	発生	異類の言葉を聞いた人のみ無事		不明	通観 26：294
津波	発生	死	被災	死	通観 26：294
津波	発生	死	被災	死	通観 26：294

＊出典略号－「通観」：稲田浩二・小澤俊夫編『日本昔話通観』資料篇全 29 巻（同朋舎）、「民話ＤＢ」：樋口淳他「日本民話データベース」（CD-R、非売品）、「瀬川」：瀬川拓男他『日本の民話』全 12 巻（角川書店）、「中森」：中森瀞八郎「続・吉野の狼の話」『動物文学』第 76 輯、「土佐」：土佐教育研究会『読みがたり　高知のむかし話』（日本標準）

表1 地震津波洪水説話と異類

整理番号	伝承地域	主人公の名前・属性	異類の種別	異類の登場理由
No.1	北海道（アイヌ）	オタスッ人の猟師	亀、水の神、滝の神	可愛いがられたから
No.2（A）	北海道（アイヌ）	コタン（集落）の老人	二匹の黒狐	主人公を助けるため
No.3	北海道（アイヌ）	サマイクル	カッコウの神	人々を助けるため
No.4	北海道（アイヌ）	オキクルミ	狐神	人々を助けるため
No.5	北海道（アイヌ）	上の集落の人	閑古鳥	人々を助けるため
No.6	北海道（アイヌ）	信仰深い村長と村人	バッタ	人々を助けるため
No.7	青森県	うそ五郎：山の神を信心	山の神	主人公が信心深かったから
No.8	青森県	盲目の和尚	池の主	不明
No.9	山形県	大助：知恵のある若者	沼の主としての鯰	不明
No.10	宮城県	こさじ：居酒屋の女中	猩猩	主人公が酒を飲ませてくれるから
No.11	福島県	座頭	蛇	三味線の音に魅せられて
No.12	福島県	瞽女	蛇（元は蛇を食べた女房）	歌声に魅せられて
No.13	千葉県	カンベイ：井戸掘り職人	観音様（の声）	主人公がまじめだったから
No.14	神奈川県	村の人々	猿	不明
No.15	神奈川県	按摩ー尺八の名手	大蛇	尺八の音に魅せられて
No.16（B）	新潟県	瞽女	大蛇（雌・雄）	三味線の音に魅せられて
No.17	新潟県	瞽女	大蛇	歌声に魅せられて
No.18	新潟県	座頭	蛇（蛇を食べた樵が変身）	笛の音に魅せられて
No.19	新潟県	座頭	娘に化けた池の主	歌声に魅せられて
No.20	長野県	盲：琵琶の名手	竜神	琵琶の音に魅せられて
No.21（C）	静岡県	地蔵を信心する男	地蔵	人間を懲らしめるため
No.22	愛知県	善助：水門の守り	川の主（？）	人々を試すため
No.23	和歌山県	里人	山犬	人々を助けるため
No.24（D）	高知県	久礼浜の人々	青鬼（親鬼）と子鬼	人々を助けるため
No.25	高知県	大八：信仰心薄い	魚、水神様	捕獲されたため
No.26	長崎県	医者	大蛇（雌雄）	雄：捕獲されたため 雌：治療してもらうため
No.27	長崎県	き三郎：地蔵を信心	地蔵	人間を懲らしめるため
No.28	沖縄県	爺	鶏	不明
No.29（E）	沖縄県	若者たち	人魚	捕獲されたため
No.30	沖縄県	トウヤの人たち	人魚	捕獲されたため
No.31	沖縄県	所払いにされた人たち	大きな魚	捕獲されたため
No.32	沖縄県	漁師	ヨナイタマ（魚）	捕獲されたため
No.33	沖縄県	子守りの子	ヨナイタマ（鱶）	捕獲されたため
No.34	沖縄県	塩焚きの男	魚	捕獲されたため
No.35	沖縄県	南の家の人	人魚、海の主	捕獲されたため
No.36	沖縄県	村人	ピナーシサバ（鱶）、海の主	捕獲されたため
No.37	沖縄県	漁師	タマン（鯛の一種）	捕獲されたため
No.38	沖縄県	絵描きの男	魚の化身の女	絵描きの男に恋したため

Ⅲ　いのちと児童文化

昔話が語る〈死と向き合う子どもたち〉

鵜野祐介

――「おじいちゃんが言ってました。人間が生まれることは奇跡だけど、死ぬことは必然だって。命あるものが死ぬということほど、当たり前の理はないって。だから、どれほどつらくても悲しくても、人はその理を受けいれないといけないって。あたしは受けいれました。……受けいれます。おじいちゃんの死を」（富安陽子『ふたつの月の物語』講談社、二〇一二、二二一～二二二頁）

「もし、わたしがあの子にあんなことを言っていなければ、あの子が家を飛びだしたりせず、予定通りの時間に、そのお嬢さんを迎えに行っていれば、あの子は事故に巻きこまれなかったのよ。わたしのせいであの子は死んだのよ。わたしがあの子を殺したの」（同前二二三頁）

「力を貸してちょうだい。もし、あの子を生きかえらせられるのなら、わたしは何を失ったっていい。お願いだからわたしに……、魂呼びの神事に力を貸して」（同前二二四頁）。

序

「ポスト三・一一」の児童文学作品が今、紡ぎ始められている。家族や親友との突然の、そして永遠の別れを体験し、死とは何か、いのちとは何かという問いに直面した子どもたちにそっと寄り添い、彼らを支え、悲しみごと抱きしめてくれるような物語が、新たに生まれ出ている。[注1]

それでは、伝承文学ではどうか。いつの時代にも、理不尽な出来事は突然人びとを襲ってきたに違いない。そしてその衝撃によって心を打ち砕かれてしまわないために、あるいはまたその記憶を失わないために、「非日常の物語」を人びとは紡ぎ、語り継いできたに違いない。とりわけ、子どもが死と直面する昔話の中には、先人たちが子どもたちに死をどう受け止めてもらいたかったのか、また子どもたち自身が死をどう受け止めていたのかを知る手掛かりが内包されている気がする。

両者のそうした想いを明らかにすることを通して、「ポスト三・一一」における伝承文学の存在意義を見出すこと、それがこの論稿の主題である。今回は特に、日本の昔話の中で、死と向き合う子どもたちが登場するもののうち、「殺される子ども」「寿命を定められた子ども」「親を亡くした子ども」の姿に絞り、考察を進めたい。テキストとして、稲田浩二『日本昔話通観』第二八巻「日本昔話タイプインデックス」(略号ＩＴ)(同朋舎、一九八八)における「昔語り」と「動物昔話」、合計五九七話型を用いることにする。

一　殺される子ども

テキストを通覧した結果、「殺される子ども」という主題は、誰が加害者となるか、また殺した理由によって、次の五つに大別されることがわかった（付表（二〇九頁）を参照のこと）。①継母による虐待、②指導者による折檻、③兄弟による猜疑心、④異類による殺害、⑤子どもの生き肝の提供、である。それでは順に梗概を見ていこう。

（一）継母による虐待

「シンデレラ」や「白雪姫」を持ち出すまでもなく、「継子《ままこ》いじめ」はおそらく世界じゅうの昔話に見られる最も有名な主題のひとつであるが、そのうち子どもが死に至るものとしてITには以下のような話型が見られる。198「継子と味噌炊き」274A「継子の訴え―継子と鳥型」274B「継子の訴え―継子と笛型」473「蚕と継子」477「継子菜」。これらの中から274A「継子の訴え―継子と鳥型」のモチーフ構成を挙げてみる。

①父が子供《（マヽ）》たちにみやげを約束して、他郷へ旅立つ。
②兄妹が継母に、すりこぎで木を切れ、ざるで水を汲め、と言いつけられて困っていると、通りがかりの修行者が助けてくれる。
③継母が煮えたつ釜の上に麻幹《おがら》の箸を渡し、兄妹をむりに渡らせ、落として殺す。
④帰って来た父が子供たちを捜していると、雀が飛んできて庭の木にとまり、みやげはもういらぬ、父に会いたい、と鳴く。
⑤父がその木の根元を掘ると子供たちの死体が出てきたので、継母を処刑する（稲田『日本昔話通観』二八、三六一頁）。

虐待死した子どもが鳥に転生して真実を訴える話で、グリム兄弟『子どもと家庭のためのメルヒェン集』（略号ＫＨＭ）47「ねずの木の話」が想起される。ただし本話では殺された子どもが人間の姿に戻ることはない。

死んだ子どもが他の動植物に転生するのがこの話型群の特徴で、「274Ｂ継子の訴え―継子と笛型」では、虚無僧が遺体を埋めた地から生えた竹で作った尺八を吹くと継子の訴えが聞こえる。また「蚕と継子」では蚕に、「継子菜」では葉の表面が焼けただれたようにちぢれている野菜に、それぞれ転生する。一方、「継子と味噌炊き」では転生はしないが、弘法大師や観音菩薩によって生き返るという類話もあり、救済の手がさしのべられる。

（二）指導者による折檻

親ではなく、教師や師匠など子どもに対して指導的な立場にある存在が加害者となる場合もある。「よしきりとぞうり」や「みょうがと小僧」では、和尚が弟子の小僧を死に至らしめる。順にモチーフ構成を挙げておく。

ＩＴ462「よしきりとぞうり」

①小僧が和尚のぞうりを片方失い、和尚は小僧を打ち首にする。

②小僧はよしきりに生まれ変わり、ぞうりの片方で打ち首に、と鳴くようになる（同前四三七頁）。

IT478「みょうがと小僧」
①自分の名も覚えられないみょうがんという小僧が、和尚に口ごたえをし、和尚に折檻されて死ぬ。
②小僧の墓から生えた草はみょうがとよばれ、これを食うと物忘れする（同前四四二頁）。

二〇一二年暮れ以来、スポーツの指導者による体罰・暴力が大きな社会問題となっているが、同じテーマが昔話の中でも語られてきたことがわかる。ここでもまた、死んだ子どもは鳥や草に転生していることを押さえておきたい。

（三）兄弟による猜疑心

一方、自分に対する厚遇を訝しんだ兄が弟を殺す話がある。IT442「ほととぎすと兄弟」として登録されている話型で、アイヌ民族や沖縄も含めてほぼ全国に分布している。モチーフ構成は次の通り。

①弟が、盲目の兄に山芋のうまいところを食べさせ自分は芋の首ばかり食っていると、兄は弟がもっとうまい物を食っているかと疑う。
②弟が腹を裂いてみせると、そのとき目の開いた兄はほととぎすになり、おとと来たか、と鳴いて弟を捜しまわるようになる（同前四三二頁）。

ホトトギスは毎年五月に日本に渡来し、八～九月に南方へ去る渡り鳥で、血のように赤い口元[注2]と独特な鳴き声によって、「オトトコイシ（弟恋し）」「ホンゾンカケタカ（本尊欠けたか）」「ホウチョウカケタカ（包丁欠けたか）」をはじめ、さまざまな「聞きなし」[注3]の物語を持つ。本話の他にもＩＴ443「ほととぎすと靴」、444「ほととぎすと包丁」、445「ほととぎすと鍋」、448「ほととぎすと数」、460「ほととぎすと作男」など、虐待を受けた継子や作男がホトトギスに変身したり転生したりする「前生譚」はバラエティに富む。

松浪久子は、「ホトトギスは蜀の天子の亡魂が化した鳥であるとされ、あるいは『死出の田長』『たまむかえどり』などとも呼ばれて、あの世とこの世を往来し冥土の便りをもたらす鳥とされてきた。（中略）ホトトギスの鳴き声を死者の声、死者の懺悔の声と聞いた古来の人々の心意のあらわれでもあろう」（松浪「時鳥」稲田浩二他編『日本昔話事典』弘文堂、一九七七、八五〇頁）と指摘する。

また、登場人物については兄が弟を殺すという掲載話のような類例が多いが、兄弟の立場が逆転していたり姉妹になったりする例、さらには和尚と小僧、鍛冶屋と弟子といった例も見られるという（同前八五一頁）。

（四）異類による殺害

子どもはまた、人間以外の者、特にもの言う動植物や超自然的な存在など「異類」と総称される存在によっても命を奪われる。その代表例はＩＴ128「瓜姫」であろう。[注4]

①婆が、川を流れてくる瓜を呼び寄せ持ち帰って、櫃に入れておき爺とあけると、女の子が生まれている。瓜姫と名づけて育てる。

②瓜姫はみるみる成長し、上手に機を織る。

③爺と婆が姫に、誰が来ても戸をあけるな、と注意して出かけるが、やってきたあまんじゃくは少しずつ戸をあけさせて入りこむ。
④あまんじゃくは姫を柿の実もぎに誘い出し、もいだおいしい実は食べしぶい実を投げつけるので、姫はあまんじゃくの言葉に従って着物をとり替え柿の木に登る。
⑤あまんじゃくは姫を木にしばりつけ、姫の着物を着て機を織る。
⑥あまんじゃくが殿様に嫁入りしていると烏が、あまんじゃくは駕籠の中瓜姫は柿の木、と鳴くので、人々はあまんじゃくの手足を牛と馬にくくって二つに裂き、そばと萱の根もとに投げる。そばと萱の根が赤くなる。
⑦姫は救い出され、殿様に嫁入りする（稲田『日本昔話通観』二八、二八七頁）。

ここに挙げたモチーフ構成では、瓜姫はあまんじゃく（天邪鬼）にだまされて着物を交換した後、高い木にしばりつけられるものの死んではいないが、着物交換の後で殺されたり木から落ちたりして死ぬという類例も、東北地方を中心として数多く見られる。

他に、異類によって殺される子ども（娘）の話として、IT472「蚕と娘」がある。この話では、父親に殺されて皮を剝かれた馬が、その皮で娘を包み込んで空に舞い上がり、蚕となって空から降ってくる。娘は行方不明のまま話は終わる。

（五）子どもの生き肝の提供

IT577「猿の生き肝」は「くらげ骨なし」とも呼ばれ、以下のような梗概を持つ。竜宮の乙姫の病気に猿の生き肝が効くと知って使いに出された亀が、猿を竜宮に連れて来たものの、くらげがうっかり猿にばらしてしまい、猿は地上に戻ってしまう。猿に石をぶつけられた亀の甲羅にはひびが入り、魚たちに叩きのめされたくらげは骨なしになる。

この話は猿の生き肝に薬効があるという俗信（民間療法）に基づいたものと言えるが、次に紹介するＩＴ46「孫の生き肝」は、幼い子どもの生き肝に薬効があるとする。

①嫁の夢枕に観音が、寅の年寅の日寅の刻に生まれたお前の子の生き肝で盲目の婆の眼が開く、と告げると、嫁は承知する。
②嫁が子供の生き肝を取って婆の目に付けると、婆の目が開く。
③婆がお腹に包帯をした観音を拝むと、中から孫が現われる（同前二五一頁）。

嫁である若い母親が姑の目の治療のために、観音のお告げに従ってわが子を殺し、その生き肝を取り出して貼り薬とする。観音信仰と親への恩愛（孝行）の深さを試そうとする「法話（仏教説話）」の色彩が強い一方、子どもの臓器の薬効に対する俗信（民間信仰）があった事実をうかがわせる。[注5]

子どもの生き肝が結核に効くとの俗信に基づく伝説は、昭和になっても岐阜県の山間部に存在していたことが筆者自身のフィールドワークによっても確認されている。[注6] この時、「なぜ子どもなのか」という問いが自ずと浮かんでくる。そしてこの問いは、神聖で貴重な存在であればこそ薬効性があるとする「子どもへの神聖視」と、社会的な有用性はまだなく代わりもすぐに出てくるから殺しても構わないとする「子どもへの差別視」、相対立する二つの子ども観から考えていく必要があるように思われるが、詳論は別稿に譲りたい。

二　寿命を定められた子ども

「運定め譚」または「運命譚」と呼ばれる話型群がある。福田晃はこれを次のように定義する。

人生には説明できないことがきわめて多い。つまらない者に思いがけぬほどの報酬が与えられたり、真面目なる人物に不当な苦労や災難が訪れたりする。この隠れた人生の法則をわれわれは心づかないでいる。そして、その思いがけぬ法則を運命と呼んでいる。この運命の不思議をいう昔話は少なくない。それは、人々がこの世に運命なるものの存在を認め、かつ大いなる幸運を期待しておればこそ、おのずからそれが昔話の世界に導入されるのである。ところが、その人生の幸運・不運を述べるものの中に、ひそかにその運命の一端が予知、予見されながら、やはりついにはそのとおりの人生が展開するという昔話がある。これらの昔話群を限って運命譚と名づけている（福田「運命譚」稲田他『日本昔話事典』一九七七、一一二五頁）。

一方、三原幸久によれば、運命の内容には①子どもの福運の大小、②死の原因と死の年齢、③子どもの寿命、④配偶者の定まっていること、⑤王位につくことの決定、などがある（同前一一二四頁）。以上のうち②と③が本章の考察に関連するが、ここでは、運命としての寿命が定められた通りになり早逝する「寿命の運定め実現」譚と、これを回避することに成功し長寿を得る「寿命の運定め回避」譚に分けて見ていこう。

（一）寿命の運定め実現

IT149「運定め―水の運」

①男が旅の帰途氏神に泊まっていると、立ち寄ったよその神様がお産に立ちあい、帰りにそこの神様に、今夜生まれた子は水難で死ぬ、と話して去る。

②男と妻はその夜生まれた子を水に近づけないようにするが、子供は「水」と書いたのれんに首を巻かれて死ぬ（稲田『日本昔話通観』二八、二九八頁）。

神々の会話を偶然立ち聞きして自分の子どもの寿命が短いことを知った父親が、その定めを回避しようと手を尽くすが、思わぬ形で神の予言が実現してしまう。

IT151「運定め―虻に手斧」

①六部が神社に泊まっていると、立ち寄ったよその神様がお産に立ちあったあと、今夜生まれた子の寿命は十五歳で虻に手斧で死ぬ、とそこの神様に話して去る。

②六部が十五年後にその子の家を訪れると、桶屋になったその子は虻を手斧で払いあやまって傷つき死んでいる（同前二九九頁）。

この話において神々の会話を立ち聞きするのは、子どもの親ではなく六部（旅僧）である。立ち聞きした言葉は謎めいており、予言が成就して初めてその意味が理解されるところから、六部の霊能者的性格が投影している話と言える。稲田によれば、この他に不運な宿命のモチーフを持つものに「圧死の運」「雷死の運」「蛇難の運」「狼運」などがある（同前二九九頁）。

（二）寿命の運定め回避

一方、子どもの父親または本人が機知を働かせ、また神々に酒食をもって取り入ることで、寿命の運定めを回避し長生きをするという、以下のような話もある。

ＩＴ150「運定め―水の神」

①男が大木の根元に仮寝していると、お産に立ちあった山の神が、木の精に、今夜生まれた子は何歳のいつに水の神に取られる、と話して去る。
②男は、帰ると男の子が生まれているが、山で聞いたことは誰にも話さない。
③予言された年に子供が、旅に出る、と言うので、男は子供に男結びのちまきを持たせる。
④子供が、父に言われたとおり現われた水の神にちまきを与えると、水の神はそれをはどくのにてまどり子供をさらえない（同前二九八〜二九九頁）。

ＩＴ152「運定め―子どもの寿命」

①通りがかりのゆたが、この子の寿命は十八歳だ、と言うので、親はゆたに教わって山奥で碁を打っている二人の老人に酒食をふるまったあと子供の延命を願う。
②老人の一人が帳簿の「十八」の上に「八」と書き加えてくれ、子供は八十八歳まで長生きをする。

③これが米寿の祝いの起源となる（同前三〇〇頁）。

ＩＴ153「運定め―寿命の取り替え」

①重病にかかった若者が、ある人に教えられて碁を打っている神々を訪ね、酒食をふるまって延命を願う。

②生命の神が、若者の寿命を若者と同じ日に生まれた人の寿命と取り替えてくれ、若者は助かりその人は死ぬ（同前三〇〇頁）。

ここに登場する神々はいずれも人間臭さを持ち合わせており、「地獄の沙汰も金次第」ということわざを想起させる。神も仏も、身分の高い人も低い人も、職業も老若男女も問わず皆、弱さや愚かさを併せ持った愛すべき滑稽な存在として登場する。いわば「落語的な世界」である。どうにも変えることができない運命があれば、変えることができる運命もある、だから決して希望を捨ててはいけない——。そんなメッセージがこれらの昔話には込められているのかもしれない。

三　親を亡くした子ども

次に、〈死と向き合う子ども〉のもうひとつの姿としての、親を亡くした子どもについて語る昔話を見ていこう。これには、①死んだ親への追慕と悔恨、②親を殺した敵からの逃亡、③死んだ親の援助による幸福の獲得、④死んだ親の仇討ち、⑤死んだ親との再会、といった話型群がある。

（一）死んだ親への追慕と悔恨

親を亡くした子どもは、生前の親不孝を後悔し、その思いの深さが動物へと転生させる。そして動物となった後も、亡き親を追慕し鳴き続ける。こうした動物前生譚に「雨蛙不孝」や「かっこう不孝」がある。

ＩＴ455「雨蛙不孝」

①子供が何事にも反対するので、親は死ぬとき、山に埋めてもらおうと、子供に、川ばたに埋めてくれ、と頼んで死ぬ。

②子供は反省して遺言どおり川ばたに埋め、雨蛙になって、雨天には墓の流れるのを気づかって鳴く（同前四三五頁）。

ＩＴ456「かっこう不孝」

①親が子供に、背中を掻いてくれ、と頼むが、子供は横着で掻こうとしない。

②親は木で背中をこすっていて死に、後悔した子どもはかっこうになって、かっこう、と鳴くようになる（同前四三六頁）。

他にも457「山鳩不孝」、459Ａ「水乞い鳥―不孝娘型」などが、同様の動物前生譚として挙げられる。

（二）親を殺した敵からの逃走

一方、親を亡くした感傷に浸る間もなく、自らの命も危険にさらされ、親を殺した恐ろしい敵から逃走する子どもたちの姿を語る昔話がある。

ＩＴ348「天道さん金の綱」

①三人兄弟の母親を食った山姥が、母親を装ってくるが、留守番の兄弟は、母親の手や声と違う、と戸を開かない。
②山姥が手と声とを母親に似せてくると、兄弟はだまされて中に入れる。
③山姥が赤子を食い、いぶかる兄たちに指を投げたので、兄たちは木に登って隠れる。
④長兄が、水に映る兄弟の影をすくう山姥を笑い、二人は見つかる。
⑤次兄が山姥に、木に油を塗って登った、と教えると、山姥はそのとおりにし、すべって登れない。
⑥長兄が、鉈で木をきざんで登った、と教えると、山姥はそのとおりにして登ってくる。
⑦兄たちは、天道さん金の綱を下ろしてくれ、と願い、下りてきた綱を伝って天に昇る。
⑧山姥もまねて願い、下りてきた腐れ縄が切れ落ちて死ぬ。
⑨山姥の血でそばの茎が赤くなり、兄弟は兄弟星となる（同前三九三～三九四頁）。

ＫＨＭ５「狼と七匹のこやぎ」にも登場する「母親への変装」モチーフを含むこの逃走譚においてもやはり、最後に主人公の兄弟も山姥も転生するところが興味深い。星への転生は、天国に逝った母との再会すなわち現世における子どもたちの死を暗示しているのかもしれない。

(三) 死んだ親の援助による幸福の獲得

わが子を遺して逝った母親が、死んだ後も超自然的な力を発揮して子どもを援助し、幸福へと導く話として、例えばKHM21「灰かぶり姫」(シンデレラ)が有名だが、日本版シンデレラとも言える「米福・粟福」においても、死んだ母親が援助者として活躍する。

IT174「米福・粟福」

①継母が継子の粟福には穴のあいた袋、実子の米福にはよい袋を持たせて木の実拾いにやると、米福はすぐに袋いっぱいになり先に帰る。

②粟福の亡母が現われて木の実を拾い何でも出る袋をくれたので、粟福は帰ってくる。

③継母が粟福に、ざるで水を汲み粟千石を搗け、と命じて米福だけを連れて祭り見物にいくが、粟福は婆と雀の援助をえて仕事をすませる。

④粟福は亡母のくれた袋から出した晴着を着て祭りにいき米福にものを投げつけるが、継母はそれが粟福だとは信じない。

⑤長者が祭りでみそめた粟福を嫁にもらいにくると、継母は粟福の髪をけなし米福をおしつけようとするが、粟福がもらわれていく。

⑥継母が、歎く米福を臼に乗せてまわり、二人は田にころげこんでたにしになる(同前三〇九〜三一〇頁)。

死んだ母親が子どもを援助するモチーフは、IT177「鉢かつぎ」、181「灰坊」、191「継子と二葉草」などにも登場する。[注7]

(四) 死んだ親の仇討ち

親を亡くした子どものもうひとつの行動パターンは、「柿争い―仇討ち型」(猿蟹合戦)に代表される「死んだ親の仇討ち」である。

IT522A「柿争い―仇討ち型」

①猿が柿の種を拾い、蟹がにぎり飯を拾うと、猿は種をにぎり飯と交換して食ってしまう。

②蟹が種をまき、はえねば摘み切る、ならねば摘み切る、うれねば摘み切る、とおどしつづけると、柿はみるみる成長してよい実をつける。

③猿が、実を取ってやる、と木に登って一人で食い、青い実を蟹に投げつけて殺すと、死んだ蟹から子蟹が生まれる。

④栗・蜂・牛糞・臼が子蟹を助けて猿の家に仇討ちにでかけ、猿が帰ってくると、いろりに隠れた栗がはじけ、水瓶の蜂が刺し、牛糞が足をすべらせ、臼が落ちてつぶし、子蟹が首をはさみ切る(同前四五四頁)。

ところで近年、親蟹も猿も死ぬことなく、悪戯を詫びる猿を許してやり、皆で仲良く柿を食べる場面で終わるという「書き換え」版が絵本になって出回っている。[注8] 保育者を目指す学生たちに聞くと、書き換え版のほうが保育教材としてはふさわしいと答える者が多い。はたして、母親の死や猿の死は、幼い子どもにショックを与えるので避けるべきなのだろうか。また、悪いことをしたと気付いたら素直にあやまる、周りの子は誤った子を許してあげる、という社会性を身につけることの方が物語体験においても優先すべき事項なのだろうか？　書き換えの是非をめぐっても別の機会にじっくりと論じてみたい。

同様のモチーフを持つ話として、ＩＴ525「雀の仇討ち」がある。ここでは雀が雛をかえすたびに山姥（鬼）が来て飲み込み、しまいに親鳥も飲み込む。残された卵からかえった雛が大きくなって、仲間の助太刀を得て山姥（鬼）への仇討ちを果たす。また、この話型の類話には、雛鳥を食べられた親鳥が仲間の助太刀を得て山姥（鬼）への仇討ちを果たすという、「子を亡くした親」の姿を語るものもある。[注9]

（五）死んだ親との再会

親を亡くした子どもの最も素朴で最も強い願いは、死んだ親と再会したいとの思いであろう。その思いを実現させる話がある。

ＩＴ84「後生訪問《ごしょう》」

①息子が両親の墓に参りつづけていると、現われた仙人が、シノーヌフンと唱えれば両親に会える、と教えてくれる。

②息子は言われたようにして開いた墓の口から後生へおもむき、阿弥陀仏のもとに着く。

③仏は小僧と猫と鳥とに命じて両親の肉と皮と目を持ってこさせ、生前の両親にもどす。
④息子は両親に教えられ、途中水を飲まなかったので、現世に帰ってくることができる（同前二六七頁）。

「シノーヌフン」は沖縄方言で「後方の墳墓」のこととされ、沖縄の類話を元にＩＴ典型話のモチーフ構成が記述されていることがわかるが、北海道（アイヌ）、山形、福島、新潟、岡山など、沖縄以外の地域からも類話が収集されている（同二六七頁）。阿弥陀仏が援助者となることから仏教説話の一種とも取れるが、内容的には援助者が仏である必然性はない。仏教説話の影響が極めて弱い沖縄で類話が見られることからも、この話は仏教的他界観や死生観よりももっと素朴で原初的な観念が背景にあるように思われる。

四　〈死と向き合う子ども〉が語り継がれてきた理由―語り手の立場から―

以上、日本の昔話の中で、死と向き合う子どもたちの姿を通覧してきた。それではなぜ、このように多様な物語が語り継がれてきたのだろうか？　その理由について、語り手の立場と、聞き手の立場に分けて考察してみたい。

今日すっかり「子どものための文化」となった感が強い昔話であるが、言うまでもなく元来は大人と子どもの共有文化であった。特に、笑い話の中には「艶笑譚」と呼ばれる大人向けのエロチックな話も数多く含まれている。けれども、今回取り上げた「死と向き合う子どもたち」が登場する話の多くは、聞き手としての子どもを意識して、その子の親や祖父母が語ってきたものであるように思われる。[注10] 語り手としての大人たちはこれらの話にどのようなメッセージを込めていたのか、それを推察してみたい。またその一方で、聞き手である子どもたちが、子ども独自の感受性や指向性、世界観や人生観など——これを「子どものコスモロジー」と呼ぶことにする——に基づいて、これらの話のどこに魅かれ、そこから何を受け止めたのかを推察してみたい。

語り手と聞き手、それぞれの立場から抽出される「死と向き合う子どもたち」の昔話の意味の重なりとずれを確認することによって、本章の最終目的である「今、子どもたちに〈死〉と〈いのち〉の物語を語ることの意味」に迫ることができるものと思われる。

はじめに、語り手の立場から考えていこう。何ら納得のいく説明のないまま、主人公の子どもは死に至る暴力をふるわれ、迫害を受け、親を亡くす。語り手がこれらの昔話に込めたメッセージとは第一に、「人生とは理不尽で過酷なものである」ということではないだろうか。聞き手にそのような人生の現実を受け止める覚悟を迫る。そして、われわれの生は常に死と隣り合わせであることを思い知らせている気がする。

次に注目すべきは、これらの話の多くに、死後、他の動植物への転生や人間としての蘇生、あるいは死を経ない他の動植物への変身といったモチーフが見られることである。ここに「いのちやたましいの循環」、すなわち人間も他の動植物も非生物すらも、同じ「いのちとたましい」を持った対等な存在としてつながっているとする、「アニミズム的世界観」を看取することができる。また同時に、「あなたのいのちは他のいのちによって生かされている」とのメッセージも込められていると推察される。

スイスの昔話学者マックス・リュティは、昔話（メルヒェン）の様式性のひとつとして「一次元性」を挙げる（リュティ、小澤俊夫訳『昔話　その美学と人間像』岩波書店、一九八五、三七頁）。つまり昔話の中では現実の世界と非現実の世界が連続的につながっており、死後の世界や何百年もたった世界に容易にたどり着くことができ、また動物や植物、妖精や死者とごく自然に会話できると指摘するのである。このような「一次元的世界」とは、見方を変えれば「アニミズム的世界」に他ならない。

三番目に指摘したいのは、いわゆる残酷な物語を語ることによるカタルシス効果である。筆者はこれまでに子守唄研究を行う中で、数多くの「残酷な子ども虐待」の歌詞を含む子守唄テキストに出会い、「子守奉公の憂さ晴らしとして守り子娘が歌ったもの」とする従来の解釈に疑問を呈し、実の母親や祖母であってもそうした残酷な内容の子守唄を歌うことで育児ストレスの解消を図っていたことを、フィールドワークに基づいて明らかにしてきたが（鵜野『子守唄の原像』久山社、二〇〇九、七二〜七四頁）、同じ作用が残酷な昔話を語ることにおいても起こりうるものと考えられる。固唾をのんで一心に自分の話に聞き入る子どもの表情や息遣いを感じることで、ますます語り手は興に乗って語り続けたに違いない。これは聞き手に対するメッセージではないが、残酷さや死という出来事が語り手の中に演劇的な昂揚感とカタルシス効果を生んでいたことは間違いない。[注11]

五　〈死と向き合う子ども〉が語り継がれてきた理由 ―聞き手の立場から―

次に、聞き手の立場から考えてみると第一に、先に挙げた「アニミズム的世界観」は幼い子どもたちが日常的に抱いている世界観であり、これを物語として体験できることに対して子どもたちは大いに共感を覚えているものと推察される。主人公になりきって、生の世界と死の世界を往き来し、動物や植物に姿を変え、他の生き物たちと意思を通わせることを子どもたちは楽しみ、また聞かせてくれるよう語り手にせがんできた。それが〈死と向き合う子ども〉の昔話が語り継がれてきた理由のひとつではないだろうか。

第二に、精神分析学でいう「タナトス（死や悪への指向性）」や「ネクロフィリア（死への愛好性）」を、こうした昔話を聞くことで子どもたちは充足させていたとも考えられる（エーリッヒ・フロム、鈴木重吉訳『悪について』紀伊國屋書店、一九六五）。幼い子どもたちが躊躇なくアリやダンゴ虫やナメクジといった小動物をいじったり殺したりする姿を目にするとき、人間の本能的で普遍的な指向性として「タナトス」が存在することを実感させられる。通常、年齢と共にそうした「殺しゴッコ」を行うことはなくなるが、その代わりに物語の世界において想像の翼を広げ、死や暴力や悪を物語体験として楽しむようになる。これはごく自然な、「健全な」営みと言ってよいだろう。

昔話は、その発端句（「昔むかしある所に」など）と結末句（「いちごさけた」など）によって、その中で語られる物語が現実世界とは異なるものであることが聞き手に明示される。聞き手は安心して、現実には起こりえない出来事として物語を楽しむことができる。バーチャルリアリティを追求したコンピューターゲームとは対極のメディアであればこそ、語り手も聞き手も「安心して」、こわい世界にひととき身をゆだねることができるのだ。


そして第三に指摘しておきたいのは、主人公が直面する出来事やこれを受けて取る行動に対する聞き手の共感の度合いは、極端であればあるほど大きくなるという事実である。これを前述のリュティは「対極性」や「極端性」と呼び、昔話のもうひとつの様式性として挙げている（リュティ前掲二〇四頁）。世界一美しいヒロインが世界一醜いアンチ・ヒロインによって虐待の末に殺害され、そこから何かに転生してアンチ・ヒロインに復讐を遂げる。このような展開がおそらく聞き手にとって最高の感動を呼ぶ。「死（殺害）」という出来事は、登場人物への感情移入を増幅させる大きな効果を生むものと言えるだろう。そうした聞き手の子どもの期待に応えるためにも、語り手は主人公を死と向き合わせてきたのではないだろうか。

結び―今日、子どもに〈死〉と〈いのち〉の物語を語ることの意味―

本論において、昔話の中で〈死と向き合う子ども〉が語られてきた理由を、語り手の立場として、①人生の理不尽さ・過酷さの提示、②アニミズム的世界観の提示、③語り手自身のカタルシス効果、一方、聞き手の立場として、①アニミズム的世界への共感、②タナトスの充足、③感情移入の増幅効果、以上の点にそれぞれ求められることが明らかになった。これを踏まえて最後に、「ポスト三・一一」の今日、子どもたちに〈死〉と〈いのち〉の物語を語ることの意味とは何かを問うてみたい。

「三・一一」の後、筆者は地震や津波や洪水などの災害にまつわる日本の昔話や伝説を見ていく中で、そうした災害を予告し発生させる存在、または災害から人間を救ってくれる存在として、山犬、猿、蛇、竜、人魚、鬼、地蔵といった「異類」が登場する話が数多くあることに気づき考察を進めてきた。そしてその中で、異類イメージの背景と説話伝承の根源的な動機について以下のように推察した。

…異類イメージの背景には、地震や津波で命を落とした親しい存在に対する鎮魂の思いがあるような気がする。つまり、地震・津波・洪水など「非日常の民間説話」に登場する異類たちは、大自然の霊威の擬人化と見なせる一方で、災害によって命を落とした人びとの、死霊の化身とも見なすことができるのではないか。そしてこれら淵源の相異なる〈たましい〉すなわち大自然の霊威や亡き御霊に対して、遺された自分たちや子どもたちを見守り、再び災害に遭わないよう護ってほしいとの祈りを込めて、先人たちは物語を紡ぎ、またその想いを忘れないようにと願って物語を語り継いでいったに相違ない（本書一七六頁）。

換言すれば、人間以外の生きとし生けるものに〈たましい〉があると感じ、またこの世での〈いのち〉が途絶えた後もその〈たましい〉は存在し続けると見なす霊魂観が、これらの説話伝承の基底にはある。それは、本章において提示し、また岩田慶治がその今日的意義を提唱してきた「アニミズム的世界観」と通底するものに他ならない（岩田『木が人になり、人が木になる　アニミズムと今日』人文書館、二〇〇五）。

そして、今回の考察を通して改めて明らかになったのは、生きていく中で、理不尽な出来事に突然見舞われ、絶望感に打ちひしがれるという事態を避けて通ることは誰にもできないが、そうした中でその絶望感を少しでも和らげてくれるのは、他の〈いのち〉や〈たましい〉とつながっているという感覚、「リレーされるいのち[注12]」という感覚ではないだろうか。

〈死〉の物語が、〈いのち〉や〈たましい〉の物語として語られる時、その物語は絶望感に打ちひしがれた人びと、とりわけ「まだ手探りしている天使[注13]」のような〈たましい〉の持ち主である子どもたちの凍えた心を、「目に見えない毛布」のようにそっとくるんでくれるに違いない。被災地のみならず、日本中の子どもたちの「心の復興」のために、〈いのち〉や〈たましい〉の物語を伝えていこう――。

そう期している。

注

1　富安陽子『ふたつの月の物語』講談社、二〇一二、柏葉幸子『帰命寺横丁の夏』講談社、二〇一一、沢木耕太郎『月の少年』講談社、二〇一二、楠章子『小道具ほんなら堂2　小さな命とあっちこっち』毎日新聞社、二〇一二、宮下恵茉『ガチャガチャGOTCHA！　カプセルの中の神さま』朝日学生新聞社、二〇一二など。

2　徳富蘆花の小説「不如帰」を題材とする手まり唄では、「泣いて血を吐くほととぎす、泣いて血を吐くほととぎす」と歌われる。

3　「野の鳥を愛するひとびとは、こういう興味のある鳥の声のききかたを、「ききなし」と呼ぶことにしている」（柳田國男「少年と国語」『柳田國男全集』第20巻、筑摩書房、一九五七／一九九九、四〇二頁）。

4　本話の主人公瓜姫を子どもと見なしてよいかどうかについては意見が分かれるかもしれない。結婚を控えた妙齢の娘であり子どもとは言えないとする見解もあるだろうが、爺の忠告も聞かず天邪鬼に簡単にだまされて家の中に入れ、また木登りをする瓜姫には、好奇心旺盛な少女の姿を見て取ることができるため、本論では子どもと見なした。

5　同様の意趣を持つ話型に、ＩＴ423「孫の生き埋め」がある。この話では息子が老いた父への孝行のためにわが子を生き埋めにしようとする。

6　詳しくは鵜野『伝承児童文学と子どものコスモロジー　〈あわい〉との出会いと別れ』昭和堂、二〇〇九を参照のこと。

7　さらに、ＩＴの典型話としては記載されていないが類話の中に亡母の援助モチーフをもつ話型に182「継

付表　日本昔話における「死と向き合う子どもたち」が登場する話型一覧

殺される子ども	継母による虐待	198 継子と味噌炊き、274A 継子の訴え―継子と鳥型、274B 継子の訴え―継子と笛型、473 蚕と継子、477 継子菜
	指導者による折檻	462 よしきりとぞうり、478 みょうがと小僧
	兄弟による殺害	442 ほととぎすと兄弟
	異類による殺害	128 瓜姫
	生き肝の提供	46 孫の生き肝
寿命を定められた子ども	寿命の運定め実現	149 運定め－水の運、151 運定め－虻に手斧
	寿命の運定め回避	150 運定め－水の神、152 運定め－子どもの寿命、153 運定め－寿命の取り替え
親を亡くした子ども	死んだ親への追慕と悔恨	455 雨蛙不孝、456 かっこう不孝、457 山鳩不孝、459A 水乞い鳥－不孝娘型
	親を殺した敵からの逃走	348 天道さん金の綱
	死んだ親の援助	174 米福・粟福、177 鉢かつぎ、181 灰坊、191 継子と二葉草、(182 継子の井戸掘り、184 継子と弁当)
	死んだ親の仇討ち	522A 柿争い－仇討ち型、525 雀の仇討ち
	死んだ親との再会	84 後生訪問

子の井戸掘り」、184「継子と弁当」がある。

8　平田昭吾『世界名作ファンタジー18　さるかにばなし』ポプラ社、一九八六他。

9　稲田和子による再話絵本『しょうとのおにたいじ』（福音館書店「こどものとも」一九九六年二月号、一九九六）を参照されたい。

10　ただし、このような家族間伝承以外に、瞽女や座頭、旅芸人や行商人といった「外部からの人びと」による伝承があったことも忘れてはならない。しかしいずれにしても、語り手は基本的に大人であることには違いない。

11　筆者自身、梅花幼稚園での文庫活動「こうめ文庫」において紙芝居『海にしずんだおに』（松谷みよ子再話、二俣英五郎画、童心社、一九七三）を何度か演じた際、実感したことでもある。

12　「リレーされるいのち」という言葉は、元神奈川県茅ヶ崎市立浜之郷小学校校長の大瀬敏昭が授業実践の中で子どもたちから引き出したものである（大瀬『輝け！　いのちの授業』小学館、二〇〇四、三〇頁）。

13　パウル・クレー一九三九年作の画題より。野村修「クレーの〈新しい天使〉との出逢い」『ベンヤミンの生涯』平凡社、一九七七を参照のこと。

「自己肯定感」を育む生活世界と「場」

――承認される「命」と「命」の自覚

加藤　理

一　子どもと「自己肯定感」

昨今の子どもたちの現実やその中での「命」の問題を考える時に、「自己肯定感」の有無が注目されるようになってきている。

二〇一三年五月五日に北海道テレビが放映した「ありがとういのち～みんなきみが大事～」は、誕生学アドバイザーとして道内の小中学校を中心に子どもたちに命の大切さを伝えている菊地咲十子氏の活動を追いかけながら、命の大切さについて考えさせる番組だった。自分を肯定して生きていくことが容易ではない今の子ども社会の中で、自分を認めて大切にしなければ自分の命を守ることすら難しい現実があることを切々と訴える番組だった。

番組の中で、菊地氏は誕生した時のへその緒の長さが約五五センチメートルであることを子どもたちに伝えた上で、その長さは生まれたばかりでまだ母親とへその緒でつながっている新生児が、母親の胸に抱かれるのにちょうどよい長さであることを伝えていた。そして、「人は抱かれるために生まれて来たの。だから、いじめるために生れて来た命なんて一つもないし、いじめられるために生れて来た命だって一つもないんだよ」と子どもたちに語りかけていた。

二〇一三年六月二六日に北海道文化放送が放映した「震災の日に生まれた君へ〜希望の君の椅子〜」は、東日本大震災が発災した三月一一日に被災三県で生れた一〇四人の子どもに、その子どもの名前を刻んだ「希望の『君の椅子』を贈るプロジェクト」を中心に構成した番組である。

震災の日に、宮城・岩手・福島の被災三県で二万人に近い人々の尊い命が犠牲になる一方で、一〇四名の命が誕生していたという事実を伝えることから番組が始まる。甚大な被害と多くの犠牲に周囲の人々が苦しむ中で、自らも母親を失くしたり、原発の風評被害に苦しんだりする三組の家族を追いかけながら、誕生した命を素直に喜べずに苦悩する家族たちの二年間の苦しみを描いていく。そして、あの三月一一日に生れた子どもの名前が刻まれた「希望の『君の椅子』」を手渡された瞬間、何かに気づいたかのように突然涙を流す家族の姿が映し出されていく。

多大な被害を出した大災害の中で生と死の双方に直面した時、人は失われた命を悼む感情の方が強く、新たな生への喜びを無意識のうちに抑制してしまうことをこれらの家族の姿は伝えている。

そうした人々の複雑な心情の中で、「希望の『君の椅子』」は新たに誕生した命を祝福するプロジェクトであり、命を承認されたわが子に対して無意識に抑制してきた誕生の喜びを家族が解き放つ契機となり、命を祝福された子どもは「自己肯定感」を芽生えさせる契機となるプロジェクトであった。

テレビ番組でもさまざまに取り上げられるようになった「自己肯定感」だが、「自己肯定感」について考える際に示唆に富む絵本がある。佐野洋子作『一〇〇万回生きたねこ』(講談社、一九七七)である。この絵本は次のように書き出されている。

一〇〇万年も　しなない　ねこが　いました。
一〇〇万回も　しんで、一〇〇万回も　生きたのです。
りっぱな　とらねこでした。
一〇〇万人の　人が、そのねこを　かわいがり、一〇〇万人の人が、そのねこが　しんだとき、なきました。
ねこは、一回も　なきませんでした。

「自己肯定感」を持てないねこが、自分の死を悲しむことなく、一〇〇万回も生を繰り返すという物語である。ある時ねこは王様のねこだったり、ある時はサーカスの手品使いのねこだったり、ある時は泥棒のねこだった。だが誰かのものであったねこは、自分を好きになることは決してなかった。物語は次のように続いていく。

あるとき、ねこは　だれの　ねこでも　ありませんでした。

のらねこだったのです。
ねこは　はじめて　自分の　ねこに　なりました。ねこは　自分が　だいすきでした。

誰かに支配されるのではなく、主体的な生を獲得して、初めて猫は自分を好きになることができる。つまり、「自己肯定感」を持てるのである。そして、「自己肯定感」を持てたねこは、初めて他者の存在を認め、他者を愛するようになり、「白いねこと　たくさんの　子ねこを、自分よりも　すきなくらい」になる。

「自己肯定感」を持つことが、自分の命をかけがえがないと認めるだけではなく、他者の命と他者の存在を受容する上でも大切であることを考えさせてくれる絵本である。

本章で取り上げていく「自己肯定感」とは、自分の命がかけがえのないものであることを認識し、長所も短所も含めて自分自身の存在を受容し、自分を好きだと肯定的にとらえる感情のことである。『一〇〇万回生きたねこ』にも描かれていたように、「自己肯定感」を持つことは自己を受容するだけではなく、自分への自信は他者への信頼感と共感も生み、他者を受容することにもつながっていく。

子どもの育ちにとって重要な「自己肯定感」だが、日本の子どもたちの「自己肯定感」が低い傾向にあることは、以前から指摘されてきた。たとえば、一九八一年に出された総理府青少年対策本部編「国際比較・日本の子供と母親—国際児童年最終報告書」では、アメリカ、フランス、イギリス、タイ、中国の一〇歳から一五歳の子どもに対する調査結果と、日本の子どもの調査結果を比較し、日本の子どもは自己評価が低いことを報告している。[注1] 日本の子どもは、「自己肯定感」が低く、自分に対する自信を失い、他者を受容することにも苦労しているのである。そして、「自己肯定感」を持てない子どもたちは、人間関係をとり結ぶことにも苦労し、集団内での自分の価値を認めることができず、他者との関係性が希薄な中で成長していくことを余儀なくされている。

「自己肯定感」は、多くの場合他者との関係の中で育まれていくものである。現代では学校を中心とした場で子どもたちの「自己肯定感」は育まれていくが、日本の歴史と民俗文化の中ではどのような場でどのように「自己肯定感」が育まれてきたのか探ることが本章の目的である。そして、そうした過去の社会との比較の中から、現代の子どもたちが取り巻かれている困難な状況と、課題を浮かび上がらせていく。

二 「自己肯定感」と子どもの生活世界

二―一 生育儀礼が育む「自己肯定感」

「自己肯定感」が育まれる機会は、「命」の生存が困難な時代の中では、「命」の無事な生育を願うさまざまな儀式や行事の中で数多く作られていた。

乳付け親や名付け親、烏帽子親などの多くの仮親の存在は、生存を認め、生存を見守る多くの他者を子どもたちの周囲に存在させることになった。また、生育の節目ごとに子どもの無事を祝う生育儀礼は、子どもたちの生存と生育を確認し、命を承認していく儀式でもあった。

史料上、奈良時代から確認できる生育儀礼[注2]は、平安時代になると貴族たちの間で儀礼内容が細かく整えられるようになり、時代がくだるにつれて庶民たちに伝えられて定着していくようになる。

熊本市民俗調査委員会が、一九八〇年（昭和五五）から調査を始め、一九八三年に報告書をまとめた『熊本市内人生儀礼調査報告書』には、熊本市内九地区の生育儀礼が報告されている。旧城下町の商人・職人町や農村、山間の集落、漁村など、地区の歴史と性格はそれぞれ異なり、同じ熊本市内とはいっても、地区ごとに生育儀礼の内容は微妙に異なっている。

九地区のうち、旧城下の職人町で現在は商業地区となっている新町地区、みかん栽培を中心とする農業が生産基盤となっている山村の平山地区、坪井川尻に小さな漁港を持つ漁業地区の要江地区、純農村地区の秋津地区の四地区の生育儀礼についてまとめると表1のようになる。

各地域にほぼ共通していることは、妊娠五か月目で「命」の最初の承認が行われることと、「七夜」「日明き」「髪置き」「紐解き」を生育の節目として盛大に祝うことである。それらの儀礼の中では親戚や友人を招いてお祝いの膳を共にする「共食」が行われ、小さくか弱い命の無事な生育を多くの人が確認して祝福した。そして、こうした儀礼に際して宮参りが行われ、親戚・知人による祝福と承認だけではなく、産土神《うぶすながみ》あるいは氏神に「命」を承認してもらうことが行われていた。

これらの儀礼を通して、多くの人々から自分の存在を承認してもらい、自分の無事な「命」を祝ってもらうことを目の当たりにした子どもたちは、それらの機会に「自己肯定感」を高めていった。だが、まだ幼い子どもが「自己肯定感」を持つ以上に、生育儀礼は儀礼を行う主催者である家族が、子どもの「命」とその存在について確かめるという性格を強く持つ場であったということができよう。

表1　熊本市で行われていた生育儀礼

生育儀礼名	新町地区	平山地区	要江地区	秋津地区
帯祝	五ヵ月目の戌の日。親戚と産婆さんを招く。	戌の日に行う。産婆さんか経験の多い「とりあげばば」に来てもらいお祝いする。	五ヵ月目の戌の日を「帯祝い」といい、嫁の里から「腹帯」といって晒一反をもらう。	五ヵ月目の戌の日に「帯かけ（祝い）」と称して行う。実家から晒八尺と酒・肴・菓子などを携えて来訪。嫁ぎ先では赤飯を炊き、「こぜ婆さん（産婆）」や「仲立っつあん（仲人）」と近親を招いて祝宴。
へその緒	箱に入れて水引をかけ、子どもが一人前になる時に渡す。	記述なし	トリアゲバアサンがへその緒を少し切ったのを、その児の名前と生年月日を書いた紙と共に油紙に包んでしまっておく。	お七夜に白紙や真綿などでくるみ、箱に納めてたんすにしまっておく。
うぶ湯	産婆さんにまかせる。	記述なし	お湯に桃の葉を入れて体を洗うとその児にアセモが出ない。	出産後七日は産婆が行う。子どもの頭は手でもんでやり、小豆の枕に寝かせる。
三日	生れて三日目をサンガニチという。	行わない。	「サンガニチ祝い」あるいは「カミタテ」と言い、赤飯を炊いて鯛の尾頭付きとお神酒を神棚に供える。赤飯は子どもの運が山のように高くなるようにとの願いで高く盛る。	赤飯を蒸し、神仏に供えて身内で祝う。
七夜	父方と母方の親を交えて祝う。	記述なし	赤飯、鯛の尾頭付きで客を招いて祝う。この日までに	実家で「七夜客」を招き祝宴する。三が日と七夜祝い

			名づけをする。	の時は、産婆に対して赤飯や煮しめ類をつけ届けする。つけ届けは子どもが四歳になるまで続ける。生まれてすぐに仮の名前を付け、三が日か七夜に本当の名前をつける。
十八髪	初めて髪を切るのが一八日目。産婆さんが切り、髪を紙に包んでへその緒と共に保存。	記述なし	一八日ガンと言って一八日目に切って牛小屋で牛に踏ませると、家での散髪や床屋を嫌わなくなる。	記述なし
日明き	男児が三一日、女児が三三日目。この日にうぶ着を着てお宮参りする。お宮参り後親戚の家を訪れ、男児は額に大の字、女児は○印をつけてもらう。お祝いをもらった親戚には子どもの顔を見せてお礼回りする。	男児三一日、女児三三日に不浄がとれるといってお宮参りする。祝いをもらったところや従妹などを集めて祝いをする。二の膳までつくところもある。祝い着は両方の親からもらう。	男児三〇日目、女児三三日目。嫁の里では「カブセギモン」といって着物を新調し宮参りする。男児は額に紅で大の字、女児は紅を少しつけて祝う。嫁の里では赤飯を炊いて産児祝いをもらった家に配る。	男児は三一日、女児は三三日目に行う。主に長子の場合は宮参りをする。この日頃嫁ぎ先に戻るが、この時子どもは産婆から産毛を剃ってもらい額に紅で丸い点をつけてもらう。
食い初め	百日祝ともいう。男児が一一〇日目、女児が一二〇日目。家族だけで祝う。魔除けのために赤色のきれで枕を作り、その中に赤色の小豆を入れておき、その小豆を取り出して炊いて祝	記述なし	男児は一一〇日目、女児は一二〇日目を「百日」と言い、赤飯を炊き鯛の尾頭付きで祝って子どもに飯粒を二~三粒食べさせる。	「百日祝い」という。家庭では赤飯を作り、神仏に供える。子どもには白飯を指先でつぶして食べさせ、家族はお神酒を飲む。

	う。			
初節句	記述なし	男児は五月五日に「せっく」といってお祝いをする。のぼりを立て、軒先によもぎと菖蒲の葉を指す。女児は三月三日に「おひなさん」の祝いをする。ひな人形を飾り、赤・青・白の菱餅を作る。	女児は三月三日に赤・青・白の菱餅に桃の枝を添えてニシメなどと嫁の里に送る。昔はひな人形ではなくベンタサンやオキアゲ人形を贈っていた。男児は四月一日から矢旗と鯉のぼりをあげ、床に武者人形や兜を飾った。	男児は五月五日。菖蒲とヨモギを束ね、入り口の軒先に飾る。男児は菖蒲を鉢巻にし、女児は髪飾りにする。祝いの食べ物はチマキ。来客用には鯛を用意し、三日三晩祝うこともある。庭には矢旗が建てられる。女児は三月三日に行う。紅・白・緑の菱餅と甘酒を作る。
初正月	男児に破魔弓、女児に羽子板が里から贈られる。	女子に羽子板、男子に半弓をお祝いに嫁の里から贈り床の間に飾る。	男児には破魔矢、女児には羽子板を贈るが昔はなかった。戦前までは「大蛇ん綱」と言って初息子が生まれると子どもたちが綱引きの大綱を担いでいき、庭に大綱でトグロを巻かせると父親が息子をトグロの上に乗せ、子どもたちは父子の前で綱引きをする。	記述なし。
初誕生	内祝いで里の両親を呼んで行う。子どもが誕生前に歩くと「親を捨てて出ていく」といって餅を背負わせ倒れるまで追加した。	赤飯を炊いて親、兄弟、友人に配る。餅をつき鏡餅を作る。	赤飯と鯛の尾頭付きで祝う。誕生日前に歩く子どもは餅を背負わせて倒す。	赤飯、煮しめ、なます等の料理で近隣の人をもてなす。産婆さんにも子どもが四歳になるまでこの料理を届ける。

髪置き	数え年の三歳。うぶ着を着せてお宮参りする。身近な人を呼んでお祝いの膳を出す。	三歳になった時に親兄弟や身近な人が布地を持って祝いに来る。	三歳で髪置。日明きに嫁の里に作ってもらったカブセギモンに男児は陣羽織、女児はチャンチャンコを着せる。成長を祈って宮参り後、親戚や友人に内祝いの返礼を持っていく。	三歳の誕生日を迎えた時に三つ身で紐のついた着物で親子で宮参りをする。
紐解き	数え年の四歳。うぶ着を着せてお宮参りする。身近な人を呼んでお祝いの膳を出す。	男女とも四歳になった時にする。男児は紋付き袴を着る。女児は四つ身の着物に帯。布は一反買って作った。	四歳で行う。嫁の里から四つ身の着物を作ってもらい宮参り。	ヒボトキといい四歳の一一月一五日に行う。誕生以来の儀礼の最後。お祝いも盛大で四つ身の着物を新調し宮参りをした後、ヒボトキ客を招いて酒宴が行われる。招待された親類は酒に反物を添えて参上する。

二―二　家族の中で感じる「自己肯定感」

子ども自身は、ハレの日以上に、毎日の生活の中で「自己肯定感」を感じることが多かった。時代はもとより、住んでいる地域、家族の生業などさまざまな条件と環境によって子どもの生活は異なるので、子どもが生活の中で「自己肯定感」を感じる場や機会を一律に論じることはできない。だが、おおむね、かつての日本の子どもたちは、家族との生活の中で「自己肯定感」を感じる機会に恵まれていたと言えよう。

明治時代後半以降、都市部では新中間階級と呼ばれるサラリーマンの家庭が増大する。そうした家庭の子どもたちは例外として、農山漁村に暮らす子どもたちの多くは、家の手伝いに従事する日常生活を過ごしていた。

一八九八年（明治三一）に兵庫県揖保郡布施村（現たつの市）の中農階級の家に生まれた大西伍一が高等小学校時代と師範学校受験のための生活を送っていた時期の日記が残されている。[注3]そこには、学校生活、読書、遊び、食べ物など、さまざまな生活の様子が記されているが、中でも家の仕事の手伝いの記述の多いことが目を引く。

伍一の日記から農繁期の六月に行った家の手伝いを抜き出すと表2のようになる。

一ヵ月の間で仕事をしなかった日は五日間だけという働きぶりである。その中で、父親から牛を使って田を耕す方法を教わり、一人前に働くことができるように技術の習得もおこなっていく。父から技術を教えられた約二週間後には、牛を使うことを任されるようになる。こうした日常の中で、伍一は仕事を任されてあてにされながら「自己肯定感」を育んでいく様子がうかがえる。

「自己肯定感」は、生業に関わる家の仕事にとどまらず、いわゆるお手伝いをする中でも育まれていた。一九四八年（昭和二三）に愛知県碧海郡安城町（現安城市）に住む小学二年生の森芳子が残した絵日記があるが、そこに次のような記述がある。[注4]

六月二十一日

おばさんのうちへせっけんをかいにいきました。十五円のをかいました。そしておうちにかえって、おせんたくをしました。一ばんはじめにわたしのようふくをあらいました。二ばんめはお

表2　明治45年6月　家の手伝い

6月1日	米搗き、厠肥担い、風呂に水入れ焚き。 青刈の手伝い、麦束のにないかえり。
6月2日	水道の石を水田に運ぶ。
6月3日	父に牛で耕す方法を教わる。
6月4日	干した麦を片付ける。草刈。
6月5日	母と田で働く。
6月6日	大麦刈り
6月7日	田を耕す
6月8日	残りの麦を刈る。
6月10日	小麦刈り
6月11日	小麦刈り、草刈り
6月12日	小麦刈り
6月13日	小麦たたき
6月14日	田をすく
6月16日	牛で田を耕す
6月18日	苗代の雑草抜き
6月20日	田植えの手伝い
6月21日	米ふみ
6月22日	米搗き、田の水かえ、苗代で稗抜き、イナゴとり
6月23日	米ふみ
6月24日	畑1枚小豆植え、空が曇り雨が降ることを願う
6月25日	小畦引き
6月26日	雨が降らないことを恨む。畦ぬり、水車ふみ
6月28日	晩に田で手伝い。
6月29日	一人で畑で仕事。父と水替えの足場つくり。
6月30日	小豆植えを手伝いに畑に行く。

かあさんのをあらいました。そのつぎはひでふみちゃんのおむつをあらっているとおかあさんがありがとうあらってあげようとおっしゃったのであとののこりをあらってもらいました。

石鹸を買いに行き、そのまま洗濯をしているところに母親が来て感謝された喜びが記述されている。電化製品や電子機器などが未発達で、仕事や生活が人の手によって担われていた時代には、子どもたちの手や力は、生業や生活を維持していく上で大人たちからおおいにあてにされていた。次のよう

な記述もある。[注5]

六月二十九日

このごろのうやすみなので、わたしはまいにち、ろうかをふいています。このごろは、ろうかが光ってきました。まどがうつっています。そのときおかあさんが「よしこちゃんも、もうすぐうつりますよ」とおっしゃいました。わたしはもっともっときれいにふいてかがみみたいにしたいと思いました。

母親の言葉で「自己肯定感」を持ち、廊下ふきを一段とがんばる様子が伝わってくる。芳子は、母親との関係の中で「自己肯定感」を持つ機会が多かったのである。

家族との関係の中で「自己肯定感」を持つ子どもの姿と感情は、次の四年生の少年の詩から力強く伝わってくる。[注6]

車おし

よいしょ
よいしょ
とおげの坂道
ぼくは車のあとおしだ
おとうさんのせなかのしゃつに

あせがにじんでいる
ためしにちょっと
おすのをやめてみた
車はすこしあともどりした
おとうさんがうしろを向かれた
ぼくの力もやっぱり
やくにたっているんだな

坂道での車押しをしながら、少年は父親の汗がにじむ背中を見ている。その背中を見ながら、父親が苦労しながら車を引いていることを感じていた少年は、自分が父親の役に立っているのかどうか確かめたくなってくる。そして、少しだけ押すのをやめてみる。その瞬間、車は後戻りする。車が後戻りしたことを感じた少年は、自分の存在を実感する。少年が車を押さなければ、父親の力だけでは車は坂道を登っていくことができないのである。

この詩に表現されているように、子どもは周囲の人から認められることを待つだけではなく、積極的に自分の存在を確かめようとする。その確認作業の中で、自ら積極的に「自己肯定感」を育んでいくのである。

一方で、「自己肯定感」を喪失する口惜しさと悲しさも、周囲の人々との関係の中で感じていく。北海道の十勝地方に住む六年生の池田茂が書いた詩は、「自己肯定感」を踏みにじられた口惜しさがストレートに表現されている。[注7]

子どものくせに
「ちょっとそれみして。」
「なにするのや。」
「ん、ただみなんだ。」
「そんなもんみんでもいい。」
とうちゃんは
いきなりぼくに言いつけた。

大きな青い紙
土地のことについて書いてある。
面積やとうきのこと
それとくっついている白い紙。
その中に
はんこがぺたぺた
収入印紙もいっぱいはってある。
ぼくは　この紙を
どうしてもみたかった。
いまのうちのじじょうが

知りたかった。

「いいからみして。」
と言いかえした。
「子どものくせに
そんなもんみんでもいいわ。」
ゴツン
と、ばあちゃんにやられた。

体じゅうが寒くなり
顔だけが
まっかにあつくなった。
なみだもでてきた。

子どものくせに
子どものくせに
と何回も何回も言われた。
本をもって
ばあちゃんめがけて投げつけた。

「子どものくせに、子どものくせにって
ばかにするけど、子どもだって
おとなのまねできないことできるぞ。
考えれるぞ。わかるぞ。
子どものくせにって　あんまりばかにすな。」

みんな
だまりこんでしまった。

茂の家は、多額の資金を投入して牛舎を建設し乳牛の購入に踏み切った牧畜農家だった。だが、茂の詩に表現されているように、やがて倒産・離農を余儀なくされてしまう。茂は後年、この詩を書いた時の心情を次のように説明している。[注8]

ぼくは、子どもなりに、毎日のように牛のせわや田んぼの中で働いていた。家族といっしょになって生活していた。だから、父や母が暗い顔をしている理由がわかっていたし、六年生だからといって、家族からよけ者にされるのがいやだったんじゃない。ほんとうに腹がたったのです。

ここには、詩の中で表現した怒りと口惜しさは、家族の一員として喜びも悲しみも共有する中で感じていた「自己肯定感」を踏みにじられたことへの怒りだったことが表明されている。

茂の家族は、家の困難な状況を茂の目から隠すことで茂の心を守ろうとしていたことは明らかである。だが、そうした配慮が、自分の存在を認めていない行為だと茂には感じられ、茂の「自己肯定感」を深く傷つけていたのである。

「自己肯定感」を育んでいくことは、子どもが周囲の人々からその存在を認められ、あてにされることで、自分自身の存在を実感することができる状況の中で可能になっていくことがわかる。

三 「自己肯定感」と「場の倫理」

「自己肯定感」は、おおむね子どもたちが属する社会や集団の中で形成されていくものだが、母性文化の特質を持つ日本の社会では、「自己肯定感」を育むはずの場の中で傷つく子どもたちも多い。

日本の社会が持つ特質を「母性社会」と呼んだのは河合隼雄である。河合は、一九七〇年代に急増していた登校拒否症やわが国に特徴的と言われている対人恐怖症の人たちに接している間に、その背景にわが国の母性文化の特質というものが存在していることを痛感するようになったという。注9

河合によると、母性の原理は「包含する」機能によって示される。母性の原理はよきにつけ悪しきにつけ全てのものを包みこんでしまい、その中では全てのものが絶対的な平等性を持つ。だが、母親は子どもが勝手に母の膝下を離れることを許さず、動物の母親は、膝下を離れようとする子どもを呑みこんでしまうことがある。これと同様に、母性原理は肯定的な面においては生み育てるものであり、否定的には呑みこみしがみつきして死に至らしめる面を持っている、と河合は説明している。注10

つまり、母性原理に基づく倫理観では、母の膝下に相当する集団や組織の中にいる人間の絶対的平等に価値をおき、与えられた場の平衡状態の維持に最も高い倫理性を与えるのである。この反対の父性原理が、個人の欲求の充足と個人の成長に高い価値をおくこととは対照的である。

こうした母性原理に基づく倫理観を、河合は「場の倫理」と呼んでいるが、[注11]「場の倫理」が子どもたちの「自己肯定感」を豊かに育む温床となる反面、「場の倫理」が他者の「自己肯定感」を否定する場を形成する可能性があることにも注意を払わなければいけない。

現代の子ども社会では、ツイッターやフェイスブック、ラインなどをはじめとしたいわゆるSNS（ソーシャル・ネットワーキング・サービス）が、「場の倫理」の典型として子どもの存在を包み込み、時には冷酷に子どもの存在を否定して子どもたちを苦しめている。

これと同様の現象は、SNSが発達するはるか以前から子どもたちの周囲に存在してきた。その一つが雑誌の「投書・投稿欄」である。

明治二〇年代以降、『少年園』や『少年世界』『女学雑誌』など様々な少年少女向け雑誌が刊行され、子どもたちの生活を彩っていた。特に、大正時代以降は『赤い鳥』『金の船』『童話』などの児童文芸雑誌が相次いで創刊され、童話や童謡を掲載して子どもたちの人気を博していった。同時に、当時のほとんどの雑誌には投書欄・投稿欄が設けられ、読者である子どもたちの声や童謡・綴方・自由画などの作品を掲載することを積極的に行っていた。大西伍一の場合も、「『大阪毎日新聞』に小品文〈募集〉の広告が出ていた。投書しようかと、規則を写し取った」（明治四五年五月二八日）というように、投書するという行為は日常的なものとなっていたことが日記から確認できる。

自分の愛読誌を持ち、その投書欄や投稿欄に熱心に投稿していた子どもたちにとって、投書や投稿が採択され、敬愛する雑誌の記者の感想が添えられて掲載されることは大変な名誉であり、「自己肯定感」を育む契機となっていった。

だがその一方で、子どもたちの間で投稿熱が昂じるにつれ、投書・投稿欄を舞台にしばしば問題が生じていた。その一つは他人の作品を剽窃して投稿する、という問題である。この問題は多くの雑誌で問題にされ、剽窃が判明した者は、雑誌の編集者から名指しで剽窃を指摘され、猛省を促されることになる。

もう一つの問題が、雑誌を舞台に「場の倫理」が形成され、そこからはみ出そうとした者とその行為を厳しく指弾することである。

「わたくしは二、三のお友だちと相談して、少女世界だの少女だの、たいがいの少女雑誌は読んでいますが、それを見ますと、本誌の投書家の女王とも仰がれていらつしやる北川千代子様や小林矢須子様やその他上野成子様などは、少女世界などにもやはり投書していらつしやいます。わたくしはこれを見ますとあまりいい気はいたしません。なんだかこれらの方は投書するのをご商売にでもしていらつしやるのかと思われてなりません。きつと知らない人は、おてんば娘だと悪口をおつしやるでしやうと存じます。雑誌はいくら読んでいても、投書は一つの雑誌にきめることにしたらいけないでしやうか。」（『少女の友』明治四三年二月号）というように、投書欄を舞台にしてその場の平衡状態を乱す者とその行為を厳しく糾弾することが行われたのである。

他の雑誌への投稿を厳しく非難された北川千代子は、この翌月号で、「わたくしが少女世界へ投書するので、人にかれこれ言われているとは意外ですね。長い間病気だものですから、暇にまかせて作つちや出してましたの。けれども文子さん！　わたくしはそんなおてんば娘じやないつもりですのよ。わたくしは少女の友文壇を去りまして、少女世界の人になりますわ。」と反論している。北川は、長年愛読していた『少女の友』の愛読者を辞めるとの宣言を出し、感情的な言い争いへと発展していくのである。この時の争いには、両者の知人・友人をはじめ多くの読者の賛否の意見が多数寄せられ、五月号まで延々と感情的な論戦が続けられている。

それまで熱心な愛読者として『少女の友』の中で「自己肯定感」を育み、投書欄の中で多くの友人との交流を楽しんでいた北川は、突如その場を失い、育んできた「自己肯定感」を大きく傷つけられることになったのである。

この事態に対して、「記者は文子さんのご意見に賛成します。なるほど投書は慰みですが、あまり多く諸方へ投書しては、そのため、学校へ行つてゐる人は自然学業の方がおろそかになり、また家にゐる人は従つて家の仕事に実が入らないといふことになるのは、これはもう当然で、今さら申上げるまでもないことだらうと存じます。（中略）じぶんが今まで諸方へ投書してゐたのをあれこれいはれたからとて、物の善悪を見分ける力を失つてはいけません。またじぶんの親友がさう言はれたからとて、道理を無視してはなりません。他人の言つたことやおこなつたことは、つとめて公平無私に観察せねばなりません。公平無私よりも、むしろ、すべてこれを善意に解釈なさるやうに記者はおすすめします。」と『少女の友』編集記者がコメントを出す。編集記者も、「場の倫理」に従い、集団や組織の中にいる人間の絶対的平等に価値をおき、場の平衡状態を大事にする立場を表明したのである。

『少女の友』投書家の女王と言われていた北川が投書を通じて「自己肯定感」を育み、そして投書を通じて「自己肯定感」を傷つけられる様子を見ていると、「場の倫理」に従って集団や組織が形成・維持されている母性文化の日本の中で子どもが遭遇する困難があらためて浮き彫りになる。

それでは、「場の倫理」の中で子どもたちが遭遇する困難を超克するためにはどのようなことが必要となるだろうか。その一つは、これまでもいじめや落ちこぼれが論じられる時によく言われてきたことだが、「場」を複数持つことである。複数の「場」を持つことで、一つの「場」で居場所を失っても自分の居場所を確保することができる。

近代的な公教育が普及し、さらに地域社会が崩壊するにつれて、子どもたちの「場」が学校中心になったという指摘をたびたび目にする。確かに、少し前の子どもたちの生活世界には、学校の他に地域という「場」が存在していたことはさまざまな回想から確認することができる。現代の子どもたちの生活時間を考えると、学校以外には塾や習い事という「場」は存在している。だが、それらの「場」は、競争原理が中心となる学校と類似の空間になっていることが多い。

こうした状況の中で、埼玉県鴻巣市にあるH幼稚園の保育は、現代の子どもたちの生活世界の中で「場の倫理」を克服する手がかりを与えてくれる。ここは、二五〇〇坪の敷地に作られ、園舎はドアを常に開け放して子どもたちがどこからでも自由に出入りできるようにしている園である。広大な園庭では一日中裸足の子どもたちが泥だらけになって遊び、大きな木に吊り下げられたブランコやハンモックに揺られ、園庭の小山を滑り落ちて楽しんでいる。クラスはあるものの、どのクラスにも自由に出入りでき、自分のクラスに他のクラスの子どもがいても、子どもたちはごく自然に受け入れている。一つの園の中に、園庭、自分のクラス、他のクラス、と複数の「場」が存在しているのである。

この園では、誰かにいやなことがあったり、辛い思いをしたりすると、クラス関係なく、その子の話を聞いてみんなでその子の辛さを理解し、共有するということが自然に行われている。複数の「場」の中でさまざまな関わり方をしていく中で、「共存的他者」の関係が形成され、その関係の中で自分が認められていることを感じ、さらに他の子どもたちの存在を認めることができるようになっているのである。「自己肯定感」が自然に育まれているのである。

園舎と園庭、保育内容、そしてクラスの垣根もない自由なこの園で、「自己肯定感」を育んでいく子どもたちの姿とこの園の在り方は、学校教育中心になった現代の子どもたちの生活の「場」の中で、子どもたちが「自己肯定感」を育むために必要なことを考える際の手がかりを与えてくれているのではないだろうか。

おわりに

かつての社会とその中で育まれてきた民俗文化を確認すると、「自己肯定感」を育む場が今の子どもたちよりはるかに豊かに用意されていたことが確認できる。

子どもの一生は、生育儀礼を縦糸に、年中行事を横糸にして織りなされ、その中で多くの人々との関わりを通して「自己肯定感」が育まれていった。やむを得ず家の手伝いをせざるをえなかった子どもの場合も、その中で「自己肯定感」を育む機会に日々遭遇していたことは間違いない。

現代の子どもたちの場合、「自己肯定感」を育む機会と場は学校を中心とした限られたものになっている。「自己肯定感」を育む場を豊富に用意することを意識しながら、子どもたちの生活世界の構築を考えていかなければならない。

二〇一一年三月一一日に東日本大震災が発災した後の被災地では、それまでの子どもたちの生活環境は一変した。電気や水道、ガスなどのライフラインが寸断され、水も食料も、そして家もない中で、皮肉なことに多くの子どもに「自己肯定感」を感じる機会が増えたのである。

宮城県石巻市立稲井小学校四年生の杉山結奈が書いた「千年に一度のできごと―半分おとなのちか

い」という詩がある。その最後の部分は次のように結ばれている。[注12]

あの日から　半年
みんなで　助け合って生きてきた
たくさんの人に　助けてもらって生きてきた
津波にのまれてしまった　多くの人たち
生きたかっただろうな

今の自分には　何ができるだろう
これからの自分には　何ができるだろう
十才の私　半分おとなの私
生きている私ができること
それは
せいいっぱい生きること
力を合わせて　ふっこうすること

平成二十三年三月十一日　午後二時四十六分
だれもがわすれられない　その日　その時を
しっかりと　心にきざんで

しっかりと　前を向いて
生きていこう
歩いていこう
半分おとなの　十才のちかい
がんばろう！　十才のみんな
私たちのふるさと石巻の明日に向かって

子どもたちが「自己肯定感」を持つことで子どもたちの可能性は引き出され、子どもたちの生きる力の活性化につながることをこの詩は表現している。「場の倫理」を超克し、子どもたちが他者と触れ合いながら「自己肯定感」を育むことができる機会と場をできるだけ多く用意することが、自分自身の「命」と他者の「命」を尊重する豊かな子どもたちの生活世界の形成につながるのである。

子どもたちの「自己肯定感」を大切にし、子どもたちの生きる力を信頼してあてにしながら、子どもたちと新たな社会を構築していくこと、そして、子どもたちが自分自身と他者との「命」を大切にできる社会を構築していくことが、東日本大震災後の社会の中で求められているのである。

注

1　総理府青少年対策本部編『国際比較・日本の子供と母親—国際児童年記念調査最終報告書』大蔵省印刷局、一九八一、五一～五八頁

2　生育儀礼の記録は、七二七年（神亀四）一〇月癸酉に皇子の生後七日目に儀礼が行われたことが『続日本紀』に記録されている。
3　大西伍一『明治四四年大正元年　生意気少年日記』農山漁村文化協会、一九八七
4　森芳子・森秀文／絵日記　鶴見俊輔／文　谷川俊太郎／詩『こどもたち　こどもたち』近代出版、二〇〇二、一四頁
5　同前一五頁
6　国分一太郎『新しい綴方教室』（ほるぷ現代教育選集12）ほるぷ出版、一九八四、二七二〜二七三頁
7　日本作文の会『忘れえぬ児童詩』（下）民衆社、一九七七、四九〜五一頁
8　同前五四頁
9　河合隼雄『母性社会日本の病理』中央公論社、一九七六、八頁
10　同前九頁
11　同前一三頁
12　『あの日の子どもたち―2011.3.11東日本大震災記録集』作文宮城60号特別編、二〇一二、一九七頁

教育・文化・保育と命

——命を食べる

黒田恭史

一　「命を食べる授業」を創ろうと思った理由

小さい頃、自分という存在の不思議さと不可解さを考えた子どもたちは少なくない。

「なぜ、自分は自分であって、目の前にいる君ではないのか。」

「自分という心が、なぜこの体の中に存在しているのか。」

こうした問いは、多くの子どもたちが一度は通ってきた道だと思う。しかし、子どもたちがこの思いを他人に話すことは少ない。そして、歳を経るにつれ、だんだんと脳裏の片隅に追いやられていく。まわりの友だちも、大人も、そんなことを考えずに普通に暮らしているのに、自分だけがそこに立ち止まっていたら、周りから取り残されてしまうように感じてしまったからかもしれない。あるいは、考え続けることは疲れることなので、考えずにいた方が気楽になれると思ったからかもしれない。

大学生のとき、鳥山敏子氏の『からだが変わる授業が変わる』（晩成書房、一九八五）という本に出会った。子どもの頃に持っていた、誰にも話せないうごめく魂の叫びのようなものが、この書物の中に記された学校の一つの教室内に存在していた。それに触れた瞬間、体に大きな衝撃が走った。これまで大きなマンホールの蓋で封印していた自分の心の底の声が、再び聞こえてくるようになった。そして、こうした思いを持っていたのは、実は私一人ではなかったのだという大きな安堵感を初めてもらえた気がした。

鳥山氏の『いのちに触れる』（太郎次郎社、一九八五）には、人間の命の源が記されていた。河原に放した鶏を捕まえ捌いて食べるという授業、豚丸ごと一頭を食べるという授業、一つひとつが私の想像力の届かぬところでの授業に映った。こんな教室を創りたい。そして、現在の子どもたちも封印しているであろう、心の奥底を少しでも感じ取ったり、自覚したりすることのできる場を創りたいと思うようになった。そのことは、いつしか鳥山実践を超えたいという願いにつながり、「命を食べる授業」を創ってみたいと思うようになっていった。

二　生と死の教育

「命を食べる授業」に取り組むようになった私の心の中の源泉は、父親の死に遡る。ちょうど、私が小学校教諭として教壇に立った年、父親は不治の病で死に伏した。近親の死に直面したとき、その事実を受け止めることの難しさを痛感するとともに、死の教育について取り組んでみたいという思いが膨らんだ。

私たちは、自分の命の大切さ、他人の命の大切さを繰り返し、学校、家庭、地域社会で学んできた。しかしその一方で、死というものを学校で学ぶことはほとんどなかった。むしろタブー視されるものであった。それでも昔は死というものが、日常の生活の中に位置付いており、好むと好まざるに関わらず、自然界における様々な死に出会ってきた。現代社会では、こうした死に出会う機会は減少してきている。育てていた植物の死、飼っていた動物の死、あるいは祖父、祖母の死なども また、私たちの日常生活から遠ざかる存在になりつつある。しかし、そのことは、むしろ死というものに対する、正しい捉え方を拒むことになってしまっているのではないだろうか。生の対局としての死を真正面から取り上げることが、現在の教育に必要なことなのかもしれない。死について考えることにより、命の大切さ、食べるということの意味が、より鮮明になるのかもしれないという思いを持つようになった。

三　豚はどこで売っているのか

豚肉は肉屋で売っているが、豚はどこで売っているかを考えると、なかなか答えは見つからない。しかし、一昔前までは、食べるということと、動物を飼うということがとても身近なところにあった。私の実家は兼業農家であったが、裏庭に鶏舎があり、鶏を何羽も飼っていた。この鶏は、父親が業者からヒヨコを購入し、大きくなるまで家で育てたものである。小学生の頃は家で飼っている鶏の卵を取りに行くのが私の日課であった。鶏のくちばしでつつかれないようにそっと卵を取ると、まだ卵が生温かい感じの時もあった。卵は、生卵としてすぐさま朝食に出されたが、時折、血の混じったものや、黄身が二つ入ったものなど、子ども心に命の息吹が感じられるものであった。

鶏も歳を取ると、卵をだんだんと産まなくなってくる。休日には、父が卵を産まなくなった鶏を鶏舎から出してきて、鶏を捌いていた。その捌く場面を遠巻きに見ていた記憶が今でも私の中に残っている。鶏が鶏肉になったものを、今度は、母親がすき焼きの食材にしていった。一羽からは少ししか取れない生のささみは、祖父の大好物であった。私もまた、そんな日の夕食がとても待ち遠しかったことを覚えている。

命を食べる、あるいは命をいただくことで、私たちは生きていくことができる。これを命の連鎖と呼んだりするが、命の連鎖は、以前はとても具体的な形をもって私たちの前に存在していた。今では、その命の連鎖を体験したり感じたりすることはほとんどない。パックに入れられ、きれいにスライスされた豚肉は知っていても、実際の豚から豚肉になっていくプロセスはほとんど見ることすらできないのである。

この命の連鎖が、私たちの生活から見えなくなっていくということは、もしかしたら自身の命を意識することからも遠ざかっていることなのではないかと思う。自分が多くの命のもとで生かされているということを自覚することが、命というものに対する自分の眼差しを優しく暖かいものにするのではないだろうかと思う。高度に機械化された現代社会において、命の連鎖を日常的に体験することは極めて難しい。であるが故に、子どもから大人になる過程において、命の連鎖に気付くチャンスを教育の中で意図的に作り出すことは、命に関係する事件や問題が多発している現代社会において大切なことではないかと思う。

四　豚を飼うということの意義

小学校の学級で飼う動物と言えば、ハムスター、金魚、小鳥など小動物が定番である。せいぜい大きくても、うさぎ、鶏ぐらいである。しかし、現在では、安全性の問題、感染症の問題、管理の問題から、生き物を飼うこと自体が難しい状況にある。

一九九〇年、新任教師として大阪府豊能町立東能勢小学校に赴任した当時、私は学級で豚を飼うことにこだわった。四年生の担任になったが、そこで豚を飼うことを提案した。小さなハムスターや金魚の命であっても、大きな豚の命であっても同じ命であることには変わりがないと思うが、それでも私は豚にこだわった。その理由は、豚の持つ四つの特性、すなわち（一）大きな動物であること、（二）においがすること、（三）生命力が強いこと、そして（四）家畜であるということにあった。

一つ目の大きな動物であることについてであるが、豚は到底一人の子どもの努力で飼い続けることができる動物ではなく、クラスの子どもたち全員の協力を必要とする。当然、そこではもめ事が生じることも少なくないが、それを恐れるのではなく、事態を解決する力を培うことこそが重要なことである。現在の学校現場に対する地域社会の視線は、わずかなミスをも許さないという風潮が強いが、子どもの成長過程における試行錯誤や失敗は必要不可欠なものであり、その過程を経てこそ、逞しい精神と優しい心が育まれるものである。

二つ目のにおいについてであるが、今日の日本社会は、においに対して極めて敏感な生活様式になってしまっている。当然誰もが良い匂いと嫌な臭いとでは、良い匂いを選択するが、しかし人間もまた排泄物などで嫌な臭いを発している動物なのである。したがって、あまりにもにおいに敏感な生活スタイルは、人間が生きるという行為そのものを否定する発想につながりかねない。

三つ目の生命力が強いことについてであるが、一般に学校で飼育する動物は、小動物が多いため、すぐに死んでしまうことがある。もちろん、命の重さに軽重があるわけではないが、豚は生命力が強い動物であり、存在感のある動物であるため、その命を預かることは、小さな子どもにとってはかなり重要なことであるのは間違いない。また、子どもたちは、豚の餌やりを年中休み無しに行うことで、自分自身の食事もまたこのように誰かが、休みなく用意してくれていることの有難味に気付くのである。

そして、四つ目の家畜であるということについてであるが、一般に、豚はその大半が家畜として飼われ、生後約六ヶ月で食肉になる。私たちは、少なくとも動植物の命をいただきながら生き続けている。そのことは、生き続ける限り決して終わることはない。しかし、その事実は現代社会の中では、なかなか感じとることができない。だからこそ、毎日の食事の裏側では、多くの動植物の命をいただきながら生き続けているという事実を、しっかりと理解させることが大切である。

五　実際に豚を飼ってみる

豚を飼うという日常がスタートしたが、四年生の子どもが実際に飼育を行うということは、想像以上に大変なことであった。糞尿と食事の世話をはじめ、豚が脱走する、病にかかる、こちらの思い通りに動いてくれないなど、毎日がハプニングの連続であった。しかし、子どもたちはその過程を通して、豚の命の問題、食の問題を考えることはもとより、自身の命の問題、命を支えてくれている日々の食事の問題に目が向くようになっていった。

豚を飼うためには、まずは小屋作りから始めなければならない。何しろ図画工作科の時間に作るものとは違って、まさにセメントや丸太やトタンを使った本物の小屋を作っていくので、中途半端な気持ちでは作ることはできない。砂利の入った一輪車に振り回される子どもや、大型の木槌が重すぎて一回も杭を打ち付けることができずにいる子どもなど、小屋作りは遅々としてすすまなかった。保護者の協力も得て、二ヵ月近くかかってようやく小屋を完成させることができた。

七月三〇日、夏真っ盛りの中、豚がやってきた。推定体重は約三〇キログラム、しっぽがクルリンと曲がった愛嬌のある豚であった。しかし、喜んだのも束の間、翌朝には何と脱走したのである。小屋の鍵がきちんと施錠されておらず、学校の裏にある山へ逃げ込んだ様子であった。野良犬や野良猫は聞いたことがあるが、まさか野良豚とは…。方々を探しまわったが、結局その時には見付けることができなかった。その後、裏山から豚が小屋付近に戻ってきたのは、昼を過ぎた頃であった。一安心する間もなく、その後も豚小屋付近での蝿や蚊の大量発生等、ハプニングは絶えなかった。

この豚は、子どもたちによって「Pちゃん」と名付けられた。命の連鎖を教えるための豚、家畜としての豚であったはずだが、子どもたちとの距離が縮まるにつれ、愛着のようなものが芽生えてきたことも事実であった。ただ、名前の有無だけで、ペットと家畜を分けるのには少々無理がある。実際、肉牛に名前を付けて一生懸命世話をして、出荷させる農家も数多く存在する。むしろ、豚が個体認識をすること、すなわち子どもたち一人ひとりを判別することができるという事実が、子どもたちと豚との関係を一気に深めることになったと思うし、ペット的な存在になっていった最大の理由であると考える。

「ペット化してしまった豚を食肉にするという選択は如何なものか。」という質問はこれまでにも数多く受けた。この問いに対して明確な答えを用意することは難しい。ただ、私は、その前の段階での問いを考えるべき時期に来ているのではないかと考えている。すなわち、ペットと家畜を分けているのは誰であるのかという問いである。一頭の豚をペットか家畜に分類するのは人間である。この人間の判断により、一方の命はかけがえのないもの、もう一方の命は奪われたとしても仕方のないものと判断される。同じ豚であっても、こうした最初の判断が、命の重みを決定的に変える。このことは、人類が生き延びていくために永年にわたって培われた文化・思考様式に因るものかもしれないが、命が奪われていくことへの痛みに対する思考の回避の極端な結果が、現在の地球環境問題に大きく影響を与えてしまっていると思う。私たちは、もう一度、命に対する痛みを取り戻さなくてはならない時期に来ている。教育という場を介して、その意味を次世代に伝えていく責任があるといえる。

六　豚を飼うことを通して学んだこと

豚が学校に来た四年生の夏から六年生にかけて、子どもたちは命について多くのことを学んだ。四年生当初に作った小屋も、五年生の夏頃になると手狭になり、九月には拡張工事を行った。当然、工事のための資金が必要となったが、それらは日頃の廃品回収で集めたお金を使用するなど、子どもたちは社会の仕組みを実際の活動の中で学んでいった。六年生の四月には食肉加工センターに行って、豚が豚肉になる工程を見学した。これは、希望者だけの参加であったが、豚が豚肉になっていく過程を目の当たりにした子どもたちの心の中で、食と命の問題がさらに現実味を帯びるものとなった。

そして、豚を飼う活動は、子どもたちと豚との関係だけではなく、様々な地域との関係構築にも発展していった。毎朝の豚の餌や、夏休み等の長期休業日の餌やりは、小学校の隣にある特別養護老人ホームの残飯をいただいていた。三六五日、休むことのない老人ホームがあったからこそ、豚の餌を安定的に確保することができたといえる。そのお礼に、子どもたちは学習発表会や音楽の時間に学んだ劇や音楽を披露したり、ホームに入所されている方々と様々なゲームをしたりして交流を持った。

ここで重要であったことは、子どもたちは挨拶の中で、いつも餌をもらっていることへのお礼を忘れなかったことである。老人の方との交流をお礼の気持ちを持って行えるという経験は、人生の中でも貴重であり、豚を飼うことでそのことが自然と行えるようになったのである。そして、六年生の卒業前には、Pちゃんのために集めてきた資金をもとに、老人ホームに車椅子のプレゼントを行うことができた。

豚を飼うことを通して子どもたちは様々なことを体験できたが、何よりも学んだことは、一年三六五日、命には休みがないということであった。雨の日も、雪の日も、夏休みも、正月も、Pちゃんの命を続かせるために、子どもたちは小屋に通い続けたのである。

七　一六対一六

卒業を間近に控えた二月、Pちゃんの今後の処遇について話し合うことになった。このとき私は、Pちゃんを最後に食べるということが、責任を取ることになるのではないかと子どもたちに問うた。しかし、子どもたちにとって、既にPちゃんは家畜という存在ではなく、仲間であるという意識の方が上回っていた。

とは言え、Pちゃんを下級生にお願いして飼い続けていくためには問題も山積していた。既に三〇〇キログラム近い体重のPちゃんは、低学年の子どもたちにとってはかなりの脅威であり、下手をすれば大きな事故につながりかねない。牙も産まれたときには折ったが、三年も経つ中で、どんどんと大きくなっており、噛まれると危険な状態であった。そんな問題を抱えながら下級生に引き継ぐのか、あるいは食肉加工センターに持っていくのか、六年二組三二人の子どもたちの最後の討論が始まった。

学んできたことは同じであるが、「食肉加工センターに持っていく」が一六名、「下級生に引き継いでもらう」が一六名と、子どもたちの意見は真二つに分かれた。食肉加工センターに持っていく立場の子どもたちは、下級生に引き継いでもらうことによる危険性の問題、今後引き継いだことによる問題が生じた際の自分たちの責任の問題、そして、自分たちの代で飼い始めたのだから自分たちの代で終わりにするのが責任であるということなどを論拠としていた。一方、下級生に引き継いでもらう立場の子どもたちは、危険性を回避するための具体的な手立てを講じる努力をすること、食肉加工センターに送ることによる後悔、そして、少しでもPちゃんの命を長生きさせることが飼ったものの責任であることなどを論拠にしていた。

お互いの言葉は厳しく、時にはこらえても頬を伝わる涙を抑えることはできない子どももいた。そして、いつしか子どもたちは自分の命と重ねて考えるようになっていた。「自分がPちゃんと考えて、死ねと言われたら死にますか?」と。

そんな中で、議論の合間の休憩時間に均衡が崩れた。食肉加工センターの立場だった六名が引き継いでもらう立場へと移った。ここから話し合いは、二二対一〇で行われることになった。卒業まで、残された時間はわずかな中、議論は最初から白熱した。

「私たちが飼ってきたんだから、自分たちの都合でPちゃんを殺すんじゃなくて、少しでもいいから命を延ばしてあげたい。」

「心を鬼にして、決めないといけないときもあると思う。」

「それで決めて、僕は下級生に引き継いでもらうのがいい。」と。

また、「これからPちゃんを飼い続けるとして、中学校に行っても高校に行ってもその責任を引き継いでいくのは、はっきり言って、自信がありません。」と述べる子に、「確かに僕も自信はないけど、やりきれるところまでやっていこう。」と、言い聞かせる子どもたちの姿があった。

均衡が崩れない中、時間だけが過ぎていった。そのとき、食肉センターに連れていくという立場の中心的な子どもの一人が次のような発言をした。

「自分の考えは、食肉センターに持っていくということでこれからも変わらない。ただ、引き継いでもらうという考えもよくわかる。そこで、自分なりにどういう順番でやっていくことがいいのかを考えてみた。すると、まずは、三年一組に引き継いでもらうということですすめていき、どうしてもダメな場合は食肉センターに持っていくというのではどうか。」

というものであった。話し合いは四時間にも及んでいたが、三二人の子どもたちの心の中に一筋の光が遠くに見えた瞬間であった。

八　私の出した結論

私の出した結論は、食肉加工センターへ送るというものであった。卒業式前日のことである。卒業までの最後の一ヵ月間は、他の教師との間で、これまで経験したことのないほどの議論を行った。実際、子どもたちとの話し合いの中で刻々と変化する状態を、多くの先生方に説明することはかなり困難なことであった。むしろ、刻々と状況が変化すること自体が教師の主体性のなさと映ったであろうし、今回の教育を通して何を伝えたいのかというねらいの部分を見出せなくなってしまっている姿として捉えられたようにも思う。しかし、子どもたちが、引き継いでもらうという結論に至ったことを、その深い意味を込めて話すことのできる状況にはなかった。これ以上結論を引き延ばすことは、子どもの心に取り返しのつかない傷を与えることになるかもしれないと思い、私の責任で食肉センターに持っていくことが残された唯一の選択肢であると判断した。

九　三一個のトマト

三月一八日の卒業式の後、もう一つの悲しい別れが待っていた。Pちゃんが食肉加工センターへ送られる三月二五日である。子どもたちは最後のお別れのために、いつものPちゃんの小屋のもとに集まってきた。手にはPちゃんの好物であったトマトが一個ずつ握られていた。体重約三〇〇キログラムのPちゃんをトラックに乗せる作業は、思いのほか難航した。最初は、餌でスロープまで引き寄せて、後ろから押しあげる方法を試みたが、Pちゃんはそれに応じず、何度繰り返しても後ずさりするばかりであった。そこで、口にロープを噛ませて力ずくで引き上げる方法を取った。大人五人が渾身の力で引き上げると、Pちゃんはようやくトラックに乗った。その間、Pちゃんの悲痛の叫び声が小屋付近を覆い、その光景を直視できずしゃがみ込んで泣く子どもたちなど、つらく悲しい現実がそこにあった。子どもたちは、トラックに入れられたPちゃんの餌箱に、トマトを一個ずつ入れていった。その数は全部で三一個。一人の子どもは、この日、とうとう姿を見せなかった。「Pちゃんとの別れの場面に出ることはできない。」という強い私への意思表示であった。

三年間にわたる「命を食べる授業」は、終止符を打った。この間、私は、命を食べる授業を通して、「筋書きにない授業」の大切さを学んだように思う。「筋書きのない授業」と「筋書きにない授業」とはかなり違っており、「筋書きのない」は、その場の思いつきに頼らざるを得ないし、教育的な価値も何となくでしかない。「筋書きにない」は、徹底的に筋書きを作り、教育的意義を考え、子どもの反応を蓄積し、授業の問題点を明確化し、次の一歩を絶えず修正しながらすすめてきたにもかかわらず、はたと立ち止まり、原点に戻らざるを得ない場面を言うのだと思う。したがって、話し合いの途中で、食肉加工センターの立場と下級生に引き継いでもらう立場が一六対一六になったことは、全くの偶然であったのかもしれないが、私には大きな衝撃であった。あれだけ話し合いを進めてきたのに、結局、もう一度スタート地点に戻されたような思いに駆られたためである。しかし、このとき、まさに子どもたち一人ひとりが学級のかけがえのない存在であることを物語っていた。たった一人が動くことが学級の均衡を大きく破るということを、子どもたちは言葉ではなく目の前に起こった事実から学んだ。「筋書きにない授業」が始まった瞬間であった。

このとき、「命を食べる授業」は、長期にわたる取材を受けていた。ディレクターの西谷清治さんも、毎回撮影スタッフとの間で撮影の前ごとに綿密な撮影計画を立てておられた。西谷さんの頭の中にも、TV番組としての筋書きが同時並行的に作成されていたのである。しかし、最後の卒業前の一週間は、ことごとく予想が外れる結果になったと述べられている。一刻一刻、一人ひとりの発言で、事態はがらりと変わるので、学校を一日でも休もうものなら、一気に話についていけなくなるといった有様であった。

一〇 「うろうろ」してみる

「筋書きにない授業」が始まってから、私の中で一つの変化が起こった。困ったときには、あまり最初の計画にこだわるのではなく、「うろうろ」してみるということである。それまで、私は誰からも異論が出ないように、いつも整合性のある計画に沿ってすすめるように最大限努力してきた。

しかし、本当に先の見えない事態に直面して、私は表面上の冷静さを保つことすらできなくなってしまった。ちょうど、私の心の中の羅針盤が働かなくなってしまい、どうしてよいのかがわからなくなってしまったようであった。と同時に、少し肩の力が抜けた気がした。子どもたちの前で、正直に自分を出してみよう、本当に困ってしまったときは、困ったことをあまり隠さないようにしようと思うようになった。すると、何故か、そんなときに決まって何処からか救いの手が差し伸べられてくるようになった。これは、私がそう思うようになっただけなのかもしれないが、心はずいぶんと楽になることができた。困ったときに、すぐに諦めてしまったり、開き直ったりするのではなく、中途半端な状態で「うろうろ」していると、意外と回りの人が助けてくれる。実際、老人ホームに贈った車椅子を購入しようとしたときも、資金がかなり足りなかったが、事情を工場の方にお話しすると、値引きしてくださったりした。

何事も計画通りにスムーズに進行することが望ましいが、実際はそうでないことがほとんどである。その時、極端な行動をするのではなく、少しそこにとどまってみると意外なところから道が開けてくる場合がある。

一一　子どもはすばらしいのか

よく子どもの考えはすばらしいと話す人がいる。私は、子どもだからといって、いつもすばらしいと思っているわけではない。正直なところ、冷静に考えれば私の想像することのできる範疇に入るものが多かったように思う。ただ、三年間の中で、こちらが腰を抜かす程びっくりする言葉を発した場

面があったとも思っている。それは、討論の中での、

「食肉加工センターに送るというのは、結果を先延ばしにするだけやと思う。」

「先に延ばせたらいいねん。ちょっとでも命が延びてくれたらそれでいいねん。」

といった言葉である。また、三年生の教室に行ったとき、三年生の子どもたちに、六年生のある子どもが、

「Pちゃんを飼いたかった人、手を挙げてください。ありがとう、それだけが聞きたかったことです。勝手なことを言ってすみませんでした。」

と謝ったことである。

このような言葉は、私の心の中を端から端まで探してみても決して出てくることのないものであった。私の意志を超えて、子どもが自律的に動こうとしたその瞬間に、「子どもはすばらしい」がちらっと顔を覗かせるのかもしれない。その意味では、教師が戸惑う子どもの言葉と、子どものすばらしい言葉とは、表裏の関係なのかもしれない。大人社会の持つ「常識」に、子どもが小さな体で全てを懸けて立ち向かってくる瞬間にこそ、すばらしい言葉が垣間見えるように思う。

一二　映画「ブタがいた教室」を巡って

三年間にわたり実践した「命を食べる授業」は、二〇〇三年に『豚のPちゃんと32人の小学生』と題して出版された。その五年後の二〇〇八年には、「ブタがいた教室」として映画化された。実践から一五年以上を経過していても、映画は多くの観衆の心を打つものとなった。むしろ、実践がなされた一九九〇年代初頭よりも、より深い意味で「命を食べる授業」の重要性が問われ、そのことが映画化

につながったとも言える。この映画の最大の見せ場は、子どもたちが豚の処遇を巡って討論する場面である。食肉センターに送るのか、下級生に引き継ぐのかで討論する約一五分間のシーンには、実は明確な台本がなかった。子どもたちが本気の言葉をぶつけ合う、ドキュメンタリー方式が採用された。監督の思いの中には、洗練された名演技よりも、拙いけれど本当の心の言葉の方がずっと人の心に届くということがあったという。私も撮影現場に行き、子どもたちの本気の討論の撮影場面を別室のモニターで見せてもらった。子どもの本気の言葉の応酬に驚き、これほどまでに命について深く考えることができるという事実を目の当たりにして、「今の子どもたちは、命について軽く考えすぎている。」という、私自身の漠然とした思いを恥じることになった。「今の子どもたち」という言葉を用いるとき、その責任は、今の子どもたち自身にあるような錯覚に陥る。しかし、今の子どもたちを育てたのは、今の大人たちである。したがって、その責任主体は、当然今の大人たちにあり、今の子どもたちの問題は、まさに今の大人たちの問題と言っても過言ではない。本気で、子どもたちに向き合う今の大人たちが変わらなくてはならないと改めて感じた。

一三　おわりのはじまり

命を食べる授業を通して学んだことは、次の二つに集約することができる。

一つは、正解は一つではなく、各人の極めて個人的な判断が何よりも優先されるということである。もう一つは、いずれかを信念を持って選択したとしても、どこかに違和感・不合理感が残るということである。

こうした違和感や不合理感はできれば解消したいし、すっきりと一つの正解を導き出したいという思いに駆られる。しかし、生きるということは、こうした「もやもや」とつきあいながら、ことある毎に、それを思い出し、自分の中でもう一度考え直してみるということなのではないかと思う。

そして、教育というものは実に長い時間のかかる営みであると思う。醤油や味噌や酒は、多くの人の手と様々な機械の力を借りながらも、長い期間とその中での偶然や運に委ねられて「醸成」されていく。教育もまた教師、保護者、学校、地域等の力を借りながらも、最後は一人ひとりの子どもの心の中での「醸成」に委ねられる中で形作られていくもののように感じる。二〇〇三年のある日、当時の子どもの一人から下記のメールが届いた。

お久しぶりです。私のことは覚えておられるでしょうか？　私は、小学校を卒業してから中学・高校・短大と進学し、今は寝具メーカーで営業事務をしています。三月で二三歳になります！なんと今年で社会人四年目です！　自分でもビックリしています。なぜ突然メールをしたのかというと、つい先日ふとPちゃんのことを思い出し、インターネットで検索してみました。すると、黒田先生の名前が沢山出てきて、よく見ると去年六月に本を出版されたとありました。テレビで放映されたビデオは、中学か高校の時に見たことがありました。ですが、所々しか覚えていなかったので、これは読んでみたい！　と思い、さっそく会社帰りに本屋さんに寄りました。本を見つけ表紙を見て、思わず声が出ました。懐かしい～！　パラパラと見てみると、私の作文が載っているのに気付きました。恥ずかしながらも嬉しかったです。あの作文はよく覚えています。小四の時に書いたのに、小六の時に学校新聞に載ったからです。さすがに二年も経つと文章力の無さに気付き、さっきと同じで、恥ずかしい…でも嬉しい！　だったのを覚えています。あの時は本当に思ったことをそのまま書いていました。
本を読み終えて、考えました。何が正しかったのだろうか。最後はどうするかを決めてから飼えば良かった。学校のペットとして自然に息絶えるまで飼ってあげれば良かった。どちらも正しいように思います。でも、飼う前に決められていなかったので、飼っている途中に決めなければならなかった。そこから考えるならば、あの時のみんなで決めたことが、正しい答えだったのだろうなと思いました。Pちゃんは生きたかったはずですが…。ペットとして飼い続けることに決まっていたとしてもそれは正しかったのだと思います。私が、あの話し合いの場にいたとしたら、飼い続けてほしいと言っていたと思います。豚ではなく、Pちゃんとしか思えなかったからです。それでも、みんなが話し合って決めたこと、育ててきたみんなが決めたこと、答えは正しかったのだと思います。最後まで納得できずにいた人の気持ちもわかります。今どう思っているかわかりませんが、きっと一生忘れない貴重な体験になっているのだと思います。現在になって思い出をさらに深くすることができ、また生命について考えるきっかけが身近にでき、ありがとうございます！ の気持ちです。

彼女の中では「命を食べる授業」が今も続いている。むしろ、卒業時点からが本当に子どもたち一人ひとりの心の中で静かに「命を食べる授業」がスタートしたのではないかと思える。それは、様々な環境の中で、三二個のストーリーを持って進行していったように思えるし、もちろん、私の中でも三三番目のストーリーが今も続いている。そして、そのことが教育に携わる者にとっての責任だとも思う。

さらに興味を持たれた方は、拙著『豚のPちゃんと32人の小学生』（ミネルヴァ書房、二〇〇三）を読んでいただきたい。

ポスト三・一一を生きる子どもたちに

――〈いのち〉の意味をどう伝えるか

波平恵美子

一　はじめに

「いのち」は生きていることの総体である。個人においては生きていることの実感であるとともに抽象的な観念でもある。人は、生まれてすぐから自分が生きていることを徐々に、そして無数のできごとによって実感し、次第に相手も生きていることを知るようになる。生きているものと生きているとはいえないものとの区別で、存在の内容には差のあることなどを、日常の生活の中で、油絵のひと筆ひと筆の色づけによって形が現われてくるように、子どもが「いのち」を理解する方法手段は無数にある。子どもの成長に応じてカリキュラム化されている方法手段もある。いずれにしても数多くの周囲のものとの関係の中で、子どもは「いのち」を学び取る。このことからして、二〇一一年三月一一日の東日本大震災によって多くのいのちが一度に失われたこと、子どものいのちを育む手段となっていた、生活を成り立たせていた全ての環境が破壊されたこと、その後の避難生活によってそれ以前の生活を取り戻せないまま時間を重ねていることが、子どもたちにとってどれほど深刻な状況なのかに思い至る。

本論では、日本の文化における「いのち」の学び方、学ばせ方がかつてどのようなものであったかについて述べる。その方法手段と学び取るためのチャンネルは、現在でも成立しているものが多い。それらを示すことによって、逆に被災した子どもたちが失ったものの大きさを知り、今後の子どもたちに何をどのように提供できるかを考えるヒントにしたい。なお、本論で「いのち」と表記するのは、後に述べたように、日本の伝統的な生命観や世界の諸文化の生命観は多様であり、私たち現代社会に生きる人々にとってはややなじみのない生命観もあり、それらも含んで、できるだけ広義の生命観を意味しようとするためである。

二　食べることを通して知る、身体といのち

赤ん坊は生まれてすぐに母乳を吸うことができる。喉の渇きや空腹という感覚は、未分化であっても身体の欲求に従って乳を吸う。その行為によって、食物が身体の中に取り込まれ欲求が充足されて身体全体がリラックスすることを何千回も経験する。同時に自分以外の誰か（母親）の身体と接触することによって自分へ体温が伝わってくることや触ったり触られたりすることで自分の身体の存在

が認識される。それぞれの文化は独自の授乳についての慣習とそれがなぜ赤ん坊にとって良いのかの説明を持っている。現代の栄養学や小児医学からすると不適切なものも含まれているが、授乳は生まれたばかりのか弱い生命を支えるとともに、赤ん坊が母親の胎外に出てすぐに行う最初の最重要の行為であり、その子のその後の生き方に影響するという考えから関心が高くなるのだろう。例えば、かつて日本には広く「乳もらい」という慣習があった。母乳の出る七人の女性に生まれて一ヵ月足らずの赤ん坊を抱いてもらい、その母乳を口に含ませる習俗である。人々の説明は、赤ん坊は乳の味を覚えるのが早い。もし実母が病気や死亡で乳を与えられなくなったとき、実母の乳の味しか受け付けなければ、赤ん坊は餓死してしまう。母親の乳の味だけではなく、多くの女性の乳の味に慣れておけば、いざというときにその子の生命は救われる、というものであった。この説明は色々な意味を持っている。赤ん坊にとって母乳は不可欠であり、それに代わるものはない。しかし、常に十分乳が与えられるとは限らないので、互いに協力しながら赤ん坊を育てなければならないという教訓めいたもの。また一人の赤ん坊は産んだ女性だけでなく多くの人の力によって育っていく運命にあるというもの。そして、実際に赤ん坊は乳の味の差異に極めて敏感で、慣れたもの以外吸うのを嫌がるというものである。赤ん坊のこの傾向は、現在でも広く観察されている。

母乳から重湯（米を炊く途中の上澄みの液で糖分やたんぱく質を含み栄養価が高いとされる）あるいは砂糖湯へ、そして母親の口の中で嚙み砕いた固形物を少しずつ赤ん坊の口の中に入れてやり、次第に母乳以外のものを食べたり飲んだりするようになる。現在でもそうだが、この離乳のプロセスは細心の注意をもって行われる。食品が限られていて衛生状態が悪かった時代、そして現在でも発展途上の地域では、多くの乳児が消化器病に苦しんだ。こうしたいわば生命の危機的状況においては人生儀礼を行い、危機が無事に乗り越えられることを祈る。現代の日本でも生まれて百日前後の「百日」の行事は「歯固め」ともいい、固形物をそれ以降食べさせてもよいとする目安であるとともに、母乳以外のものを口にすることによって赤ん坊の健康が損なわれないように、歯が順序よく生えることを願っての呪術的儀礼でもある。

赤ん坊の兄や姉も含め周囲の年長者は、赤ん坊の口に入れるものを厳密に選ぶが、それは一つ間違えると直ちに赤ん坊の生命を脅かすからである。赤ん坊の兄や姉は、それを見聞きしたり注意するよう促される経験を通して、食べること、食べてよいものと食べてはならないものの違いを学び、生命が食べ物によって維持されているが、特に注意を払って選択しなければならないことを学ぶ。現在の私たちの食生活のように加工されパックされ冷凍・冷蔵保存されて「食品」とされるものは、口に入れても安全である。しかし、かつては木に生えている果物の食べごろは、実がどのような状態になっているのか、腐敗した食物や食材はどうなっているのか、口に入れる前に必ずしなければならない手順は何かを、子どもたちは親の手伝いを通して学ばねばならなかった。

食事を家族全員が揃ってする文化もあれば、男女別々もあったり、最も年長の世代（祖父母や曾祖父母）だけは別に食事をする文化もある。日本でも時代や身分によって食事の仕方に差異はあったが、多くは揃って全員が行った。それは一つには、家族は消費単位であるだけではなく、生産単位でもあったので、一斉に食事をすることが効率的だったからである。二つには、庶民の生活では、常に食料は不足がちであり、家族全員が腹一杯毎日の食事で口にすることができなかったことから、一緒に食事をし、誰がどの位食べるのかを主婦が決定し椀に盛る権利を独占していた。主婦の配分に世帯主といえども文句は言えないことになっていて、皆が一緒に食べることで食料配分の不公平感をなくそうとするためであった。

一緒にそして配分された食物を食べることを通して、自分の身体の大きさや働きの内容と摂食との関係、そして生きることを繰り返し学ぶことになる。家族とともに食べるときには、性別や年齢・世代の違いによる差があると知り、遊び仲間や同年代の仕事仲間と食べるときには、食べることと身体の大きさや身体能力の差との関係を子どもたちは知るようになる。親や祖父母は、食事のたびに幼い子どもたちによく噛むようにとか食物をこぼさないように、あるいは一緒に食べている他の人より早すぎず遅すぎず食べ終わるようになど、時には口やかましく注意したが、それによって子どもは食べることが生きていくうえでどれだけ大事な行為であるか知ることになった。分け与えられた分だけしか、決まった折にしか食べ物を口にできないことは、現在の食事の状況に慣れている私たちからすると、子どもたちが惨めな経験をしていると思いがちであるが、食べる喜びは大きく、また食べ物を与えてくれる大人への感謝の念や、わずかな食べ物を仲間と分け合って食べる楽しさを経験することができた。かつて食べることと生きていること、さらにいのちとの関係は子どもにとって容易に悟ることができたであろう。

三　食べることを通して知る　いのちのヒエラルキー

現代の私たちの摂食行動は食物連鎖の頂点にある。牛や豚の哺乳類肉からニワトリの肉や卵まで、それらは一般的な食材であり、それらの肉を食べても、「他の生き物を殺し、そのいのちをいただいて私たちは自分のいのちを維持している」という考えを日常的に頭に浮かべることはない。一九八〇年代から一九九〇年代にかけて、子どもにいのちの大切さを学ばせる方法として、ニワトリを子どもたちの前で殺し、それを料理して食べることによって、人間である私たちは他の生き物のいのちを犠牲にして生きていること、従って自分のいのちを大切にしなければならないことを悟ってもらおうという活動が起こった。何らかの効果があったとしても、加工食品に溢れ、肉は切り分けられパックされて人々の手に届く状況において、今自分が口にしている肉がかつて生きていた動物の身体であると思いつつ、その犠牲に感謝し、さらにそうした犠牲の上に立った自分のいのちを大切にする気持ちを日常的に抱くまでには距離があると考えられる。

しかし、たとえ人のいのちを支えるためとはいえ、生き物を殺すことは殺生であるとする考え方は、一九六〇年代までの日本全国で一般的であった。盆と春秋の彼岸の期間に肉屋と魚屋はデパートの食品売り場を除いては店を閉めていた。それは普段はともかく仏教的色合いの強い年中行事の期間だけでも生き物を殺し、それを食べることを控えようとする行為であった。一般家庭でも買い置きする肉や魚があっても煮たり焼いたりした料理のにおいが外に漏れて「あの家は盆（彼岸）なのに肉（魚）を食べている」と非難めいたことを言われたくなかったため、食べることはしなかった。

しかし、こうした食物規範は一九六〇年代末に崩れ始め、現在ではごく限られた地域や家庭にのみ残っているにすぎない。また、人間が生きていくためとはいえ、魚や動物を殺すのは罪であり、その罪を自覚し罪滅ぼしのために生き物を野に放つ「放生会」という行事は、現在も全国の寺社の祭礼の一部に残っているが、ことばの本来の意味を知る人は少なくなっている。

それでは、子どもたちは人間が食物連鎖の頂点にいて、一部の人々や民族集団以外は食物禁忌としての「殺生」の考え方に完全に無縁なのかというと必ずしもそうとはいえない。「いのちのヒエラルキー」は別の考え方、つまり食の安全を重視することによって自分が口にしている食物がどのように飼育（栽培）され、加工、流通しているかへの関心が高まり、人間は地球上の資源を様々に利用し、その過程で森林や河川、海岸線を消失させることまでして多種多様な食物を消費していることを学校教育やマスメディアを通して知るようになった。また地産地消の活動は、食の安全や流通コストの削減だけでなく、人のいのちを支える食物がどれほどの人の労働を必要とし、その時々の気候に左右され、養鶏や養豚などによっていかにして環境汚染が生じるのか、また資源のリサイクルが可能かについての知識を大人も子どもも得る機会が与えられるようになってきた。今後もいのちが何であるのか、そしていのちの大切さを誰もが理解できるような新しい活動が生まれてくる可能性がある。そうした意識を育てるためには、まず何よりも食べるという行為を自覚するよう子どもたちに促すことである。決まった時間にのみ食べることで空腹を感じることができ、食べることと生きることと身体との関係を、ことばで説明するよりはるかにはっきり理解できる。他の人びと（家族やクラスメイトや部活の仲間）と一緒に同じものを食べることで、食べる速度や量の適正さを知ることができ、さらに食べることと身体との関係を明確に理解できるようになる。食べているものへの関心を高めるために、家事を手伝う中で食料を買いに行かせ、食品売り場を見たり、他の人の買い物行動や食品価格を知ることは、食の環境を子どもたちに学ばせるうえでも重要である。

かつて食料のほとんどを自分たちで調達していた時代、それは地域によっては一九五〇年代末まで続いたのだが、子どもたちは年齢に応じて農作業の手伝いだけでなく、山や川で危険のないように年長者に見守られ指導を受けながら野生の木の実や川魚を採集して食料の補足としていた。山の中を歩き回り、川に入ることで自然環境とその変化が食料の多少に直接係わることを知ることになった。私自身の調査資料を示すと、新潟県と福島県の境界にある山村では、子どもたちの山菜や川魚の採集力は大人にも匹敵するほどで、また手間のかかる野生の栗の実拾いとイガ取りは小学生の子どもに専門的にまかされていて、大きな野生の栗の木の下ではその村落の小学生全員が揃うまで誰も一粒でも採ってはならず、その日に落ちている分だけ拾い終わると帰宅したという。子どもたちは拾い取る速さを競い合う中で身体の大きさや年齢の違いや要領の良しあしを学んだという。自分たちで栽培したり捕獲や採取したものしか食料がないという生活は、資源の保全に当然ながら目を向けさせる。また資源には限界があり、その与えられた分の内でしか人は生きていけないことを否が応でも認めることになった。栗の実拾いが小学生のみにまかされていて大人が参加できなかったことは、そこにあるものを拾うだけの簡単な作業に大人の労力を使わず、また子沢山の家庭はより多くの実を拾うことができ、その分だけでも食料の足しにすることができたのである。供給が限られるほど、資源の配分は公平にするという原則は常に働いた。

四　いのちの観念の敷衍化と抽象化―死と再生の観念の展開

いのちの存在をどこまで広げて考えるかはそれぞれの文化によって違うし、時代によって大きく変化する。また抽象化されたものや言語表現における比喩や隠喩によって「いのち」やそれに類した語は使われる。例えば、「宇宙の誕生」という表現では、宇宙が存在し始まることと一人の人が誕生することを同列同質に意味しているのではない。これは隠喩表現である。しかし、一九六〇年代から米国を中心に広く一般でも受け入れられている「ガイア思想」はエコロジーの考え方とともに、地球全体を一つの巨大ないのちを持つものとする思想であり、それは人によっては地球は生命体として感覚を持つとさえ考えられた。例えば、ある人は瀬戸内海に架かる明石海峡大橋の巨大な橋脚が明石側に打ち込まれるのを見て、「地球が痛いと叫んでいるように感じた」と述べた。ちなみに「ガイア思想」とは、J・E・ラブロックが唱えた仮説で、地球の生物と無生物（大気圏・海水圏・岩水圏・生物圏）が一つの大きな恒常的なシステムを形作っているというものである。この仮説が一般に広がるうちに極端な場合には、地球にはあたかも感覚や感情がある生命体とする思想となって、エコロジー運動の推進力ともなった。

人間が生きていくために食料として捕獲したり飼育したうえで殺す動物のいのちをどこまで自覚し「殺生」行為とみなすのかは、先に述べたように社会・文化によって異なり、時代とともに変化する。おそらく何千年にもわたった食肉用の家畜を飼育する文化を発達させたヨーロッパやアジア大陸の文化では、仏教徒以外には「殺生」の対象に牛や豚、羊などは入っていない。日本では近世末期までは牛はもちろん、野生の鹿や熊も殺生の対象であった。鯨は欧米で一時油脂をとるために大量に捕獲されたが、食料にはならなかった。日本では近世期以降に食料として捕獲されてきた。現在、日本が行う調査捕鯨に対する世界の批判は厳しいが、種の保存というエコロジカルな立場とは別に、哺乳類である鯨を食料とすることへの嫌悪感があることが推察される。

いのちとは何かについての議論は多様であり、世界の誰もが納得し定義し、さらには一律に行動規範とすることなどできない。人間のいのちを殺すだけは最小限の禁忌となっているが、現在でも胎児のいのちや受精卵のいのちの存在を認めるか否かについての結論は、定まっていない。これほどいのちについて多様な考えが存在するのは、「いのち」をどこまで敷衍して考えるかという問題が根本にあるからである。以下に述べる稲について日本人が長い間維持してきた信仰やイメージは、稲が植物であるにもかかわらず、いのちの死（消失）といのちの再生（再出現）を理解する手がかりであり続けたことを物語る。人の死と再生の信仰と稲の死と再生の信仰ないしイメージの間の距離は本来大きいはずであるが、稲（米）の重要性から稲の栽培に伴う儀礼が人々の生活の大きな骨組みとなる年中行事となり、神社の祭礼も何らかのかたちで農耕儀礼と結びついていることから、人々の死と再生の信仰ないし観念は稲の死と再生の象徴的儀礼を通して普及したと考えられる。

一旦枯れた稲から採取された種（籾）を播けば再び芽が出て育ち、そこから百倍にも二百倍にもなる米粒が生産されることの不思議さは、種ないし米粒には強い生命力があり、霊的な力（穀霊）さえもあるという信仰を生み、穀物栽培の地域では広く見られる。トウモロコシに主食を頼る北米の原住民には人がトウモロコシから生まれたとする創生神話もある。イモ栽培の文化にも小さな種芋から蔓が伸び、芽が出て、そこには多く子芋が生えることから芋、特に種芋には強い生命力と霊的な力があると信じられていた。芋栽培を行うニューギニア島の高地では、芋の生育を促すために女性の経血を筒に入れて畑に埋めるという呪術がかつて行われていたが、経血が人間の子を胎内で育てると考えていたことの類似に基づいた「類感呪術」である。人間は死と再生の観念を動物よりむしろ自分たちの栽培植物からより多く得たといえるかもしれない。

人間の場合、植物の種などと異なり、死んだ身体から直接新たな身体（個体）が生まれることはない。しかし、死んだ後その身体は形を失っても何かあるものが残り、それが新たないのち、新たなる個体を生み出す要素になり得るというアイディアは人間に共通に見出される。それが「霊」とか「魂」、あるいは「霊魂」と日本語で呼ばれるものである。現代の私たちからすると霊も魂も実体のないもののように思われがちであるが、霊的な力の存在への信仰はかつてごく一般的な生活の中にあり、決して特殊でも特異でもなかった。例えば、食物の中でも米にはエネルギー源としてだけではなく、人間にとって生命力を増強する霊的な力があると広く信じられており、現在でも儀礼の一部として残っている。歩いての人や物の移動しか方法がなかった時代（それは多くの国民にとってそれほど昔ではなくモータリゼーションが進む以前の一九五〇年代まではその状況にあった）、貧血などの症状で急に意識が薄らぐことがあった。こうした時に備えて米粒を携行していてそれを口に入れて噛んだり、米粒がなければ「米」の字を掌に書いて口に入れ飲み込む仕草をすることもあった。消耗が激しく気が遠くなる可能性がある峠越えをする時には、昼食用の弁当から数粒の飯粒を残しておくこともあった。また病人の症状が重くなり意識を失った時には竹筒に米を入れ、病人の耳元で振ってシャラシャラと音を立てると生命力が注入されて意識が戻ると信じる療法さえあった。米の最も贅沢な使い方をする食品は、酒と餅である。餅は飯よりも一層人に生命力を与えると考えられていた。初誕生の子に一升餅（もち米一升を使って搗いた大きな丸餅）を背負わせたり、親が抱きかかえて餅を踏ませ、その子の以降の順調な成長を餅の持つ霊的な力から得ようとする人生儀礼は、現在でも広く行われている。また高齢者が亡くなると同年齢の人の生命力が弱まるので、生きる力を増強するためだとして「耳塞ぎ餅」といわれる丸い餅を急いで作り、高齢者の耳にあてる呪術が行われたこともある。

本来亜熱帯地方の植物である稲を温帯地方の日本で、しかも山間の気温差が大きな地域で栽培することは、技術的な困難を伴っている。播種そして新芽である苗を植え替える田植え、雑草取り、水の調整などその時々に地域の農家との綿密な共同作業を必要とすることもあって、稲の一年を通じての栽培のサイクルを中心に年中行事を発達させてきた。一年のサイクルと稲の栽培（収穫を含めて）のサイクルとを一致させたことから、稲（米）はあらゆるサイクル（死と再生、年の初めと終わり、季節の巡りなど）の象徴となってきた。その象徴としての力が上に述べてきたような米（飯）に霊的な力があり、特に生命力を強めるという信仰を発達させたのである。子どもはこのように発達してきた年中行事の中で何らかの役割を果たすように求められていた。正月行事の一部であるどんど焼きや鳥追い行事では子どもが主役である。一九五〇年代以降急速に消失したが、鳥追いや虫送り行事の中には、多産を願う呪術的儀礼や歌が含まれていて、稲とともに人の増産に係わる信仰行為に子どもが組み入れられていた。また後の項で述べるように子どもの無事な成長を願って行われる人生儀礼と年中行事とが結びついていることも多く、子どもたちは幾通りものチャンネルを通していのちについて、またいのちのサイクルについて徐々にまた確実に学んだのである。

五　人生儀礼を通して学ぶいのち

文化人類学では年中行事も人生儀礼も「通過儀礼」という。「通過」というのは、時間や空間や状態（状況）の段階や区分を通過するときには「危機的」な状況が生じるので、その状況を認識し注目するとともに、無事にその変化を乗り越えることを祈願するために行われる儀礼だからである。区分や段階を横切り、新しい区分や段階へと越えたり移行しようとするときの境界的ないし中間的な状況を「危機的」ととらえる認識は人間に普遍的に見出され、そこで儀礼が行われるのも世界中で普遍的に見出される。ただし工業生産化（近代化）が進行する中で次第に儀礼は行われなくなっている。それでも日本は先進工業国の中では他と比較すると、より伝統的なかたちで、しかも高い頻度で通過儀礼が行われる社会といえる。大震災の後、毎月一一日に行われる追悼式は、伝統的な仏教儀礼では「月命日」であり三月一一日のそれは「祥月命日」である。そのほか半年あるいは三ヵ月ごとにも追悼式が行われるのは、あまりにも大きな災害によるあまりにも多くの悲惨な死からの時間の「通過」を頻繁に確認し、かつ一つひとつの区切りを乗り越えようとする行為だといえる。米国ニューヨークなどで二〇〇一年に起きた同時多発テロによる犠牲者の追悼式も同様に通過儀礼であるが、日本の場合はそれに仏教的色彩の濃い盆や春秋の彼岸のような年中行事も加わる。

人生儀礼は人の生涯の時間の流れの中に個人にとっても周囲の人びとにとっても重要な節目を「危機的」状況にあるとみなし、当の個人を対象に周囲の人びとが行う儀礼である。誕生まもない赤ん坊や幼児、そして死んだ直後の人に対しても、生涯の他の時期に比べるとより高い頻度で人生儀礼（死者に対して行われるので特に「死者儀礼」とも呼ばれる）が行われるのは、誕生後と死後数年間は儀礼を頻繁に行わなければ乗り越えられないほど危機的状況が大きいと認識されるからである。生まれて七日目の「お七夜」や三十日前後の「お宮参り」、百日前後の「百日」、初節句や初誕生の儀礼が自分に対して行われたことは覚えていなくても写真や映像を通して自分のいのちの育みがどのような配慮のもとで行われたのかを知ることができる。七五三の祝いや一部の地域で女児に対して行われる「十三参り」、さらに年齢階梯制と組み合わせで行われる神社の祭礼では、まさにその年齢（年代）の時にのみ儀礼の主役となっていることを記憶するようになる。自分が感じる時間の通過と身体の変化、自分より年下のあるいは年長の子どもとの成長の違いを自覚させられることによって生きている時間の経過と生きていること、すでに生きてきたことの全体を学ぶのである。誕生間もない時期や乳幼児期あるいは第二次性徴期は身体的に過渡期で「危機的」な段階であるにしても、三歳、五歳、七歳などの区切り、節目はあくまで人為的で恣意的なものであって絶対的に決められているわけではない。それぞれの文化によって異なるが、人の生涯は一様な時間の流れで成り立っているわけではなく、異質な時間帯の組み合わせであると考えられてきた。子どもは人生儀礼を経験することによって自分の人生を形づくることや生きることの意味、さらにはいのちの意味を次第に理解するようになる。

六　死者儀礼を通して学ぶいのち

亡くなった人を対象に行われる人生儀礼（通過儀礼）は特に「死者儀礼」といわれる。死者儀礼の具体的な内容は文化の違いによる多様性が大きいが、それは宗教の違いだけでなく、人格について、人格と身体との関係について、霊魂の存在を認めるか否か、死後の世界の存在を信じるか否かについての考え方によって、さらには生きていること、そして死ぬとはどういうことかについての信仰や考え方の内容が大きく影響するからである。死者儀礼は個人が亡くなってすぐに行われ、死後数年あるいは数十年後まで行われるものと、年中行事において死者全体を儀礼の対象とするものとがある。日本であれば盆や春秋の彼岸がある。カソリック教国では万霊節がある。漢民族や中国との文化交流の歴史の長い沖縄や奄美の人びとが行う清明祭も先祖全体を祀る行事である。

死は、逆説的だが、いのちとは何かを生きている状態から死んだ状態への変化が身体の状態に示されることにより最も効果的に理解する手がかりを与えてくれる。子どもは人の死に直接接することは少ないにしても飼っている犬や猫、魚や鳥の死などには何度も出会い、その身体が動かなくなり冷たくなり放置すると腐敗することを知る。死は何よりも生きている状態とはどのようなものかを、逆に示してくれる。祖父母や曾祖父母の葬儀の場に幼い子どもたちが喪主である大人の側に居ることはよく見かける。出棺の時には、血縁者や家族が棺の中に花を入れたり遺体に向かって声をかけたりするが、その折に幼い子どもだけでなく乳児も親に抱かれて棺の中を覗き込む。亡くなった人に連なる血縁者をその亡くなった人に見せる、という目的である。それだけでなく、火葬されて遺骨として血縁者がその身体の変貌を確認し、全員が少しずつ骨の一部を取り、壺に入れる「拾骨」（古くは「骨揚げ」といった）儀礼では、幼い子どもも親に手を添えられながら骨を拾い壺に納める。日本だけではなく現在も多くの地域で遺体が生前の状態と大きく変化することを確認することが死者儀礼の重要な部分となっている。日本の死者儀礼の特徴は、工業生産化がこれほど高度に進んだ社会で幼い子どもも含めて、遺体を近くで見て、しかもその劇的ともいえる変化を目で確認したうえで接触し、さらに一般には四九日間は喪主の家に置いておくというように、死んだ身体への働きかけが中心となっていることである。一部の研究者が「日本人は死をタブー視し忌避し向かい合おうとしない」と論じるが、それは日本人の死への態度の一部しか見ていない点において明らかに間違っている。確かに日常生活の中で死一般を論じたり、死の宗教的哲学的な意味について論じたりしない。死がそれほど遠くないことを知らされた末期の患者が自分の死について家族に語ったり死後のことを話題にすることは極めて少ない。しかし、それは死から目を逸らしているのではなく、死に対する態度が欧米文化あるいはキリスト教文化とは異なるのである。それが明らかなのは、遺体への上記のような日本人に見られる態度である。また自分にとって親しい人の死については死亡原因や死に到る過程でのその人の状況について詳細に知ろうとし、親しい関係にあった人同士でいつまでも亡くなった人の死について語り合うことを私たちは経験的に知っている。

遺体について海外メディアは遺体（死体）を事故現場あるいは戦闘や紛争の現場から映像として放映するのに対して、日本のメディアは遺体のその部分さえ公にしないし、具体的に描写することもしない。その違いを以て日本人は死をタブー視すると評するのは、それもまた死、そして遺体についての態度の違いの詳細を知らないことによる間違いである。遺体はその生前に関係があった人びとにとってのみ見られたり触れられたりすることを許すのであり、無関係な人びとの目に曝されることを嫌うという信仰に近い認識がある。死んだ人と無縁の人びとが遺体を見たり接することこそが禁忌事項なのである。一方遺族にとって遺体が見つからないままその人の死を認めなければならないのは辛く、上記のような死者儀礼の内容を考えると、遺族に大きな混乱をもたらすといえる。遺体がないまま死者儀礼を行ったとしても、真の死者儀礼ではないし、亡くなった人の霊を慰めることにはならないとほとんどの人は考えている。

子どもたちは家族の亡くなったとき、通夜から葬式、初七日や四十九日の法要に参列することによって人が死ぬとはどういうことなのか、また周囲の人びとが人の死によってどのような影響を受けるのかを知り、次第に死への対応のかたちを「死の文化」とでも呼びうるような総合的なものとして学ぶ。先に述べた年中行事の盆や彼岸には、死者の霊が自分たちがかつて生きていた場所に戻ってくるという想定のもと、戻ってきた霊をもてなす形式が発達している。盆棚を作ったり仏壇に日常とは異なる盆用の供え物をしたり、盆提灯を戸口に吊るしたり、八月（地方によっては七月）一三日夜に迎え火を、一五日夜には送り火を戸口や門口で焚くことで、「死者の霊」の存在への認識は、子どもたちに次第に定着する。成長期には様々な知識の獲得、特に科学中心の考え方から霊の存在を信じなくなるのが一般的傾向である。しかし、「死者の霊」の存在を仮定したうえで習俗としての儀礼は残る。その理由は、自分にとって極めて重要な人が死んだ場合、その衝撃や喪失感や悲嘆を和らげ解消する手段として、死者儀礼は、今なお有効な手段だからである。大災害がもたらした混乱は、本来ならば行われたはずの儀礼が行われ得ない状況をもたらした。儀礼を行いたくても「あれがない。これがない」という状態で人手も足りない中で子どもたちが死を受け入れること、それによって人の死を、さらに死から生を実感する手段を欠くことになる。

現代では、「儀礼的な」という表現は「かたちをなぞるだけで、そこには心がこもっていない」という意味で「形式的な」とほぼ同義語で使われる。儀礼を行うことと参加することに否定的な人も多くなっているのだが、今回の大震災で多くの人が一度に死亡し、生き残った人のほとんどすべての人が親しい人の死に出会うという状況では、多くの人が同じ行為によって同じ感情や思いを表現できる儀礼の機能が改めて注目される結果をもたらした。

七　三・一一後に生きる子どもたちのために

これまで述べてきたように、いのちを学んでいくプロセスは多様な方法と多様なチャンネルに満ちている。ひとつのことばや一回の出来事あるいは誰かによって総体としてのいのちの内容が理解できるようになるわけではない。生まれて以降の日々の暮らしの中で繰り返し耳にしたことばや行為や、他の人びとの行動、印象に強い行事や経験を通して、あるいは、身体感覚や病気や怪我の時の苦痛や不快や不安などもまたいのちを子どもが理解し学び取るチャンネルである。子どもがいのちの大切さを知り、自分自身の生きている日々に意義を見出し、自分の存在がどれほど重いものであるかに気づかされながら生きていけるように、少しでも状況を整えること。そのためには大震災と大津波によってどのような日常が失われたかを改めて考えることが欠かせない。そのうえで、以下のようなことが子どもたちのための状況作りのヒントになると考える。

七－一　死者儀礼への積極的な参加

その後も続く生活の混乱や困難のために、また急がれる生活再建のために、個々の死者への通常の法要や年中行事は行われていないためか、子どもの参加は控えられがちになる。子どもたちが悲惨な出来事を思い出すことは、心の回復を阻害するという配慮から子どもは初めから排除されていることもある。しかし、生きるとはどういうことか、いのちがあるとはどういうことかを理解する有効な手段として身近な人が生きていた時のことを思い出し、死によってその状況が断たれたことを思うことである。死者儀礼は、「形式的」として消極的に評価されがちの行為を伝統に従って自分が行い、同様の行為を周囲の人が行っているのを目にすることによって、予想をはるかに超える心の安らぎや新たな感覚を体験する。儀礼が理屈抜きで現代も世界の人びとによって繰り返される理由はそこにある。子どもが参加しやすい時間と場所を選び、子どもに馴染みやすい場のしつらえや演出が工夫されてよいだろう。死者儀礼の場で子どもたちは、大人もまた親しい人の死に深く傷つき、悲しみや悔しさや淋しさを感じていることを知り理解することになる。また感情の表現にも形式があることを知って、より感情の表出をしやすくなる。一人で泣くより同じ経験をした人びとと一緒に泣くことや、それにより幾分かでも気持ちが安らぐことを度々経験させることが子どもにとって悲しみからの回復につながる。

重要なのは、儀礼の後そのまま解散するのではなく、参加者が互いに話し合い、自分の現在の置かれている状況を人に聞いてもらう機会を設けることである。特に死者儀礼においては、他の儀礼よりも食事を供することが、世界中で広く見出される。日本では、通夜の場でも葬式の場でも、非常に慌ただしく取りこんでいるにもかかわらず食事を供することが行われてきた。葬儀業者が運営する葬祭場で決められた時間内に葬儀や通夜が行われるようになり、参加者全員に飲食を供することは少なくなった。それでも親族や親しい人びとが儀式の後会食する習慣は広く残っている。その後の法要では、儀礼の時間は短く設定され、会食に十分な時間をとり、その場で亡くなった人との思い出や自分の感情を吐露する。

食べるという行為が残された者の生命力を増強するという呪術的な意味もあれば、そこには亡くなった人の霊魂も存在していて名残りを惜しんでいるので食事の場で少しでも多く亡くなった人のことを皆で語ることが大切だという考えは、今でも見出される。かつて葬式を「飯くい」といい、参列しなかった子どもたちも喪家に集まって握り飯を食べる習慣があった。被災地では地域社会も親族関係も崩壊ないし弱体化し、かつてのような家族主催の死者儀礼は行われにくく、公的色彩の強い死者儀礼が多いだろう。それでも大人たちは、子どもたちこそ主役であるような死者儀礼の営み方を考慮してもらいたい。

七－二　新たな人生儀礼の創出

被災地で写真アルバムを収集し洗い、出来るだけ元の状態に近いものにする活動が行われている。持ち主がそれを手にした喜び、特に遺体を見つけ出せないでいる人にとっての喜びはどれほど大きいか、度々マスメディアも伝えてきた。写真は亡くなった人の生前の姿を留めるだけでなく、人生の節目節目に撮られることが多いため、その折のその人の姿や光景が亡くなった人の人生全体を一挙に浮かび上がらせる。これは、人の生涯はただ平坦な時間の流れで成っているのではなく、人生儀礼を骨組みとして構造化されていることを示している。

親や兄弟、多くの親族を亡くした家族では、子どものための人生儀礼は行い得ない。生活に追われていて余裕がない。また余裕はあっても周囲への遠慮から行わないなど様々な理由があって災害以前のような人生儀礼が行われていないと推測される。しかし、子どもは自分が主役になって周囲の人々が成長を祝ってくれる人生儀礼ほど、自分が生きていること、これまで生きていて成長してきたこと、さらに数年後には身体が大きくなり、能力も様々に身につくであろうことを実感できる機会は他にない。過去からの時間の経過の中で現在の自分たらしめているものこそが「いのち」であることを理解し、そのいのちある限り自分には未来があることを心から実感できるのである。

人生儀礼は個人の存在を浮かび上がらせる。誕生日を祝ってもらうことは、幼い子どもにとって何よりもの喜びなのは、自分の存在が他にないことを周囲が認め、それをまた自分で確認できるからである。生活再建が進まず、自治体も地域社会もかつての関係を取り戻せず、保育園、幼稚園、学校の統廃合や移転が生じているが、少なくとも子どもたちの日常生活には、それらの場があり活動がある。クラス会の場でその日が誕生日の子どもを全員で祝う（拍手する、「ハッピーバースデー」を歌うなど）、毎月一回その月生まれの子どもたちのために給食に祝いを表す食品をつける、写真を撮って子どもに与えるなど、それほど現場の大きな負担にならない儀礼的な行為から始めるのが重要だろう。七〇歳、七七歳、八八歳の老人たちへの祝い金の贈呈や祝賀会の開催は全国の自治体が行っているが、復興途上にある被災地の自治体では、何をおいても子どもたちを対象にした人生儀礼、子どもたちが生きて日々成長していることを祝う行事をこそ行うべきである。子どもは自ら発言しない、要求しないからこそ、大人は子どもが何を手がかりにいのちを、そして生きることの大切さを学んでいるか、自分の成長を振り返ることで認識しなければならない。

そのうえで提案したいのは、三・一一を自分のいのちが救われた日というより、新たに生まれた日ととらえ直すことができるような人生儀礼の創出を子どもたちのために考え、実行することは大人の義務だと考えることである。毎月一一日、毎年三月一一日が子どもたちにとって生きている証しであり、いのちが実感できるような人生儀礼となるためには、着実な復興とともに以前とは異なる新たな文化創出をも目指すべきだろう。

七－三　自己表現方法と技術の向上

日本のみならず、伝統的社会に生きる子どもたちと、現代の日本のような社会に生きる子どもたちとの大きな違いは、自分の存在を自分独自の方法と内容とで周囲に示し、また同時に自己を認識するということがあるかないか、という点である。決められた関係の中で決められた役割を果たしていれば「自己存在」が確かなものである伝統的社会と異なり、現代社会では、自己表現は子どもにも要求されるし、不可欠な要素となっている。大人もまた同様である。

自分を取り囲んでいた多くのものを失った被災地の子どもたちには、新たな自己表現が、生きていることを実感させ、将来にわたって生きている「わたしのいのち」を確信させるうえで重要である。生活環境の支援において、何らかの教授の場を提供することを提案したい。

後記

以上は、拙著『いのちの文化人類学』（新潮社、一九九六）、『日本人の死のかたち』（朝日新聞社、二〇〇四）、『からだの文化人類学』（大修館書店、二〇〇五）、『生きる力をさがす旅』（出窓社、二〇〇一）の論考による。

参考文献

すでに多くの東日本大震災についての書籍、報告書、論文が発表されていることは承知しているが、私はその一部にしか目を通していない。以下の震災関係のものは、さらにその中のわずかなものだけを記している。

石井光太『遺体―震災、津波の果てに』新潮社、二〇一一
新井尚紀、波平恵美子、湯川洋司編『暮らしの中の民俗学③　一生』吉川弘文館、二〇〇三
葬送文化研究会編『葬送文化論』古今書院、一九九三
竹沢尚一郎『被災後を生きる―吉里吉里・大槌・釜石奮闘記』中央公論社、二〇一三
田端健人『学校を災害が襲うとき―教師たちの3・11』春秋社、二〇一二
やまだようこ『喪失の語り―生成のライフヒストリー』新曜社、二〇一二

Ⅳ

ポスト三・一一の児童文化に向けて

レイチェル・カーソンの思想の今日的意義

上遠恵子

レイチェル・カーソン（一九〇七〜六四）が世を去ってからすでに四六年の時が流れたがその思想は今なお新しく、私たちに考える糸口を提供し続けている。「持続可能な社会のための環境教育」がさかんに語られている現在、そのための手がかりを、カーソンの著作の中に見ることが出来る。彼女の作品は、海の三部作といわれる『潮風の下で』『われらをめぐる海』『海辺』と、殺虫剤のような化学物質による環境汚染に警鐘をならした『沈黙の春』、そしていまや子どもの環境教育のバイブルのように読まれている『センス・オブ・ワンダー』などがあるがいずれもベストセラーになっている。二〇世紀後半の、「より豊かに、より便利に」と「終わりなき成長」という言葉に象徴される「過剰の文明」は、紛争、戦争、飢餓、環境破壊、格差などの大きな課題をかかえ限界に達している。私たちは価値観の見直しを迫られている。そのなかでレイチェル・カーソンの思想、なかでも『沈黙の春』と

『センス・オブ・ワンダー』は、環境の世紀と言われる現代に大きな示唆を与えてくれる。

一　『沈黙の春』が語りかけるもの

二〇世紀は戦争と科学技術の世紀だった。とくに第二次世界大戦後、科学技術は目覚ましく発展し、私たちは、豊かさと便利さを手にすることができた。しかしそれは、世界の国々の二〇パーセントほどの先進国のことであって、残り八〇パーセントの発展途上国は貧困の中にあったのだ。そして豊かさ、便利さの陰で、環境破壊と環境汚染は拡大していった。たとえば、殺虫剤のＤＤＴは第二次大戦中、戦場で発疹チフスを媒介するシラミや、マラリアを媒介する蚊の駆除にドラマチックな効力を発揮して、〝戦争を終結させたのは原爆とＤＤＴである〟とアメリカの高官に言わしめたほどであった。大量に造られていたＤＤＴは戦後、農業、園芸、家庭用殺虫剤として使われることになった。

ＤＤＴの殺虫力は強く、その効き目は長持ちする（それはすなわち残留毒性が強いということなのだが）ので、実に多方面で撒き散らされていた。湖畔の釣り人は、襲来するブヨやカを追い払うためにＤＤＴを撒く。湖の水に溶けた殺虫剤は小さな植物性プランクトンの体内に取り込まれ、次に動物性プランクトンに食べられ次は魚の餌になり最終的には魚を獲る鳥の体内に蓄積されるという食物連鎖を経るうちに連鎖の頂点にいる生き物の体内には驚くほどの殺虫剤（化学物質）が濃縮されて行く。その結果、多くの猛禽類が死に、あるいは卵がふ化できずに数を減らしていった。アメリカの国鳥であるハクトウワシも絶滅を危ぶまれるほどになった。日本のトキも同じ道をたどり、ついに日本産のトキは絶滅したのだった。トキの学名は*Nipponia nippon*というように昔から日本全国にいた在来種だった。とき色という美しい色の名もあるとおり馴染み深い鳥だったが、農薬が普及するにつれて餌になるドジョウなどが減り絶滅に至ったのだ。現在、話題になっているトキは中国の奥地に生き残っていた同種の群れから譲り受けたつがいが繁殖に成功し徐々に数を増やしているものであることは衆知の通りである。鳥ばかりではない。食物連鎖の頂点にいる大型の魚、大型肉食獣も人間も例外ではないのだ。

レイチェル・カーソンは『沈黙の春』の執筆にとりかかると世界中の科学者に依頼してこうした事実の証拠を提供して貰い、化学物質が環境の中に撒き散らされることについての事実を追跡していった。そして辿り着いたのは、科学技術万能主義への批判であった。彼女は科学技術の発展そのものを批判しているのではない。科学技術を手にした人間が、自然を思うままに破壊し人間が快適であるために自然界の他の生き物の生命にまで思い及ばない人間の驕りに対する批判であった。『沈黙の春』は、単に化学物質による環境汚染、環境破壊の事実を羅列したのではなく、人間の科学文明への問いかけなのだ。それはまさに「持続可能な社会」構築のために求められていることではないだろうか。

二　生命の糸で編まれたレース編み

レイチェル・カーソンは、地球は生命の糸で編み上げられたレース編みのようなネットで覆われていると言っている。その編み目ひとつひとつに生き物の生命が宿っている。人間もその編み目のひとつなのだが、その人間が科学技術という強大な力を持ったためにネットのあちこちに綻びを作ってしまった。そして、その綻びを修復することは至難の業なのだ。『沈黙の春』の最後に、カーソンはこう語っている。

私たちの住んでいる地球は自分たち人間だけのものではない――この考えから出発する新しい、夢豊かな創造的な努力には《自分たちが扱っている相手は、生命あるものなのだ》という認識が始終光りかがやいている。生きている集団、押したり押し戻されたりする力関係、波のうねりのような高まりと引き――このような世界をわたしたちは相手にしている。昆虫と私たち人間の世界が納得しあい和解するのを望むならば、さまざまな生命力を無視することなく、うまく導いて私たち人間にさからわないようにするほかない。

人におくれをとるものかと、やたらに、毒薬をふりまいたあげく、現代人は根源的なものに思いをひそめることができなくなってしまった。こん棒をやたらとふりまわした洞窟時代の人間にくらべて少しも進歩せず、近代人は化学薬品を雨あられと生命あるものにあびせかけた。精密でもろい生命も、また奇跡的に少しのことにはへこたれず、もりかえしてきて思いもよらぬ逆襲を試みる。生命にひそむこの不思議な力など、化学薬品をふりまく人間は考えてもみない。《高きに心を向けることなく自己満足におちいり》、巨大な自然の力にへりくだることなく、ただ自然をもてあそんでいる。

《自然の征服》、これは、人間が得意になって考え出した勝手な文句にすぎない。生物学、哲学のいわゆるネアンデルタール時代にできた言葉だ。自然は、人間の生活に役立つために存在する、などと思い上がっていたのだ。（中略）おそろしい武器を考えだしてはその鋒先を昆虫に向けていたが、それは、ほかならぬ私たち人間の住む地球に向けられていたのだ（青樹簗一訳『沈黙の春』新潮社、一九七四、三四六頁）。

『沈黙の春』が出版されると賛否両論が巻き起こった。当然のことながら化学企業は反論をくりひろげた。賛成派の多くは、一般市民で殺虫剤の空中散布がもたらすさまざまな出来事、幼稚園の園庭で遊ぶ子どもたちにシャワーのように降り注がれる、野鳥の死、薬のかかった牧草を食べ水を飲むことで起きる家畜の異変、養魚場の魚の死、洗濯物が汚される、海辺のカニたちの死、などなどで裁判まで起こしていた。執筆者のカーソンにも攻撃の嵐が襲ったがけっしてたじろがなかった。科学技術万能の時代の流れに一石を投じ、あえてそのマイナスの面を描き出すという勇気を、カーソンはどこから得ていたのだろう。それは、『沈黙の春』がしっかりとした科学的根拠に基づいて書かれているという確信と彼女が愛してやまない自然界の生命を守るために書いたのだという信念であった。その信念とはまさに幼い頃から育んできた〈センス・オブ・ワンダー〉なのだ。

三 『センス・オブ・ワンダー』は語りかける

レイチェル・カーソンの基本的な思想は、自然との共生である。この作品は、はじめ一九五六年、女性雑誌である「ウーマンズ・ホーム・コンパニオン」に「子どもたちに不思議さへの日をひらかせよう」と題して掲載された。メイン州の入り組んだ岩礁海岸を望む森の中の小さな別荘で、姪の息子であるロジャーと自然の中で過ごした日々の体験をもとに書いた短いエッセイで、詩のような美しい本である。

一九七二年、ポール・ブルックスが著した *The House of Life : Rachel Carson at Work.* というカーソンの作品を中心とした伝記が出版された。著者のポール・ブルックスは長くボストンにあるホウトン・ミフリン出版社の編集長をしていた人でカーソンが『沈黙の春』を執筆していた時、編集者として彼女を支え協力した友人である。私はその本の翻訳に苦労していた時、『センス・オブ・ワンダー』の原書 *The Sense of Wonder.* に出会った。中心的なテーマを引用した短い文章であったが私は深い共感をもって読んだ。子どもの感性をこんなにも的確に暖かいまなざしで描いている文章にはじめて出会った思いがした。

子どもたちの世界はいつも生き生きとして新鮮で美しく、驚きと感激に満ち溢れています。残念なことに、私たちの多くは大人になる前に澄み切った洞察力や、美しいもの、畏敬すべきものへの直感力を鈍らせ、あるときは全く失ってしまいます。

わたしは、子どもにとっても、どのようにして子どもを教育すべきか頭を悩ませている親にとっても、「知る」ことは「感じる」ことの半分も重要でないと固く信じています（上遠恵子訳『センス・オブ・ワンダー』新潮社、一九九六、二四頁）。

子どもたちがであう事実のひとつひとつが、やがて知識や知恵を生みだす種子だとしたら、さまざまな情緒やゆたかな感受性は、この種子をはぐくむ肥沃な土壌です。幼い子ども時代は、この土壌を耕すときです（同前二四頁）。

この箇所を読んだとき心から共感し〝そうだ！　そうだ！〟と声をあげたのだった。アメリカから取り寄せた、*The Sense of Wonder* は、文章より写真の多い大判の本だった。そして二〇年後、『センス・オブ・ワンダー』となって拙訳が出版されたのだった。

すると日本環境教育フォーラム、日本自然保護協会、日本キープ協会、ネイチャーゲーム協会（現日本シェアリングネイチャー協会）、日本野鳥の会など、子どもたちの環境教育を自然の中で実践している人たちのなかから、〝自分たちが行っている自然体験活動の神髄がまさにこの本に書かれている〟、〝自分たちのやり方は間違ってはいなかったのだ〟というようなさまざまな反響があり共感をもって迎えられた。日本の環境教育は、まず公害問題を考えることから始まったので、学校教育の中でも子どもたちへの自然体験活動はそれほど多くなかったから、自然体験の大切さを目指す環境教育第一世代の人たちへの大きな励ましになったのだった。

四　幼児期に自然に触れる大切さ　想像力と創造力

子どもたちは、カーソンが言うように生まれつき〈センス・オブ・ワンダー〉という生き生きした感性を持っているのだから、やわらかで無垢の感性で自然と触れあうのは、幼児期が最適だと私は考えている。小学生くらいになると、本、テレビなどで知識は増えていき、いわゆる物知り博士が出現する。私の知っている物知り博士は〝知ってる！　知ってる！〟の連発なのだが、よく聞いてみると本物は知らないことが多い。ドングリが秋とれることは知っていても、森の匂いやふかふかした森の土を踏んだ経験はないという子どもも多いのだ。

あるとき、二歳半の女の子が大人と一緒に森へ行って生まれて初めてキノコを見た。すっかり気に入ったフキちゃんという女の子は、寝る前に叫んだ。〝フキチャンハ　アシタノアサニ　ナルト　キノコ　ニ　ナッテル〟（周郷博『母と子のうた』東都書房、一九六九、三六頁）

三歳の男の子はアリとダンゴムシが大好き。庭にしゃがみ込んで小さな声で語りかけながらいつまでも遊んでいる。その時間は一時間以上になることもあった。やがて成長した彼は、あのときは、アリの餌探し、ほかの虫たちとのバトルなどいろいろな物語を考えていてとても面白かったなあと懐かしんでいた。

晩秋の庭で遊んでいた四歳の男の子の頭に何かがコツンと当たった。近くに生えているヤマフジの種子が飛んできたのだ。ヤマフジの鞘は熟すと乾燥して捻れて弾け、種子を飛ばす。パチン、パチンと音も聞こえる。彼の心は種子への好奇心で一杯になった。

それからの彼は、保育園への行き帰り、散歩の途中、目につく種子を拾ってくる。子どもは小さいから地面に落ちている種子などをよく見つける。アオギリの舟形の果皮に種子のついたのを見つけたときのよろこびようは周りの大人も幸せになるほどだった。彼の宝物箱は種子で一杯になった。ある日、母親が『たねの　たびだち』という本を買ってきた。字が読めない男の子は毎日、飽きずに眺めていたがどうしても知りたい種子の写真を見つけた。仕事のある母親は、そばにはいなかったので、彼は考えた。〝お隣の小学生のお兄ちゃんに字を教えてもらおう〟。かくして幼い師弟関係はしばらく続き、とうとう字をおぼえた男の子は、その種子がガガイモという植物の実であることを知って大満足だった。この達成感は子どもにとって大きな実りであった。

美しいものを美しいと感じる感覚、新しいものや、未知のものにふれたときの感激、思いやり、憐れみ、賛嘆や愛情などのさまざまな感情がひとたびよびさまされると、次はその対象になるものについてもっとよく知りたいと思うようになります。そのようにして見つけ出した知識は、しっかりと身につきます（『センス・オブ・ワンダー』二四頁）。

カーソンは『センス・オブ・ワンダー』のなかでこう述べているが、まさにその通りだと思わせるエピソードだ。自然のなかで遊ぶことによって子どもの創造力と想像力は無限に広がっていくのではないだろうか。

五　子どものそばにいる大人の役割

もしもわたしが、すべての子どもの成長を見守る善良な妖精に話しかける力をもっているとしたら、世界中の子どもに、生涯消えることのない「センス・オブ・ワンダー＝神秘さや不思議さに目をみはる感性」を授けてほしいと頼むでしょう。

この感性は、やがて大人になるとやってくる倦怠と幻滅、わたしたちが自然という力の源泉から遠ざかること、つまらない人工的なものに夢中になることなどに対する、かわらぬ解毒剤になるのです。

妖精の力に頼らないで、生まれつき備わっている子どもの「センス・オブ・ワンダー」をいつも新鮮にたもちつづけるためには、わたしたちが住んでいる世界のよろこび、感激、神秘などを子どもといっしょに再発見し、感動を分かち合ってくれる大人が、すくなくともひとり、そばにいる必要があります（同前二三頁）。

と、カーソンは『センス・オブ・ワンダー』の中で書いている。感動を分かち合ってくれる大人とは、親、祖父母、幼稚園や保育園、学校の先生たちだ。カーソンの場合、その役割は母親だった。母のマリアは教師の経験もある知的な女性で、二〇世紀初頭、コーネル大学のL・ベイリー、A・コムストックなどが提唱した自然学習運動に共鳴していた。スプリングデールというペンシルヴェニア州の内陸部の田園地帯の森や小川の流れる野原を、末っ子のレイチェルと共にめぐり、生き物たちがたがいに関わり合いながら自然の中で生きている様子を教えてくれた。幼いレイチェルは母親から自然への愛、生命がかけがえのない大切なものであることを体験的に教えられたのであった。ある時、レイチェルはヘビが脱皮しているところに出くわした。彼女は、以前からヘビの抜け殻の目のところは穴があいているのかどうか知りたいと思っていた。じっと見ていると、ヘビは皮を裏返しに脱いでいき抜け殻の目のところにはレンズのように丸い鱗のような物が二つついていた。彼女の著作にみられる鋭い、どんな細かいところも見落とさない観察眼は幼児期の自然体験で培われたものだ。母マリアはそんなレイチェルを急かしもせず見守っていた。

私自身の経験では、昭和のはじめ私の住んでいた東京の多摩川の畔にはまだ田畑もあり自然が豊かだった。夏の夜、遠くでフクロウが鳴いていた。母が、〝ホロスケを呼んでみようか〟と言って、手を組み合わせて息を吹き込み〝ホー　ホー〟と何度も鳴らした。明かりを消した暗闇の中に、子どもたちは息を殺してしゃがんでいると、やがてバサバサッと音がして、庭の木にフクロウがやってきた。恐らくそれはアオバズクだと思うが、子どもたちは、絵本に出てくる目のギョロッとした大きなフクロウが来ていると思って胸がドキドキしていた。あれから、八〇年近い時が流れ、一緒にいた兄弟もみな天国へ行ってしまったが、あの暗闇の神秘さのなかでのワクワク感は、はっきりと思いだせる。

ある幼稚園の父母会でこんな質問をうけた。

「自然体験をさせると、どんな良いことがあるのでしょうか?」

自然体験はそれをしたからといって自動販売機のようにゴトンと結果がすぐ出てくるものではない。自然の不思議や、面白さ、美しさ、また厳しさ怖さにも気づき、それらを感じ取れるようになることは、すぐに結果が出るものばかりではない。ゆっくりとその人生に内面的な深みと豊かさを熟成していく。自然のリズムは、人間が時計の時間でたてた予定表のようにはいかない。満ち潮のシーンを撮ろうとしてその時が引き潮であったら潮が満ちてくるまで待たなければならない。チョウの蛹が羽化するまでには待たなければならない。すぐに結果が出ることを期待し、しかも良い結果のみが評価されるという風潮の中で、待つということ、待つことが出来る子どもを育てることは、いまの教育のなかで最も必要なことではないだろうか。多様性があるのが自然なのだ。

「自然界を探検することは、貴重な子ども時代をすごす愉快で楽しい方法のひとつにすぎないのでしょうか。それとも、もっと深いなにかがあるのでしょうか」とレイチェル・カーソンは問いかけ、「地球の美しさについて深く思いをめぐらせる人は、生命の終わりの瞬間まで生き生きとした精神力を保ち続けることができるでしょう」と確信をもって語る。

私自身、八〇年の人生を歩んできてこの言葉の意味を強く実感している。

大人の役割について書いてきたが、〈センス・オブ・ワンダー〉という感性をいま最も磨かなければばならないのは大人かも知れない。子どもがあらわす新鮮な感動を潰してしまうことはないだろうか。子どもはしばしば道でみつけた葉っぱや花を大好きなお母さんのために持ってくる。親がこころから喜んでそれを受け取れば子どもは、嬉しくてピョンピョン跳ねる気持ちになる。しかし、無視されたらどうなるだろうか。子どものこころはショボンと萎んでしまう。子どもが持ってきた花や葉っぱをなかだちにして親子の間で沢山の会話が交わされたらどんなに素敵だろう。五感をフルに使って得た体験から発する言葉は豊かになっていく。

おわりに

「子どもの文化」誌から、〝レイチェル・カーソンの思想の今日的意義〟という大きなテーマを頂いて、正直なところ私はたじろいだ。私は、幼児教育者でもなく、学者でもない。ただレイチェル・カーソンの生涯に魅せられて四〇余年を彼女の思いを語り継ぐことをライフワークとしてきた人間である。その間、レイチェル・カーソンの著作や伝記の翻訳をするという幸せをいただいた。また〈センス・オブ・ワンダー〉をキーワードに、各地で保育者、学校の先生、森の幼稚園、自然学校、自然保護活動家、などなどの沢山の方々と話したり現場をみたりしたこと、また自分自身の経験をもとに記してみた。多くの方々と交流できたことは感謝であり私の大切な宝物である。一九六四年に世を去ったカーソンとは、直接お会いしたことはないのだがいまなお私の人生に大きな影響を与え続けてくれている。

『沈黙の春』の最終章、「The Other Road　別の道」の冒頭でカーソンは語る。

私たちは、いまや分かれ道にいる。だがロバート・フロストの有名な詩とは違って、どちらの道を選ぶべきか、いまさら迷うまでもない。長いあいだ旅をしてきた道は素晴らしい高速道路で、すごいスピードに酔うこともできるが、私たちはだまされているのだ。その行きつく先は、禍いであり破滅だ。もう一つの道は、あまり《人も行かない》が、この分かれ道を行くときにこそ私たちの住んでいるこの地球の安全を守れる、最後の、唯一のチャンスがあるといえよう。

とにかく、どちらの道をとるか、きめなければならないのは私たちなのだ（『沈黙の春』三二二頁）。

私は、いまカーソンの遺志を継いで、別の道を歩く勇気を持ちたいと願っている。

付記

拙稿は三・一一の前に書いたものだが、東日本大震災と原発事故を目のあたりにして私は、カーソンの作品を読み返した。彼女が亡くなる半年前、一九六三年一〇月に行った講演「環境の汚染」は、化学物質による環境汚染とともに、放射性物質の汚染について多くを語っている。

放射性物質による環境汚染は、あきらかに原子力時代とは切り離せない一側面です。それは核兵器ばかりでなく、原子力のいわゆる「平和」利用とも切っても切れない関係にあります。こうした汚染は、突発的な事故によっても生じますし、また廃棄物の投棄によって継続的に起っているのです。

私たちが住む世界に汚染を持ちこむという問題の根底には、道義的責任——自分の世代ばかりでなく、未来の世代に対しても責任を持つこと——についての問いがあります。当然ながら、私たちはいま現在生きている人々の肉体的被害について考えます。ですが、まだ生まれていない世代にとっての脅威は、さらに計り知れないほど大きいのです。彼らは現代の私たちが下す決断にまったく意見を差し挟めないのですから、私たちに課せられた責任はきわめて重大です（古草秀子訳『失われた森』集英社、二〇〇〇）。

五〇年前に語られたこの言葉は、私たちに託されたレイチェル・カーソンの遺言ではないだろうか。

生涯消えることのない〈センス・オブ・ワンダー〉を育むために

汐見稔幸

一　はじめに

都会のアスファルト道路とその横にかろうじてつくられた歩道との境目のほんの小さな隙間の土の場に、ときどき、こんなところによくもまあ、と感嘆するようなたくましい生命力を発揮して、植物が育っているのを見ることがある。しばらく前に、そうした小さな隙間から大根が芽を出し、次第に大きくなって生き続けていることがテレビでも紹介され話題になった。日本の国中がその大根を応援しているかのようであった。覚えている人も多いだろう。

しかし、改めて考えてみると、アスファルトやコンクリートの小さな隙間に草や野菜が育つと、どうして私たちはみな驚いたり嬉しくなったりするのだろうか。それはおそらく、こんな悪条件のもとでも生きている、育っているというそのたくましい生命力そのものへの共感と驚嘆を、誰しも、ときには無意識のうちに、感じるからであろう。

私たち人類は、生命というものに特別な感情を持っている動物であるらしい。月や火星に生命の跡がないか、膨大なお金をかけて調べるのも、生命というものへの特別なこだわりがある故であろう。人が何とか病気で死ななくてもすむようにと、どれだけの努力が医学や薬学に注がれてきたことか。生命が消えることへの恐怖・不安は人間の持つ恐怖・不安の中でも飛び抜けて大きいもので、その恐怖・不安を意味あるものに転化する努力が種々の宗教や文化の基本にあるといってもいいほどである。

それだけではない。私たちは、生命がないものに対しても生命を与えてその世界に近づこうとする。幼い子の文学や絵本の世界では、風も月も星も太陽も空も、みんな生命を持っていて、言葉を語り、感情を表現する。クマもネズミもウサギもアリも、みんな話をするし他の動物と交流する。そうした虚構の世界を創造して幼い子どもたちにこれらから出会う世界の姿を象徴的そして希望的に体験させるのだが、そうした創造の仕方と出会わせ方に、人間に普遍的な生命への願望が映し出されている。

私たちの世界が人工化し都市化すればするほど、一面で自然への郷愁が強くなるように思えるのも、自然の中にこそ、人工化され都市化された世界が失ってしまいがちな生命の世界が充満していると感じるからだろう。いくらきれいなビルが建ち並び、てっぺんが見えないような高層住宅がゴミ一つない場所にできたとしても、そこに人や動物の姿が見えず、草一つ生えていなければ、つまり生命を感じさせるものがなければ、私たちは不気味にしか感じない。

逆に、そこにあるたった一本の草や花、野菜の生命にさえ、私たちは共感と驚嘆を体験する。ましてや、森や草原、海岸などには、それこそ無限といってよいほどの草や花や野菜や動物が存在している。その無限のものがそれぞれの場で、それぞれの仕方で、生命活動を営んでいる。森や草原や海岸は、まさに生命のあふれるばかりの泉であり、もし生命の営みに私たちが光を感じることができたなら、目の前に実に多様な、そして輝き方の個性に満ちた光が、幻想的に交錯しているのを感じるだろう。それは言葉にならない無上の至福感を私たちに与えてくれるはずだ。

〈センス・オブ・ワンダー〉とは、驚きを感じる感性の意だが、具体的に「どうしてだろう、不思議だなあ、すごいなあ、と感じる心の働き」のことだというとわかりやすい。その基本は、生命の営みに対する共感と感嘆の感情であり、星や月、太陽、風、音、温度などの一見無機的な環境構成物に対しても生命を感じるような感性のことである。月の光や霧の濃淡、風のかすかな音、光のグラデーションなど、一見無機的な環境構成物にさえ神秘性や生命を感じるとき、私たちの心の中にはあるスピリチュアルな体験が起こっている。その心の営みもまた〈センス・オブ・ワンダー〉の働きであろう。

二

本章の課題は、こうした〈センス・オブ・ワンダー〉、すなわち周囲にあるものの生命活動に感動したりどうしてだろうと感じたりする感性、そして無機的な自然にも生命を感じるような感性を、どのようにして子どもたちの心身に育てていけばよいのかということを原理的に考察することである。

すでに、こうした感性を育てるために園や学校にビオトープをつくったり、森の幼稚園のように自然の中に子どもたちをつれ出し多様な体験をさせたりする興味深い実践があちこちで行われている。

しかし、残念ながらそれらの多くは、子どもたちに〈センス・オブ・ワンダー〉を育てるには何がいつどのように必要かという理論（仮説）を必ずしも明確にしないで、経験的に効果を期待して行われている。そのため、せっかくのすぐれた実践が一般化せず、十分な広がりを見せていないように思われる。

そこで本章では、関連する三つの問いを立て、それを原理的に考察することによって〈センス・オブ・ワンダー〉の育みの方法について仮説を導くことを試みる。三つとは以下の問いである。

① カーソンが姪の息子のロジャーにしたように、子どもたちを幼いときから自然の中に連れ出し、自然を体験させせれば、彼らの〈センス・オブ・ワンダー〉は豊かになるのだろうか。

② 幼い頃に子どもの中に〈センス・オブ・ワンダー〉を育んでいけば、それは大人になったときにもその人の自然と接するときの感性として生きて働くようになるのだろうか。

③ 〈センス・オブ・ワンダー〉は経験だけで身に付くのだろうか、それとも一定の知識や世界観を必要としているのか。つまり、センス・オブ・ワンダーを身に付けるというのは自然観や世界観を発展させることとパラレルだろうか。

一つめの問いから考えていこう。今、幼い頃からなまの自然世界とあまり具体的に接することなく育つ子どもたちが増えている。そうした育ちの仕方、つまり幼いときに自然との豊かな交流体験がないまま育つと、自然の営みに驚嘆したり、共鳴する心の働きが十分発達しないのではないか、という漠然とした仮説が保育や教育関係者にある。だから森の幼稚園のような実践が広がってきているのであろう。この仮説は妥当しているだろうかということである。

幼い頃に育つ環境は、心の原風景を創造していく際の手がかりとなっていくわけだから、その環境の違いは、長じてからその人の心が落ち着いたときに描く心像風景の違いとなって表れるだろうということは一般的に予想できる。たとえば、私の知人に東京の都心部の繁華街の近くで生まれ、そこで育った者がいる。彼は就職した職場が山間部にあったのでしばらくはその山間部に住んだのだが、一年ほどしてその静けさや人工的な刺激の少なさに耐えられなくなって、かなり離れた都市部のパチンコ屋の二階に引っ越してしまった。

こうした例を考えると、幼い頃にある程度自然と交われる環境で育つことが〈センス・オブ・ワンダー〉の形成の条件ではないか、という仮説が成り立つように思える。このことは、ある種の思考実験をしてみるともっとよくわかる。—こんなことはしばらくはないと思うが—たとえば地球から飛び立ち別の星に何年もかかって移動する宇宙船の中で生まれ育った子どもは、どのような感性を持つ存在になるだろうか、ということである。幼い頃に木々の織りなす四季の色を直に見たり、そのかすかな匂いをかいだり、雨風の激しさや怖さに驚いたり、冒頭に述べたような道端に咲く小さな一本の花に感動したり、どろんこのぬかるみをはだしで歩く快感を体験したり、道端でひからびて死んでいるミミズを見てかわいそうに感じたり、春の芽吹きと鳥の声に心のうきうき加減を感じたり等々の、身体で直に体験し、それにふさわしい感情を感じることを一切しないで育ったときに、一体どのような人間になるだろうかということである。仮に宇宙船の中でそうした画面をビデオで見るということが試みられたとしても、五感を実際に使った身体的な直接体験はできない。

私たちは、たとえば道ばたを歩いているときに、近所の家から夕食を用意する匂いがほんのりと漂ってくると、突然幼い頃の風景を懐かしく思い出すことがある。あっ、この匂い、どこかでかいだことがある！　と思い出すと、その周辺の記憶が一挙に覚醒してくる。草いきれなどもそうだ。普段あまり重視していないと思う嗅覚のような感覚ほど、記憶を再生する力は強力なように思う。ロケットの中で長い乳幼児期を過ごす子どもは、この匂いや身体感覚などの、ある意味動物的な感覚を多様に体験し記憶することは難しい。

そう考えると、幼い頃に自然と直に触れる体験をたくさんすれば、子どもの中に嗅覚や触覚などの感覚器官が発達するだけでなく、その子が長じた後に、自然と接したときの感触の記憶がよみがえりやすい、という仮説が成り立つ。これは〈センス・オブ・ワンダー〉そのものではないが、〈センス・オブ・ワンダー〉が育っていく条件になると思われる。

レイチェル・カーソン自身、死後出版された『センス・オブ・ワンダー』の中で、このことに関連して、〈センス・オブ・ワンダー〉が大人になっても働くようになるには、ほんの幼い頃から自然の中で感動するような体験をした方がいいと、控えめな言い方ではあるが、示唆している。

まだ、ほんの幼いころから子どもを荒々しい自然のなかにつれだし、楽しませるということは、おそらく、ありきたりな遊ばせ方ではないでしょう。けれども私は、ようやく四歳になったばかりのロジャーとともに、彼が小さな赤ちゃんのときからはじめた冒険―自然界への探検―にあいかわらずでかけています。そして、この冒険はロジャーにとてもよい影響をあたえたようです(上遠恵子訳『センス・オブ・ワンダー』佑学社[注1]、一九九一、七頁)。

こう述べたあと、カーソンはロジャーがほんの幼い頃から貝の名前を覚えたということや、それまでに見た動物や植物の名前をしっかりと覚えてしまうのに驚いたということを報告している。

こうした記述が続いたあとにあの有名な一節が出てくる。改めて引用してみよう。

子どもたちの世界は、いつも生き生きとして新鮮で美しく、驚きと感激にみちあふれています。残念なことに、私たちの多くは大人になるまえに澄みきった洞察力や、美しいもの、畏敬すべきものへの直観力をにぶらせ、あるときはまったく失ってしまいます。

もしも私が、すべての子どもの成長を見守る善良な妖精に話しかける力をもっているとしたら、世界中の子どもに、生涯消えることのない「センス・オブ・ワンダー＝神秘さや不思議に目を見はる感性」を授けてほしいとたのむでしょう（同前二一頁）。

人口に膾炙した感じのある一節であるが、よく読んでみると、カーソンがここで強調しているのは、〈センス・オブ・ワンダー〉一般ではないことがわかる。「生涯消えることのない」〈センス・オブ・ワンダー〉という強調の仕方をしているのである。

カーソンはこの本で二つのことを仮説的に前提としている。すなわち①幼い頃に自然の中で遊ぶことを経験すると、〈センス・オブ・ワンダー〉が育ちやすい。②しかし長じて、近代の文明に適応していくと〈センス・オブ・ワンダー〉が次第に摩滅していく。こういう前提に立って、だからこそ③「生涯消えることのないセンス・オブ・ワンダー」を与えてほしいと願っているのであり、また④そのためにもできるだけ幼い頃に〈センス・オブ・ワンダー〉の基礎となる体験をたくさんさせておきたい、と考えていたということである。

このように、カーソン自身、幼い頃に自然を豊かに体験することは長じた後の〈センス・オブ・ワンダー〉を育てやすいということを主張しているし、それは今見たように私たちのある意味で「常識」でもある。しかし、なぜそうなのかが厳密に論じられているわけではない。あくまでも仮説である。そこで、私たちは、以下この仮説をもう少し検討してみることにしたい。

三

すこし迂遠な道を通ることになるが、私たちが何かを「知る」というときの知り方のプロセスを詳しく分析してみよう。

私たちが日常使う「知る」という言葉の意味、あるいは「知識を手に入れる」という言い方の含意は、厳密には、主題となっていることがらをある枠（カテゴリー）の中に入れて理解する、つまり分類してあるクラスの中に入れて他との関係を明確にする（カテゴライズする）ことを指している。そのカテゴリー化がさらに進むと、あることがらを一定の法則的な枠に入れて理解する、つまりそのことが偶然そうなのではなくて規則性を持ってそうなっているあるいはなるということを理解する、ということを意味することになる。簡単にいうと、主題となっていることの「場所（トポス）」と「決まり（ロゴス）」を理解すること、これが「知る」つまり「知識を手に入れる」ということの意味内容である。

「それは右が正しい」「それらは例外にすぎない」「本当はこうなるのが本来のあり方だ」…私たちは、こうした「知識」を手に入れることによって、行動や判断上のミスを減らすことや先を読んで合理的な行動ができるようになることをめざしている。合理的で、合目的的な行動を多くするために、予想を確実にしようとするのだが、そのために私たちは「知識」を手に入れようとする。

しかし、私たちはテーマとなっていることのすべての事象を経験できるわけではない。ある程度の経験を経た上で、「それは右が正しい」「それらは例外にすぎない」「本当はこうなるのが本来のあり方だ」などと「法則化」して、いわば思いこんでいるに過ぎない。つまり、私たちが日常手に入れる「知識」は、厳密に言えば、ほとんど多少とも紋切り型にならざるを得ないということである。私たちは、一定の経験から、法則的にそういうものだと思いこむ（演繹する）習慣を持っているのである。[注2]

ところで、知るということと〈センス・オブ・ワンダー〉との関係を考えると、ここで興味深い事実に突き当たる。知識とはこれまで述べたように法則的な枠（法則的カテゴリー）にその事象を適用し（場を与え）、その法則や規則に沿って事象を理解するためのものである。つまり、知識は、こうなればこうなるという認識を得るためのものであるが、そうした認識を欲するのは、ことが起こる前（実践する前）に結果を知ろうという欲求が人間に強くあるためであろう。そうすると、実際にそのことが起こったときには、その知識が正しかったか間違っていたかが判明するわけだが、そのとき人間の心の中には、その評価にかかわる感情が喚起されることになる。「知識」通りであれば、知識が正しかったという喜びの感情が湧く。そうでなければ知識が間違っていたという悔しさの感情を体験する。しかし、この感情は、事象が実際に起こったことにかかわる感情とは異なる。戦争が起こると予想していた「知識」を持っていると、実際に戦争が起こると、やはり！　という感情が起こるだろうが、それは戦争がおこったことそのものに抱く素朴な怒りの感情とは異なる。そして前者の感情が強ければ強いほど、後者の感情が弱化する可能性がある。人間は同時に同じ強さの感情を二つ抱くことはできない動物だからである。

この傾向は、知識が紋切り型になればなるほど強くなることが予想される。なぜなら紋切り型の知識というのは知識の真偽を疑わないで、少数の事例から演繹した知識を正しいと信じることから生まれるものだからである。そこには事実を確かめるよりは信じるという性向が働いていて、この信じるという性向は「あたった」か「外れたか」という素朴な二分法的感情を伴いやすいからである。つまり、紋切り型の知識では、新たな事象が起こっても、事象そのものについての新鮮な感動、感情は十全には起こらない可能性があるということである。そして、このことが、現代人の〈センス・オブ・ワンダー〉の形成の問題とリンクしている。

センス・オブ・ワンダーは、「ワンダーにかかわるセンス」の謂いで、センスのひとつであるが、センスというのは外界、内界から人間にそそがれる諸刺激(物理的刺激)を感受する人間の力のことを指している。ある人は、梅の花のほのかな匂いが漂ってくると感じるのに、別の人は全く感じないというようなことはよくある。ある人には聞こえるのに、別の人には聞こえない、ある人は周囲にただならぬもの(たとえば地球内部からくる磁力線)を感じるのに、別の人は全く感じない等々ということも常である。これは、人によって感受能力に違いがあるからとしかいいようがないのだが、この感受の営みの名詞形がセンスであり、その能力のことをセンシビリティ(感性)と一般にいっている。

これだけだと、センスは単なる物理的な刺激への感応力ということになるが、実際には梅の花の匂いが漂ってきたときに、瞬間、そのにおいを「いい匂い」と感じる判断がこの段階ですでに入り込んでいる。だから余計にそのにおいに敏感になるのである。つまり、センスという人間の情報処理の働きは、内外からの物理的刺激を感受・感応するだけでなく、無意識裏に、一定の、最も原初的な価値判断をしている。これは、脳の中で、内外からの刺激を受けた感覚器官が脳幹という動物的な判断をする層に情報を送って情動が働き出す段階で、すでに一定の価値判断をしていることを意味している。

情動とは、最も初期の身体反応のことだが、その段階で、初歩的で動物的・生命的な、「いい」「悪い」「怖い」「きれい」などの判断をしているらしいのである。

とすればセンス・オブ・ワンダーというのは、初歩的な情動自らが「すごい」「怖い」等々という価値判断をしているという面と、その後の経験によって得た情報・知識が大脳皮質を超えて脳幹の原初的判断に媒介して原初的な情動の判断に介入するという面の双方から働くセンスということになる。うまくいくと後者の比重が増してくるのであろうが、実際には後天的に得た知識が、こうした媒介をむしろ邪魔するようになること、つまり大脳皮質的な情報が脳幹的な情報処理を媒介せず、むしろそれを遮断する可能性がある。

カーソンが懸念していたのは、人工的な世界に慣れ親しむほど、素朴な感動を忘れてしまいがちということだったが、そのことをこの文脈で理解すると、現代人は人工世界が強いてくる無限といってよい知識の洪水に早くから慣れようとして、幼い頃から紋切り型の知識をたくさん手に入れてしまい、かえって情動の原初的な働きを自然な形で発露することが苦手になっていると言い換えることができる。別の言い方をすると、あとで手に入れた知識によって判断するだけで、その大本の判断を遮断してしまっていること、あるいはもっと端的に事象そのものに感動することができなくなっていて、頭の中の後天的な「知識」に感動していること、と言い換えることができる。[注3] 情報化といわれる現代社会が知識を未曾有といってよいほどの洪水状態にするために、幼い頃からそれらを信じていかないと社会に適応できないということのために、そして、現代社会の要求する教育が、子どもに幼い頃から知識を多く持つことを要求するということのために、どうしても現代人の中には紋切り型の知識が増大する。そしてこの紋切り型の知識が、〈センス・オブ・ワンダー〉の発露を妨害しがちになる。

しかし、情報化という現代社会の特質は元に戻せるものではない。とすると、私たちにとって大事な問題は、「知識」を持っていても、それが事象そのものにかかわる原初的な感情を損なわないで、実際の事象が起こったときに、そのことにかかわる新鮮で素朴な原初感情を発露するようになるにはどうすればよいか、ということになる。身につける知識をいかに紋切り型にしないで、事象そのものに対する感情を新鮮に活性化する心身の条件をどう高めるかということである。

この問いに対する一つの解は、知ることが、わかったと信じこむのではなく、知ることでかえって新たな問いが生じるというような知り方、つまり知ることでかえって新たな問いが湧いてくるような「知り方」をする、ということであろう。そうした「知」が〈センス・オブ・ワンダー〉には必要ということになるだろう。

実は、カーソンは先の本の中で、こういう書き方もしている。

いろいろなものの名前を覚えていくことの価値は、どれほど楽しみながら覚えるかによって、まったくちがってくると私は考えています。もし、名前を覚えることで終わりになってしまうのだとしたら、それはあまり意味のあることとは思えません。(中略)

もし、八月の朝、海辺に渡ってきたイソシギを見た子どもが、鳥の渡りについてすこしでも不思議に思って私になにか質問をしてきたとしたら、その子が単に、イソシギとチドリの区別ができるということより、私にとってどれほどうれしいことかわかりません(同前四八～四九頁)。

カーソンは、自然のあれこれについて名前を楽しく覚えることは、ひとまずいいことだといっている。しかし、それにとどまっていては意味があまりないともいっているのである。「もちろん、興味をそそるものの名前を知っていると、都合がよいことは確かです。しかし、それはべつの問題です。手ごろな値段の役に立つ図鑑などを、親がすこし気をつけて選んで買ってくることで、容易に解決できることなのですから」（同前四八頁）。

つまりカーソンは、

① ものの名前を知っているに越したことはない。しかし、その名前を覚えるときどれほど楽しんで覚えたかということが大事だ。

② ものの名前よりも、そのものについて、どうしてだろうとか、どうなるのだろうとか、疑問や不思議だという感情を持つことの方がもっと大事だ。

こう述べているわけである。

名前を知るということは、対象について、もっとも初歩的な知識を手に入れることであるが、カーソンは、それにとどめてはいけないというのである。自然の何かについての名前を「知る」ことは無意味ではないが、それでわかったという気持ちになってしまう、つまり紋切り型の知識になってしまっては意味がない。名前を知るだけでなく、その事象そのものにかかわる新たな問いの感情を持って知ろうとするようになることが大事だ、といっていることになる。そのためには、先ほどの言い方でいうと、原初的な情動に知識が加わった情動が付け加わりやすくなるように、不思議だ、どうしてだろうという形での知識を身につけることが大事だということになる。つまり、カーソンは、子どもが自然について知識を持つとき、知ることでさらなる問いが生じるような持ち方が大事だといっているわけである。これは、〈センス・オブ・ワンダー〉を手に入れるには自然についての知識はすべからく

〈センス・オブ・ワンダー〉の感情を働かせて持つべきだという、トートロジカル（同語反復）に聞こえる主張のように思える。しかし、そうではない。このことを具体的にもう少し考えてみよう。

四

以下の実践は私がよく紹介してきたもので、ある保育園の先生のものである。

この先生は、年中組と年長組の子どもたちに二年間、同じ野菜を畑で育てさせている。そうしないと、なぜ間引かねばならないのか、水やりがどうして大事なのか、草抜きが必要な理由等が、本当には分からないからだという。年中組では間引くことが大事だといっても、いやだといって間引かない子がたくさんいる。でもそこは強制しない。しかし、世話をいい加減にしてきた子は収穫の段で愕然とすることになる。そのことに気がつくと、年長組になると自覚的に育てるし、知識を求めてくるし、もっと必死になって育てるようになるというのである。

ある年、夏大根を育てていた年長組。水やりを忘れていたので先生が促した。子どもたちは気がついてみんなでバケツに水を汲んで撒きに行く。一通り撒き終わった段階で先生がみんなにきいた。

「ねえ、みんな、みんなは毎日大根さんに水をあげているけど、どうして大根さんに水をあげないといけないの？」

「だって、水あげないと大根さん、のどが渇くよ」

「そうか、じゃあ、大根さんはみんながあげた水を土の中でのんでいるんだ」

「そうだよ、先生知らなかったの？」

「そうかあ。じゃあきくけど、大根さんはみんながあげた水を土の中でどんな風にして飲んでいるの？」

「……？」

　ここから議論が始まった。あれこれ言いあった末、みんなが考えだして一通り合意した説は次のようなものだった。

「あのね、大根さんは土の中に、目に見えないくらいの小さなくちびるを一杯持っていてね、それでチューチューと水を吸っているの」

「へぇー、そうか！　大根さんは目に見えないくらいの小さなくちびるを一杯持っていて、それで水をチューチュー吸っているのか。そう思う人？」

「はーい！」

「そうか、大根さんは土の中に小さなくちびるを一杯持っているのかぁ。そうかぁ」

　こうしてこの実践は終わったという。私は「それ以上はきかなかったのですか」と尋ねたのだが、

「それ以上言うことはないと思いますよ。子どもたちは必死で考えて興味深い説を見つけ出したんです。でもね、ほんとにそうだったらいいなというのが本音のところでしょう。半信半疑なんですよ。あのまま小学校に行くと、きっと、理科の授業を一所懸命きく子になると思うんです。小学校に行ったら学ぶことを先取りして教える必要はまったくないと思うんです。そんなことしたら学校の勉強が面白くなくなる。信じているのだけれど、かえって疑問が大きくなったという、精神のちゅうぶらりん状態をつくるのが保育ではないですかねぇ」[注4]

　この答えに、私は恐れ入った体験がある。

　たった一つの問いを出し、子どもたちがそれに基づいてワイワイ議論する。その結果、水をどうし

て飲んでいるのかということが疑問になり、それなりに納得のいく考えをみんなで考え出す。ここで大事なことは、結論を出したことよりも、この集団思考の過程で、不思議だなという考えが子どもたちの中にかえって強くなるような体験をしていることである。漠然と考えていたことが、保育者の問いかけで鮮明な問いになる。そして一体どのようにして水を飲んでいるのだろう、という問いを共有することで、分かっているつもりのものがかえって分かっていないと気付く体験をしたのである。これは知識の「異化体験」と呼ぶにふさわしい。知ることが新たな問いを生み出していくという典型例だと思う。

カーソンは、名前だけというような紋切り型の知識だけではダメで、そうではなく、どうしてだろう、本当かなというように疑問や驚きの感情を伴った問いを持って知ろうとすることが大事なのだといったのだが、こうした認識の異化体験は、一人の子どもだけでは体験できないということをこの保育者はよく知っていた。しかし、適切な問いかけをすると、知っていることに、あれっという崩壊現象がおこり、問いが鮮明になっていくという体験をすることになる。この崩壊現象つまり異化体験は見方によっては、〈センス・オブ・ワンダー〉が発露したともいえる。〈センス・オブ・ワンダー〉とは、不思議だな、どうしてだろうと感じる感性だからである。つまり、カーソンは、〈センス・オブ・ワンダー〉を育てるには、幼い頃から、子どもたちの〈センス・オブ・ワンダー〉を大人が適切に援助して導き出しつつ自然と立ち向かうような体験こそが必要だといっていたのである。そして、ここに大人の果たすべき役割が示唆されているとみるべきであろう。漫然と自然を見て体験しているだけでは、〈センス・オブ・ワンダー〉が喚起されるとは限らない。そこに適切なずらしのための問いかけ、異化のための働きかけがあるときにこそ、子どもたちの良質の〈センス・オブ・ワンダー〉がもぞもぞとうごめき始めるのである。

五

この事実は、〈センス・オブ・ワンダー〉の形成をめぐるロマンティズムとリアリズムという問題に飛び火する。

ルソーの自然への郷愁をルソーのロマン主義という向きがあるが、一般に自然の賛歌はワーズワースやソロー、エマソンなどに見られるように、自然のロマン主義的な賛歌として語られることが多い。その延長で、人工化された世界を忌避して、自然の大事さを体験させたいというロマン主義的な立場で〈センス・オブ・ワンダー〉を考える傾向が教育の世界にもある。

このこと自体に問題があるわけではないが、これまでの考察で明らかなように、〈センス・オブ・ワンダー〉は、自然に対する驚きや発見、疑問という異化的体験に基づく感情体験を重要な契機にしていることを無視するわけにはいかない。そして、その驚きや疑問、発見の対象が、今自然の世界では多くが自然破壊という形で起こっていることに鈍感であってはならないだろう。自然を豊かに楽しもうとしても、そう単純にできないという現実が厳然と存在することが、私たちの〈センス・オブ・ワンダー〉のあり方に問いを投げかけているとみるべきなのである。

カーソン自身のことを思い出そう。彼女は、産業や文明による自然破壊が実際に起こりうるということを世界ではじめて訴えて、当初は社会からはじき出されようとした人物であった。『沈黙の春』という言葉を聞いて、ピーンと来ない人は今はいないだろうが、この本がはじめて出版された当時はそうではなかった。彼女の決して長いとはいえない人生の大部分はこの自然破壊との闘いに費やされたのだった。〈センス・オブ・ワンダー〉という感情は、その意味で、自然破壊に対する怒りということを長く、そして深く経過した末に提案されたものだった。破壊への怒りの感情というリアリズムが、豊饒な自然へのあこがれというロマンと見事に結合している格好の例がカーソンなのである。カーソンの時代は「公害」が敵であった。今はそれに加えて「温暖化」と「生物多様性の破壊」ということが付け加わっている。こうしたことへの怒りの感情を欠いて現代の〈センス・オブ・ワンダー〉は語れないはずである。

このことは、子どもたちに〈センス・オブ・ワンダー〉という感情を育もうとするとき、子どもたちに、自然を大事にするとはどういうことか、それが破壊されるということはどういうことか、ということをめぐる知識や感情とセットになった取り組みが必要という事情をあらわしているのではないか。

その例を『あなたが世界を変える日』という小さな本に求めながら、このことをもう少し具体的に考えてみよう。

この小さな本はサブタイトルが「一二歳の少女が環境サミットで語った伝説のスピーチ」となっていることに見られるように、ある少女の環境サミットでの講演記録である。少女の名はセヴァン・カリス＝スズキ。

セヴァンさんは、カナダのブリティッシュ・コロンビア州に生まれ、幼い頃キャンプしたりハイキングをしたりと、自然と深く関わりながら過ごした少女だ。彼女が八歳のとき、両親は南米のアマゾンで計画されていた一連のダム建設を阻止する闘いにかかわるようになった。ダムが造られると何百も先住民が立ち退きを強いられ、何千種類もの野生生物がすみかを失うことになる。先住民と世界の人びとが反対運動にたち上がり、両親はブラジルまで出かけて支援した。その成果があってダム建設は中止になったが、闘いのリーダーが殺すぞ等と脅迫されるようになり、彼らを救おうとするカナダの人びととの交流が始まった。

カヤポ族の人びとはカナダに初めてきて交流したが、そのあとカナダの人びとをアマゾンの奥地の村に招待した。セヴァンさんは、このときこの村に招待されて行ったメンバーの一人だった。ここでセヴァンさんは自然と共生しているカヤポ族の人びとの生活に深く打たれ、アマゾンの森と恋人になったという。しかし、彼女が帰るときに乗った飛行機から見たアマゾンの風景に彼女は強烈なショックを受けた。アマゾンのあちこちで焼き畑のために森を燃やす火が燃え上がっていたのだ。その煙が飛行機の中にまで入り込んできたという。「この経験が私を変えました」とセヴァンさんはいう。戻った彼女は、友だちと小さなクラブをつくり、それをエンヴァイロンメンタル・チルドレンズ・オーガニゼーションと名付けた。頭文字をとってＥＣＯといい、運動を「こども環境運動」と呼んだ。環境のことを勉強し、ゴミ拾いやさまざまな環境浄化運動に取り組んだ。

セヴァンさんが一一歳の時、つまり一九九二年にリオデジャネイロで国連の環境サミットが行われるということが決まった。セヴァンさんたちは、環境の変化でもっとも影響を受けるのは子どもたちなのに、子どもたちは誰もこの会合に参加しないということを知り、ぜひ参加したいと決意した。そして、みんなにカンパを呼びかけて旅費を調達し実際に四人の子どもたちがリオに飛んだ。彼女たちは会議に出て小さなブースで必死に訴えた。しかし会議の場での発言の機会は得られなかった。けれども、会合の最終日の前の日に、ユニセフ代表のグラント氏が、子どもたちも全体会議に参加させるべきだと発言し、セヴァンさんたちに最終日、発言の機会が与えられることになった。

セヴァンさんは仲間四人と必死になって原稿をつくり、与えられたたった六分の演説に臨んだ。そのときの演説の一部を引用する。

「私がここに立って話をしているのは、未来に生きる子どもたちのためです。世界中の飢えに苦しむ子どもたちのためです。そして、もう行くところもなく、死に絶えようとしている無数の動物のためです。」演説はこうした言葉から始まった。

私の世代には夢があります。いつか野生の動物たちの群れや、たくさんの鳥や蝶の舞うジャングルを見ることです。でも、私の子どもたちの世代は、もうそんな夢を持つこともできなくなるのではないか？　あなたたちは、私ぐらいの歳のときに、そんなことを心配をしたことがありますか。

こんな大変なことが、ものすごいいきおいで起こっているのに、私たち人間ときたら、まるでまだまだ余裕があるようなのんきな顔をしています。（中略）でもあなたたち大人にも知ってほしいんです。あなたたちもよい解決法なんてもっていないっていうことを。

オゾン層にあいた穴をどうやってふさぐのかあなたは知らないでしょう。死んだ川にどうやってサケを呼びもどすのか、あなたは知らないでしょう。絶滅した動物をどうやって生きかえらせるのかあなたは知らないでしょう。そして、今や砂漠となってしまった場所にどうやって森をよみがえらせるのか、あなたは知らないでしょう。

どうやって直すのかわからないものを、こわしつづけるのはもうやめてください。（中略）

二日前ここブラジルで、家のないストリートチルドレンと出会い、私たちはショックを受けました。ひとりの子どもが私たちにこう言いました。「ぼくが金持ちだったらなぁ。もしそうなら、家のない子すべてに、食べものと、着るものと、薬と、住む場所と、やさしさと愛情をあげるのに」

家もなにもないひとりの子どもが、わかちあうことを考えているというのに、すべてを持っている私たちがこんなに欲が深いのは、いったいどうしてなんでしょう。（中略）もし戦争のために使われているお金をぜんぶ、貧しさと環境問題を解決するために使えば、この地球はすばらしい星になるでしょう。私はまだ子どもだけどそのことを知っています。

全部引用できないのが残念であるが、実際の環境サミットでは、多くの大人が涙を流しながらセヴァンさんの演説を聴いたという。ゴルバチョフもゴアもそうだった。たった六分の、しかも子どもの演説が、このサミットでもっとも心に染み渡るものであったといわれている。注5

説明は不要であろう。

セヴァンさんはどういう育ちをした女性であったのか。先の本で彼女は次のように幼い頃のことを書いている。

私は子ども時代の半分をブリティッシュ・コロンビア州ですごしました。そこではキャンプしたり、ハイキングをしたり、潮だまりを探検したり…。残りの半分はトロントですごしました。トロントは大都会ですが、私たちの家族はそこでもアウトドアを楽しみました。私たちは週末ごとに近くの海や近郊のいなかにでかけたものです。
妹と私は自分たちが集めたいろいろなもので博物館をつくりました。すてきなものを集めて展示しては、あれこれ説明して遊ぶのです。
ブリティッシュ・コロンビアでもトロントでも、アウトドアの生活は私にとっていつも楽しい場所でした。そしてやがて私は、さらにその外にある世界について耳にしたのです（同前三二頁）。

彼女の〈センス・オブ・ワンダー〉の基礎は、こうした幼い頃からの自然の中での生活から生まれたものであることがよくわかる。しかも博物館をつくって説明しあって遊んだということにみられるように、自然についての知識を手にいれようとする姿勢が豊かにあったことがわかる。こうした基礎の上に、小学生の頃にアマゾンの奥地で生活する人びとの知恵と熱帯雨林のすばらしさを直接知ったという体験をし、さらにアマゾンの自然破壊という厳しい現実を知って、この自然をこれ以上壊してはならないという怒りに似たセンスを感じるようになったのである。彼女の自然に対するワンダーの感覚は、決してロマン的なものだけではなく、怒りと一体といってもいいもので、それは経験と知識の両面から来ているものである。怒りとあこがれのどちらが先かということは問題ではない。怒りと共感は〈センス・オブ・ワンダー〉においてはセットなのである。

前節で示したのは、〈センス・オブ・ワンダー〉の育成には、子どもが自然に対して何らかの知識を持つことが実は大事だが、その知識が紋切り型のものに終わらず、それを異化し、新たに不思議だな、どうしてだろう等々の感情を持つことがより大事であるということであった。この異化過程には、大人の適切な働きかけが媒介することも必要だということであったが、セヴァンさんの例は、その働きかけの中に、特に今日の局面では自然の破壊に対する怒りや、そのことに関する知識が不可欠であることが示唆されている。〈センス・オブ・ワンダー〉をめぐるロマンティシズムとリアリズムが、今日、切実に統合を求めているといえよう。

六

本論の二節で私は解くべき課題を三つあげた。再録しよう。

① カーソンが姪の息子のロジャーにしたように、子どもたちを幼いときから自然の中に連れ出し、自然を体験させれば、彼らの〈センス・オブ・ワンダー〉は豊かになるのだろうか。

② 幼い頃に子どもの中に〈センス・オブ・ワンダー〉を育んでいけば、それは大人になったときにもその人の自然と接するときの感性として生きて働くようになるのだろうか。

③ 〈センス・オブ・ワンダー〉は経験だけで身に付くのだろうか、それとも一定の知識や世界観を必要としているのか。つまり、〈センス・オブ・ワンダー〉を身に付けるというのは自然観や世界観を身につけるということとパラレルだろうか。

①はカーソンが、まだ二歳に満たない幼いロジャーをある秋の嵐の夜海岸に連れていって、真っ暗闇の中をいっしょにたたずむとか、真夜中に懐中電灯の灯りを頼りに、やはりロジャーの手をつないで、スナガニを砂浜に探しにいくなどの鮮烈な印象を与える行為を『センス・オブ・ワンダー』の中で紹介しているため、一般には、そうして幼い頃から子どもを大自然の中に連れ出すことが、〈センス・オブ・ワンダー〉の養いに必要なのだ、と理解されている傾向があるから挙げた課題である。これについては、幼い頃のある程度の自然体験は〈センス・オブ・ワンダー〉の育成の必要条件だと今は言え

るが十分条件ではない、というのが中間結論ということになろう。豊かな自然体験の上に、どのような知的体験が重なるかが〈センス・オブ・ワンダー〉の育成にとっては重要なのである。

②、③の課題を設定した理由はすでに理解されたと思うが、この問題は私自身の生き様にかかわる大きな問いであるので、もう少しこだわって経験を書いておきたい。

私自身は、戦後すぐの時代に生まれた世代だが、家の前が川で、目の前に川と川原が広がっている環境で育った。護岸工事などをしたのは私が小学校に入る頃からで、私の幼児期には増水の度に小さな橋が流されていた。満天の星は晴れている限り毎晩見られ、川向こうは果てしなく広がる田圃であった。ドジョウ採りやタニシ採りは日常であった。しかも私は自分専用の小さな畑を与えられていて、一〇畳ぐらいの空間に幼児期から好きなものを育てていた。

しかし、そうした環境が、私に豊かな〈センス・オブ・ワンダー〉を育んでくれたかどうか、私には確信がない。もしこうした体験をしていれば、みな豊かな〈センス・オブ・ワンダー〉が身につくといえるのなら、一昔前の人は誰もがそうした〈センス・オブ・ワンダー〉を持ち合わせていたことになる。しかし、そうして生きてきた人たちが日本が世界で最初の公害王国になる最前線にいた人たちなのだ。自然の摂理を平気で無視し杉だけの林をつくったり、田圃のあぜ道をまっすぐにして自動車が通れるようにして、結果として田舎の風景ではなく米工場のような風景をつくってきたのは、基本的に子どもの頃豊かな自然体験のあった人たちだったのだ。

私自身は、幼い頃から、与えられた畑に毎年好きなものを育てていた。ある年は一面のコスモス、ある年は全部ヘチマ、ある年は…と好き勝手に育てていたのだが、そこに何の一貫性も問題意識もなかった。ヘチマなどはたくさんできたが、使い道も分からないので、結局捨てるだけであった。

あのとき、もし誰かが幼い私に、こんなおもしろい野菜を育ててみないかとか、肥料はこうしてつくるんだとか、この花に別の花の花粉を交配させるとこんなものができる可能性があるとか、ちょっとした知恵を授けてくれていれば、きっと本気になって育て、子どもなりに実験してみたに違いない。ヘチマだってヘチマ水の知識やヘチマたわしのことを教えてくれる人が一人いただけで、興味はうんと発展したと思う。実際にはそうした手助けが何もなかったので、私は毎年いたずらにあれこれ畑に種をまいていただけだった。

中学生になってからもさまざまな理科的体験はした。化学実験室を屋根裏につくったり、プランクトンの採取、分類などもした。しかし、そのことで私の〈センス・オブ・ワンダー〉が豊かになったとは思えないのだ。[注6]

これまで述べてきたように、〈センス・オブ・ワンダー〉は、自分なりの知識の変容過程で、不思議だなと感じる世界がかえって拡大するというような体験の中で育っていくのであって、知るほどに分からなくなるということがベースに必要だと考えられる。

繰り返すことになるが、〈センス・オブ・ワンダー〉の育みには、自分の持っている知識に隙間ができるような問い、既知だと思っていたことが未知だったと分かるような驚き、自分の知識は間違っているという疑問等々を喚起してくれる、周囲の人間の適度で適切な働きが不可欠のように思う。適度で適切な、というのは、子どもの知識の現下のレベルよりも上で、子どもの理解力を適切に刺激しくすぐるようなレベルの働きかけである。そうした範囲の大人からの働きの結果、知識を得て、かえって不思議だなという感覚がとぎすまされた、という体験が必要なのである。

以上の議論から、〈センス・オブ・ワンダー〉の育みには、

① 自然の特に生命のいとなみについて、不思議だなあ、すごいなあ、と身体ぐるみで感じるような体験を重ねること。それが幼い頃からできればそれにこしたことはない。

② その上で、子どもたちが自然について持った知識を覆すようなあるいはそれを疑い出すような適切な働きかけによって、子どもたちの知識が異化される体験を持つこと。

この二つが大事ではないかということが帰結されたことになる。

この両者とも、先に触れた紋切り型の知識を壊す働きを持っていることに留意してほしい。前者で言えば、一三～一四歳で少年鑑別所に連れてこられる子のなかに、小学校時代に満天の星を見て感動したという体験をしていないものが多いということを報告した心理判定員がいるが、このことは、自然の不思議さ、とてつもない大きさ、深さ、歴史あるいはその神秘性等に感動することが、人間を謙虚にし、自分の生きる座標軸や土俵をつくることにリンクしていることを示唆している。本章では、後者も必要だということを強調しているので前者は大して重要でないという印象を与えたかも知れないが、それは本意ではない。幼い頃からの自然体験の豊かさは、発達のそれぞれの時期に自分で知識を整理して世界像を作り替えたり異化して自然観を構成し直したりするきっかけになる。その意味で幼い頃からの自然体験が豊かであることは重要な意義を持っている。冒頭で私は、〈センス・オブ・ワンダー〉は自然の中でも、その生命に対する感性が中心だと述べたが、生命のない自然に対して生命を感じるような体験をすることが子どもたちの生きる基本姿勢、つまり世界像をつくるということは、

示唆的である。〈センス・オブ・ワンダー〉は知識の源泉であるだけでなく、生きる姿勢の大本を正す役割をも持っているのである。

後者でいうと、先の夏大根の実践の際の発問のような理科的な体験以外に、子どもたちが感じた感動を、できるだけ長続きさせるような働きかけも大事だということになろう。

美しい夕日を見て感動しても、それをそのままにしておけば、二〜三日すればほぼ忘却してしまう。満天の星もそう。美しい紅葉や棚田を見ても同じだろう。感動する心は長続きするものではない。

そこでその感動を、そのままにしないで、何とか表現の世界に持ち込むという営みや実践が意味を持ってくる。きれいな紅葉の葉っぱを森や林に探しに行って持って帰ってくる。それで終わらないで、その葉っぱを使ってきれいなモニュメントをつくるとか、それを貼り合わせて秋というテーマの作品をつくるとか、きれいにそろって山を覆っている竹林を何度も見に行って、それを絵画作品にするとか。よいにおいの花に出会って、それを何とか色で表現するとか、身体表現で表すとか、新鮮な新緑の森や山を緑を使わないで絵にしてみるとか、その美しさを音楽にしてみるとか、詩を創造するとか、聞こえてくる音に耳を澄まし、それを色で表すとか、ありとあらゆる方法を用いて感性や感動を表現に移していくということを試みるのである。

表現は個性を徹底して大事にしなければならない。一人として同じように感じないから人間の尊厳が成り立つ。みんな違う表現でいいので、それぞれに表現することを励ます。その過程では自分は何に感動しているのかを絶えず振り返らなければならなくなる。そのプロセスが、不思議だとか、きれいだとかという初発の感情、感じ方をもっと多角的に深めさせていくことになる。その深めの過程が、自分の〈センス・オブ・ワンダー〉を見つめ直し、耕すことにつながっていくことになるのである。

このように、多様な体験、感動する体験をするとともに、それを何らかの形で表現することが、子どもたちの〈センス・オブ・ワンダー〉をみがくもう一つの回路になっている。表現にこだわることは、表現の内容となる体験や対象への関心を否が応でも高める。それがしっかり観察する力になり、小さな違いなどをめざとく見つめる力すなわち〈センス・オブ・ワンダー〉へと結実していく。

つまり、〈センス・オブ・ワンダー〉は、科学的な知のズレの体験、紋切り型の知識を崩していく体験の先にみがかれていくという方向と、そして生命に対する感覚を軸とする世界像、世界観の創造という方向、さらに芸術的な表現を洗練していくという方向の、三つの方向に向かった大人の適切なかかわりが育てていくものといえる。

後者のことは紙数の関係でくわしく論じることができないが、芸術が子どもの〈センス・オブ・ワンダー〉の開発に有効であることは、大事な仮説として認識され、今後もっと深められていくことが必要だと思う。

〈センス・オブ・ワンダー〉は、はじめにも述べたように、人間の類い希な生命へのこだわりと共に生まれてくる人間的な力である。その育みのためには、子どもたちをほんの幼い頃から自然体験を豊かにさせることが大事だが、それだけでなく、自然との接面で子どもたちの常識や紋切り型の知を揺さぶるような体験をすることがより重要である。要するに大人の微妙なバランスでの働きかけが必要だということである。これが本章の結論ならぬ結論である。

注

1 この本は後に新潮社から刊行されている。本書では最初の佑学社版から引用した。

2　私が学生の頃、ベトナム反戦運動が盛んであった。私もそうした運動の片隅に参加していたのだが、あるときアメリカ軍がベトナムの隣のカンボジアに戦線を拡大した。そのとき私は「だいたい帝国主義国家というのはそういうものだ。前からカンボジアに侵攻すると思っていた」というようなことを言った。それを聞いていたある先輩が私を厳しく叱責した。叱責の趣旨は、そういう言い方をすることで、おまえは素朴に怒るのを忘れてしまっているのではないか、ということであった。知識が人間的な感情を疎外してしまって、どうするのだ、ということである。私はなるほどと思ったのだが、知識を手にすることが法則的な理解をすることだとしたら、こういう場合はこうなると先読みするために手に入れるのではないか。しかし先読みすれば素朴な怒りや喜びの感情を忘れてしまうとは、どういうことか、ということがこの時以来疑問になった。本章は、こういうことを念頭においている。

3　ある記者が、東大の数学科の教授にきいたという話が示唆的である。彼は東大の数学科に入学した学生とアメリカの大学の数学科の学生とどちらが優秀かということをきいたのだが、東大の数学科の教授は、入学時点では東大の学生の方が優秀かも知れないが、卒業時には例外なくひっくり返ると答えていた。理由は、東大の学生には感性が育っていない、それは幼い頃から「勉強」をするからだ、ということであった。早くから紋切り型の知識を手にして、素朴に感じる能力を失ってしまうということへの警告だが、数学もまた感性がベースにあるという指摘は示唆的であろう。

4　この話は上岡勢津さんからきいたもの。氏の『今をいっぱいに輝いて　四、五歳児の二年間』（南の風社、一九九六）は子どもたちがいかにすぐれた〈センス・オブ・ワンダー〉の持ち主であるかを生き生きと実際の例で示した好著である。そこには、やはり保育者の適度なかかわり、仕掛けが大事であることが豊かに示唆されている。

5 以上は『あなたが世界を変える日 12歳の少女が環境サミットで語った伝説のスピーチ』（セヴァン・カリス＝スズキ著、マナケモノ倶楽部編訳、学陽書房、二〇〇三）より。わずか一二歳の少女が、世界の舞台で活躍するというところにカナダの教育の成果を見るのはやさしい。カナダでセイブ・ザ・チルドレンをつくったキールバーガー氏も、つくったときはやはり一二歳であった。

6 中学生になったときに、私は生まれた土地のあちこちのため池にすむ淡水産のプランクトンを調べようとした。学校にあるプランクトンネットを借りてプランクトンを採取し、遠心分離器にかけて、顕微鏡で見て、分類して、写真撮影して、それを自分で現像して写真にする。それを日曜日ごとに学校の理科室を借りてやっていた。しかし、同じことばかりしていてはすぐに行き詰まる。理科の先生に相談したら、私も分からないからと出身大学の微生物の教授のところに連れていってくれた。教授は中二の私たち（二名）に、淡水産プランクトンは意外と研究されていないこと、たとえばミジンコは卵生のときもあれば胎生のときもあるのだが、その区別は水温にあるらしいとか、フナは水槽に五〇匹ミジンコを入れても必ず四九匹しか食べない、どうしてなのか、これも分かっていない等々のことを教えてくれた。そして丁寧に英文の論文も下さった。

私はこのことに多少興味を持ったのだが、中学校には恒温槽のような上等の実験器具はない。フナのことについてはどう調べていいか分からない。ということで、これも途中でダウンした。

幼児期から小学校期にかけては何ら大人からの示唆やヒントがなくて行き詰まった。中学生のときは、示唆やヒントがあったのだが、それらが自分の知識や準備から遠過ぎて、これも行き詰まった。これらはいずれも私の〈センス・オブ・ワンダー〉を豊かにしたとは思えない。体験だけでは不十分で、その質が大事なように思う。このことについてはもっと多様な経験を交流し理論化していくべきであろう。

松谷みよ子「龍の子太郎」にみる〈ユートピア〉の時代性

――「ポスト三・一一の児童文学」の視座から

鵜野祐介

……あれから何年　たった事だろ／高校も出たし　大学も出た／今じゃ機械の　世の中で／おまけに僕は　エンジニア／苦労苦労で　死んでった／母ちゃん見てくれ　この姿／……（中略）……／今も聞こえる　ヨイトマケの唄／今も聞こえる　あの子守唄／「父ちゃんのためなら　エンヤコラ／子どものためなら　エンヤコラ（美輪明宏作詞・作曲「ヨイトマケの唄」、一九六五年発表）

序

かつて神宮輝夫は、児童文学を「大人の最良の人生を求める願望と、子どもの自己確認の間に成立する文学」（神宮『児童文学の中の子ども』NHKブックス、一九七四、七八頁）と定義した。神宮の言う「最良の人生」とは、〈ユートピア〉と言い換えても差し支えないだろう。作者にどの程度意識されていたかは別にして、大人である作者にとっての〈ユートピア〉を子ども読者に提示し、そこへ導いていこうとする願望が、児童文学作品に内在することは疑いない。

ところで、この〈ユートピア〉には、例えば「平和で幸福な社会」といった、時代を越えた普遍的かつ抽象的なイメージももちろんあるが、その一方で、作者個人のイデオロギーや、作品が発表された当時の社会の影響を少なからず受けたものもあるだろう。つまり、ある作品に描かれた〈ユートピア〉には、作者個人のイデオロギーや、ヘーゲルのいう「時代精神」が投影しており、「時代を予見するもの」や「時代に同調するもの」と後に評価されるような場合もあるのではないかと考えられる。

本章では、一九六〇年に発表され戦後児童文学の代表作の一つと目される松谷みよ子「龍の子太郎」に描かれた〈ユートピア〉の特質を「時代精神」として抽出した上で、東日本大震災以降の世界を生きる子どもたちに供与すべき「ポスト三・一一の児童文学」という視座から、その限界性を指摘するとともに、これを超える新たなビジョンを提示してみたい。そのための方法として、ジャック・ザイプスが「赤ずきん」というヨーロッパの伝承メルヒェンと、その再話・再創造テキスト群の歴史的変遷を辿り、それらの比較を通して各テキストに内在するイデオロギーを抽出してみせた、いわゆる「歴史的変容研究」または「イデオロギー論的アプローチ」と呼ばれる手法を用いる[注1]（ザイプス、廉岡糸子他訳『赤頭巾ちゃんは森を抜けて』阿吽社、一九九〇)。具体的には、一.昔話「蛇女房」、二.伝説「小泉小太郎」および「泉小太郎」、三.瀬川拓男による再話版「小泉小太郎」(一九五七)、四.松谷「龍の子太郎」(一九六〇)、以上四者の比較を通して、伝承説話の内包するイデオロギーが松谷によってどのように改変されたのか、その背景にある「時代性」とは何かについて考究する。

「ヨイトマケの唄」が今もなお聴く者の胸を打つように、「龍の子太郎」にも時代を超えて読者の心に響く共通の主題、「母と子の強い絆」があることは言うまでもない。けれどもまた、戦後復興期から高度経済成長期へと向かおうとする六〇年代初頭の、日本の社会や家族のありようを投影するものとして読み解くとき、この作品の持つ光と影を再発見できるのではないか、そう予感している。

一　昔話「蛇女房」

まず、「龍の子太郎」の原話と目される昔話「蛇女房」のあらすじを、稲田浩二『日本昔話通観』第二八巻(同朋舎、一九八八)の「日本昔話タイプインデックス」(略称IT)のモチーフ構成に拠って紹介しよう。

①男が、子供にいじめられている蛇を助けると、娘が男を訪れて嫁になる。②嫁は、子どもを生むときに部屋をのぞくな、と言うが、夫がのぞくと、八畳の間で大蛇が子供を生ん《(ママ)》でいる。③嫁は目の玉の一つを夫に渡し、これで子供を育て困れば池へ来い、と言い残して姿を消す(稲田一九八八、三三九頁)。

その後の展開の違いによって本話型は二つのサブタイプに大別される。子どもが目玉をしゃぶり尽くし、残りの目玉もほしいとせがまれた母蛇は、盲目になる自分のために鐘を寺に寄進しこれを撞いて朝夕の訪れを知らせるよう頼んで目玉を与え、子どもは母との約束を守るという「鐘の起源型」と、目玉の霊力の評判を聞きつけた権力者（たち）がこれを奪い取り、彼（ら）に対する復讐として蛇が洪水や山崩れ、地震や津波などを引き起こすという「復讐型」がある。

前者は、東北から九州にかけて本土の全域に及び、その多くが滋賀県の三井寺にまつわる話として語られており、この寺の造営・改築のための寄進を求めて全国を行脚した勧進聖が、本話の伝播者として関与したことが窺える。一方、後者は九州を中心として主に西日本に見られる。寛政四年（一七九二）の大地震に伴う島原・眉山の山崩れにまつわる伝説として語られるものもあり、災害を後世に伝えるために語り継がれた可能性が高い。[注2]

別稿において『日本昔話通観』資料篇全二九巻（一九七七〜九二）を手がかりに全国各地の類話を検索した結果、青森から沖縄まで九〇のテキストが確認された（鵜野祐介「蛇女房は何故わが子を棄てたのか—「母子離別」モチーフの歴史的背景と教育人間学的意味—」立命館大学文学部教育人間学専攻教員編著『教育人間学の思想圏』文理閣、二〇一五）。この資料を基に、昔話「蛇女房」の特徴を見ておきたい。

第一に、類話の大多数が、上述のモチーフ構成と同様に、人間に変身した蛇の女が人間の男と結婚して子どもをもうけるという形を取る。そして、「雪女房」や「狐女房」をはじめ他の異類女房譚の多くがそうであるように、正体が発覚した異類である蛇の母親と、異類と人間の間に生まれた「片側人間」「片子」などと呼ばれる子どもは離別し、たとえ再会することがあっても最後は再び別れて終わる。つまり、「母と離別した子どもの、母に対する思慕の情」という主題がこの昔話の通奏低音として流れている[注3]（付言すれば、「ヨイトマケの唄」にもこの主題は共有されている）。

これは異類女房譚に限らず日本の昔話によく見られる主題であり、筆者が前述の別稿において行なった考察では、ＩＴに記述された「むかし語り」四四一話型、「動物昔話」一五六話型、合計五九七話型のうち、一〇六話型が「母（もしくは両親）との離別」のモチーフを含んでいた。そのうち母（もしくは両親）と再会して終わる話型は一六話型のみで、残りの九〇話型は再会しないままか、いったん再会するものの再び離別するというパターンを取っている。ちなみに母子がずっと一緒に暮らすというパターンは六話型しかない。さらに「父―子」と特定された親子の離別モチーフを含む話型は、「再会して終わる」七話型、「再会せず」一〇話型、「再会後の離別」〇話型、合計一七話型しかなく、「母子離別」モチーフがいかに好まれてきたかが分かる。

ところが、そうした中で岩手県に四例、もともと女は人間だったとする類話が見られる。神の呪いによる、魚を食べた罰として、などといった理由で人間が蛇に変身する。そしていずれの場合も、子どもと再会した母親の蛇や竜は、子どもの涙によって人間の姿に戻るという「龍の子太郎」と同様の幸福な結末を迎える[注4]。

魚を食べた人間が蛇や竜になるというモチーフとして思い出されるのが、一九九〇年代後半に岐阜県朝日村・高根村（現在の高山市）で行なった口承文芸総合調査の中で出会った「小三郎伝説[注5]」である。ここでは、小三郎という樵《きこり》に惚れた竜／蛇の化身である女ちんま（またはおちん）がイワノに変身し、小三郎がそれを食べると喉が渇いて仕方がなくなり、水を飲み続けているうちに竜／蛇に変身する。

松谷の「龍の子太郎」では、「イワナを一度に三匹以上食べてはならない」という村の掟があり、母親のたつが悪阻《つわり》のためにイワナを無性に食べたくなってこの掟を破ったため、その罰として竜になるという、岩手の類話と同じ理由づけがなされている。けれども、「小三郎伝説」に見られるような、竜にもイワナにも自在に変身し、人間の体内に入り込むことで竜にもなるという、水神の変幻自在な霊力への信仰が、ここにも投影しているのではないだろうか。掟破りに対する懲罰として竜に変えられるというモチーフは、この水神信仰が変質したものであり、「蛇女房」譚に取り入れられた類例が岩手にしか見られないことを考え合わせると、「人間変身―母子再会」型は比較的新しく生まれた類話かもしれない。注6

次に、昔話「蛇女房」の第二の特質として、蛇または竜の「神霊性」を指摘することができる。「復讐型」における、目玉を子どもから奪い取った殿様や役人などの権力者を懲らしめるために地震や洪水を引き起こす蛇や竜は、「怒れる神」の化身と認識されていたに相違ない。また、「鐘の起源型」において、盲目となった母蛇のために撞かれる梵鐘の音は、あたかも他界へ旅立った御霊への鎮魂、供養としての意味合いを持つものとも受け取れる。

余談になるが、山形や秋田の説話伝承を長年に亘って研究してきた武田正によれば、秋田市ではこの「蛇女房」を通夜の席で語るという習俗があったという（武田『昔話の発見―日本昔話入門―』岩田書院、一九九五、一八五〜一八六頁）。産褥死などにより幼い子どもを残してこの世を立ち去らなければならなかった母親の霊魂を供養するという意味合いが、この習俗が生まれるきっかけとなったのかもしれない。

ところで、先に述べた岩手の類話のように、魚を食べた罰として神の怒りに触れ竜や蛇に変えられたというモチーフも、数は少ないが見られる。ここで竜や蛇に付与されている属性は「神霊性」ではなく、仏教的な因果応報の思想に基づく「畜生性」と言えるのではないか。あるいは、超自然的な存在や動植物を人間よりも劣った存在と見なし、自分たち人間の都合のいいように扱おうとする、「人間中心主義」の発想の萌芽を見て取ることができるかもしれない（この点については後述する）。

さらに第三の特質として、天変地異を含む「大自然の営み」とは人知を超えるものと見なされていた。旧約聖書における「ノアの方舟」をはじめ、世界中の創世神話に、洪水による旧世界の破壊と選ばれた男女による新世界の創造というモチーフが見られるが、「蛇女房」にもその残照が見え隠れしている。神霊的存在の警告に耳を傾けず、これを「畜生」として蔑み、人徳に悖る言動を示す権力者や金持ちたちを一掃すべく、彼ら神霊的存在は洪水・津波や地震・山崩れを引き起こす（IT65「地蔵の予告」、66「竜神の予告」、67「人魚と津波」）。また、自然の摂理に従おうとしない者、例えば沈もうとする夕日を扇で招き戻して我が領地の田植えを完了させようとした長者には、その懲罰として、田んぼは湖に変えられ、長者はもぐらに変えられてしまう（63「長者の日招き」）。これらの話には、大自然とそれを司る「大いなる存在」に対する畏敬の念が息づいている。

二　伝説「小泉小太郎」と「泉小太郎」

次に、松谷が「龍の子太郎」の造形化に際して「芯にした」（松谷『民話の世界』PHP研究所、一九七四／二〇〇五、七〇頁）と言明する信州の物語、長野県中塩田（現上田市）の「小泉小太郎」伝説と、松本に伝わる「泉小太郎」伝説を、松谷『民話の世界』に拠って見ていこう。

中塩田版では、山寺の僧侶と大蛇の化身である女の間に赤ん坊が生まれ、僧侶は逃げ帰り、大蛇は僧侶によって刺された針の鉄の毒で死ぬ。赤ん坊は川下へ流れていき、小泉村の婆に拾われて「小泉小太郎」と名づけられる。小太郎は怠け者の寝太郎であったが、十五の時、婆に言われて焚物を取りに山へ出かけ、山じゅうの萩を採り尽くし、それを二束にゆわえて戻ってくるという大力を発揮して話は終わる。一方、松本版では、この地はかつて満々たる湖であったが、少年が母の犀竜の背中に乗って山を切り拓き、湖の水を北の海に落として平野を拓いたとする（同前三九〜四二頁）。

松谷は、結婚直後の一九五六年の春、夫瀬川拓男と共に、瀬川の故郷であり、松谷自身も戦時中疎開していた信州へ、民話採訪の旅に出かける。その動機は、木下順二や松本新八郎、吉沢和夫等によって一九五二年頃に発足した「民話の会」や「民族芸術を創る会」の活動に参加することを通して生まれた、「日本をもっと知りたい、知識としてではなく、じかにこの掌で触れてみたい、それには民話を訪ねるたびに出てみたい」（同前九頁）という思いだったという。ちなみに、ここで松谷が用いている「民話」とは、民俗学における一般的な定義、昔話・伝説・世間話などの総体としての「民間説話」の略称ではない。昔話であれ、伝説であれ、世間話の断片であれ、そこに「民衆の持つ切実な感情が語り込められている」（同前六一頁）もの、「民衆のエネルギーの中から無意識に生み出されてゆく」（同前六二頁）もの、「伝統の重みを含みつつ、現代に生み出される新しいもの」（同前六〇頁）こそ「民話」であるべきだと松谷は言う。

さて、この旅の中で彼らが出会った話の多くが「伝説と昔話がいりまじったような」、「祖先の重い吐息が語りこめられた」「水との闘いの民話」（同前三八頁）であることに息苦しさを覚えていた折、二つの「小太郎」伝説に出会う。その時、松谷は次のように考えたという。——二つの伝説をつなぎ合わせて、天真爛漫な少年が過酷な自然を克服して人びとの幸福に貢献する物語を創り出したい。それはソビエト（現在のロシア）における「せむしの子馬」に匹敵するような、戦後復興期の日本の子どもたちに相応しい民話に、戦時下において軍事政権に利用された「桃太郎」とは違う「日本の太郎の民話」になるはずだ。「だから、小太郎を日本の子供（ママ）のために書きたい、そうしなくてはいけないのだ」（同前四三頁）。

付言すれば、主人公のキャラクターは、松谷の作家活動における師、坪田譲治が描いた「天衣無縫」で「無邪気」、「あたたかさとユーモア」を持った子ども像（鳥越信『日本児童文学史研究』風涛社、一九七一、二〇九頁）と重なるものでもある。つまり「小泉小太郎」は、坪田文学の子ども像を継承するものでもあった。

ところで、倉石忠彦によれば、泉小太郎の伝承は、近世松本藩領の公式記録としての性格を持つ書物『信府統記』に最もまとまった形で記録されており、そこでは、小太郎は父白龍王（一説に穂高見命）、母犀龍（一説に諏訪明神）の間に生まれ、氏子の繁栄のために母龍の背中に乗り、湖を決壊させ水を北の海に落として人里を作ったとされる。つまり小太郎は、人力では成し得ぬ作業を人民のために成し遂げた神霊的存在であり、神話的色彩の濃厚な伝承と見なされる（倉石『信濃の洪水説話と泉小太郎」、『信濃』第57巻第5号、二〇〇五、五〇七～五一三頁）。それ故、大事業を成し遂げた後、小太郎は母龍ともども姿を消すのである。

一方、中塩田版において僧侶と正体不明の女との密通のモチーフが見られる点も注目される。これを、高徳であるべき僧侶の不品行を揶揄するものと解釈するなら、このモチーフに着目した背景には、木下の代表作「夕鶴」をはじめ、伝承の説話を土台としながら、大人の鑑賞に耐える作品、社会風刺や批判精神を内包する作品を再創造しようという「民話の会」などの運動に共鳴した瀬川の指向性があったのではないかと考えられる。

三　瀬川拓男版「小泉小太郎」

これら二つの伝説をつなぎ合わせて再話化したものが、一九五七年に未來社から出版された『信濃の民話』収載の瀬川拓男再話版「小泉小太郎」である。この版の執筆に松谷も関与していたことは十分考えられるが、編者として瀬川の名が明記されていることから、瀬川の信条や思想がより強く投影されていると見なし、「瀬川版」と記すことにする。

この版において、前節の最後に触れた密通モチーフがそのまま用いられている。また、母竜は鉄の毒に苦しみ淵の中へ姿を消したが死んではいない。十五の時に大力を示したことがきっかけで婆から出生の秘密を聞いた小太郎は旅立ち、母竜の住む湖に辿り着く。小太郎の呼びかけに母竜は人間の姿で現われる。小太郎から、人びとのために湖の水を流して耕地に変えてくれるよう頼まれた母は竜の姿に戻り、小太郎を背中に乗せると体当たりして山を崩し、湖を沃野に変えるが、母竜と小太郎は立ち去る。「犀龍と小太郎がそれからどこへいったかは知らない。だが、洪水や日でりで人々が苦しんでいる時、この犀龍にのった小太郎が現れたのを見た人がいるという……」（同前一八三頁）。

排水による人里の造成が、後述する「龍の子太郎」のように他の異類たちや動物たちの協力を得ることなく、母竜と小太郎の二人だけで行われていること、また事業を成し得た後、二人は姿を消し、人びとが水の危機に立つ時に姿を見せるという、いわば「土地の守り神としての水神」のイメージが、この版にも保持されている。ちなみに、先の二つの伝説版と同様、この瀬川版にも、母親が自分の目玉を子どもに与える場面は見られない。

四　松谷みよ子「龍の子太郎」

瀬川版を下敷きとして、松谷はそこに「三匹のイワナを一人で食べたために竜になった」という、瀬川が一九五八年に行った採訪の中で得た秋田県の伝承を採り入れる。その際、主人公の少年、龍の子太郎の母親は元々人間であり、悪阻《つわり》のためにイワナを無性に食べたくなったと理由づけ、また「目玉贈与」の場面を加える一方、中塩田版や瀬川版に登場していた僧侶との密通モチーフを、子ども向きではないと判断してのことか、削除する。そして、太郎を助け、最後には結婚する笛の上手な少女あや、厳しい自然環境に苦しむ農民、人びとを苦しめる鬼たち、そして山のけものたちとの交流の場面を、母を求めての旅路の途上に加える。さらに、母竜の体当たりと鬼や動物たちの加勢による湖堤決壊と沃野創出の後、太郎の流した涙によって母竜は人間の姿に戻り、目も見えるようになって、母子はこの地であやや村人たちと一緒に楽しく幸せに暮らしたと結ばれる。

（一）母子の絆の強調

以上のように、信州の伝説を芯として、これに秋田の伝説をはじめ日本各地のさまざまな伝承を組み合わせた「祖先との合作、子どもとの合作」（松谷前掲七〇頁）として、松谷みよ子「龍の子太郎」（以下「松谷版」とする）は創作されたが、その第一の特質は「母子の絆の強調」にある。「目玉贈与」の後、母は立ち去り、残された子どもは別れた母への思慕の念を寄せるという、伝承説話の典型的な母子像が途中まで描かれるものの、松谷版では最後に母子が再会し一緒に暮らすという、前述したように伝承説話には稀な結末を迎える。
「龍の子太郎」だけでなく松谷作品に一貫して描かれているこの「母子の絆」の強さについて、清水真砂子は同時代の児童文学作家、乙骨淑子や神沢利子、吉野せい等と対比させながら、「松谷はこうして自らのゆたかな生理を支えとして、生理のおもむくままに、存分に〝母〟を書き、その文学は『母性の文学』とたたえられてもきた」（清水『子どもの本の現在』岩波書店、一九八四／一九九八、一一六頁）とした上で、「その根をひとつにする、自らの体験を絶対視する発想と、血のつながりを絶対視する発想」（同前一三一頁）を持って創作活動を続ける松谷の姿を「あたふたおばさん」と形容し、その危うさを次のように指摘する。

自分のしていることこそが正しいと思うようになり、いきおい、むこうからくるものは見えにくくなる。そういう人たちはよく動くが、動くこと、じかに活動することに過剰な意味を付してしまう。（中略）やさしい女たちがそのやさしさのゆえにどんなに残酷なことをしてきたか、やさしい母親がそのやさしさのゆえにどんなに子どもをくい殺してきたか（同前一三九頁）。

ここで清水の視線の先にあるのは、直接的には原爆や公害やアウシュビッツをテーマとする松谷の「直樹とゆう子の物語」三部作であるが、おそらくその彼方には一九六〇年代後半から七〇年代にかけてマスコミを賑わせた「モーレツママ」、さらには二一世紀に入ってからの流行語となった「モンスターペアレント」にも共通する、過剰な母性愛によって子どもの自立を阻害し周囲の人間や社会との協調を拒絶する母親たちの姿がある。[注7]

一方、横川寿美子は、太郎の母たつが、村の掟に背いたことで子育てという母親としての役割を果たせなくなったことを恥じて湖底に閉じこもり、再会後も母親役割を全うすることに自身のアイデンティティを求める点に注目する。自己変容を遂げた太郎とはうらはらに、母親役割から解放されないまま終わる母たつの姿に、二一世紀になっても変わることのない、日本社会における女性イメージの一典型を横川は見ている（「男の子の旅立ち〈母〉の解放『龍の子太郎』と『空色勾玉』」『日本児童文学』第52巻2号、二〇〇六）。

これに対して、野上彰は別の見解を示す。『龍の子太郎』は「明治から大正期に構築された母性愛神話を超える新しい母の像」すなわち、「日本の『近代家族』に固有の」、密着した「母子関係に矮小化される母ではなく、次代を育成する責務を負った、次代の媒介者としての母であり共同体の母、自然という大地に根差した母」の姿を示しており、「それはまた、戦後民主主義が危機的に変容していく一九五〇年代後半の、時代のイデオロギーをも色濃く映し出している」と評価している（野上「家族という神話（3）母と子の物語の行方─『龍の子太郎』と『山のむこうは青い海だった』から」『鬼が島通信』35、二〇〇〇、三七頁）。そして、同じ一九六〇年に刊行された今江祥智『山のむこうは青い海だった』における〈母と子〉にも言及した上で、野上は次のように結論づける。

一九六〇年に刊行された、二つの作品に見られる母と子の物語は、六〇年代後半からの子どもの文学の作品群に登場する、教育熱心でそれゆえに子に過剰な負荷を強いてしまう母親の姿とは隔絶している。六〇年代の高度経済成長期に入り、国民所得の向上にともなう経済的なゆとりと母の専業化が、母の子への過干渉を一般化し、過剰に教育熱心な母親を全国的に輩出した。そして現在、母性愛神話と結びついた異常ともいえる教育への執念が、母親を追いつめるとともに、子どもの自立を様々に阻害しているのではないか（同前四一頁）。

『龍の子太郎』に描かれた〈母―子〉が、はたして野上の言うように、明治から大正期にかけて構築された近代家族における関係性とも、また六〇年代後半以降の過剰に教育熱心な母親と彼女に自立を阻害された子どもの姿とも「隔絶している」と見なしうるのかどうか。筆者自身の判断はここでは留保し、野上の指摘するその母親像が、「次代を育成する責務を負った、次代の媒介者としての母であり共同体の母、自然という大地に根差した母」という、冒頭に取り上げた「ヨイトマケの唄」の母親にも相通じる「一九五〇年代後半の、時代のイデオロギーをも色濃く映し出し」たものであることを確認するにとどめたい。

（二）神霊性の消失

松谷版の第二の特質は、神霊性の消失である。昔話版において母蛇がわが子に求めた寺の造営と撞鐘は、水の神もしくは産土神としての蛇に対する祭祀・崇拝を意味するものでもあった。そして「復讐型」に見られるように、蛇／竜は驕れる人間に対して、天変地異を以て容赦なく処罰してきた。ところが、瀬川版や松谷版では、竜はその巨大な体を使って山を崩し沃野を拓く破壊的な力を持っているが、人間が畏敬の念を抱いて接するような神霊性を保持していない。むしろ人間の幸福のために奉仕する存在なのである。

ただし、前述したように瀬川版では、大事業を成し終えた後、母子ともに退去し、人びとが水をめぐって危機に瀕した時に再び姿を現わすという点に、神霊性を垣間見せる。一方、松谷版においては、「イワナを食べた懲罰としての竜への変身」というモチーフや、「子どもの涙によって人間の姿に戻る」というモチーフを導入することによって、蛇／竜を人間よりも下等なものと設定し、神霊性の欠如を際立たせている。さらに、鬼や天狗といった超自然的存在も、主人公にとって人間と変わらない、単なる援助者や敵対者として登場し、彼らが持つ神霊的な能力に対しても、特段の畏敬の念は示されない。

また、主人公の出生をめぐるモチーフの変化も、神霊性の問題と関わっている。中塩田版に登場し、瀬川版でも継承された、僧侶との密通による女の懐妊というモチーフは、堕落した僧侶や仏教界を揶揄・批判するとともに、子どもには聞かせられない大人の娯楽としての機能を持っていたと考えられる。[注8]その一方で、僧侶が父親であるという設定によって、生まれた子どもが異能性や有徳性を保持していることへの説得力を強める効果も生まれる。正体が蛇であることを知って僧侶が逃げ出しさえしなければ、ともに神霊性を帯びた父と母の下に生まれた「貴種」の子どもとして、主人公は自身の神霊性と幸福な結末を約束されていたはずである。

ところが松谷版において、父親は普通の樵で、妻の妊娠中に山の転落事故で死に、母親は妊娠中に悪阻の影響で「イワナを一人で三匹食べてはならぬ」というタブーを侵犯し、竜に変身させられてしまうが、元は普通の人間である。従ってその間に生まれた太郎も、鱗の形の痣を持つという異形性を帯びてはいるものの、あくまでも人間の子どもである。この設定は、普通の人びとが一致団結・協力して、直面する困難を克服し幸福を獲得するという、「ユートピア創出の成長物語」としての「民話」を再創造したいという松谷の創作意図に合致するものと言える。

採訪の旅の中で出会った信州や秋田の昔話や伝説の中に頻繁に登場する、水害や地震などの災害をもたらす怒れる神の化身としての、神霊性を帯びた竜ではなく、悪阻に苦しんだ末にやむを得ずタブーを破った結果としての、畜生性を帯びた竜を、松谷は敢えてこの作品に描いた。それは前述したように、戦後の復興期から高度経済成長期の入り口に立つ人びと、とりわけ子どもたちに、「ユートピア創出の成長物語」としての「民話」を届けたいという松谷の願いに由来していよう。それ故に、旅の途中に出会った人びとや山のけものたちのみならず、竜、天狗や鬼といった超自然的な存在までも、主人公の太郎の仲間、「同志」として彼に協力・奉仕する。もはやここには、神霊性は必要ない。一九六〇年当時の日本人にとって頼みとなるのは、神仏ではなく、共に汗を流して働いてくれる「同志」だったのである。

（三）人間中心主義

そこから第三の特質が導き出される。松谷版には、超自然的な存在や動物たちが人間の幸福のための「国土開発」に力を貸すという、冷静に考えればおよそあり得ない事態が描かれている。自分の住処を失うことを厭わず、猪も兎も猿も、太郎と母竜の「山崩し」に協力する。一九六〇年代、科学技術の急速な進展（「今じゃ機械の世の中で」）や高度経済成長政策と連動して展開された、大規模な干拓・埋め立て事業という名の自然破壊と、その根底にある「人間中心主義」が、「民衆の夢と希望（＝〈ユートピア〉）の創出とその実現」という「正義の御旗」にすり替えられる。しかもその旗振り役を少年に担わせることによって、子ども読者にもこの隊列に加わるよう呼びかけるのである。

横川が指摘するように、秋田県八郎潟干拓工事の着工が一九五七年であり、「琵琶湖の次に大きい湖が農地になるのだ、と学校で教わった当時の子どもたちは素直に感動した。（中略）八郎潟の干拓と重ねて『龍』を読んだ小学生は大勢いたはずで、そういう意味で龍の子太郎は、民話の主人公という出自にかかわらず、まぎれもない六〇年代のヒーローなのである」（横川前掲七五）。

こうして「龍の子太郎」は、宮川健郎のいう「人間は成長すべきもの、世の中は変革されるべきもの」（宮川「旅の『出口』　松谷みよ子『龍の子太郎』をめぐって」、『接続』Vol.5、ひつじ書房、二〇〇五、三二頁）としての「戦後民主主義」を体現する作品として読み解くことができる。[注9] この時、「戦後民主主義」とは、人間がより豊かに、より幸せになれるよう、人びとが力を合わせて世の中を変革していく方向へと成長することであるが、その過程において、あるいはその結果として、他の生物や自然環境にダメージを与えるかもしれないという発想は存在しない。[注10] その意味において「人間中心主義」こそ、この作品の最後に描かれた以下のような〈ユートピア〉的情景の存立根拠だったのではなかろうか。

> こうしてできた、ひろびろとした土地に、人びとはあつまり、やがて、見わたすかぎりのたんぼに、こがね色のいねがみのりました。そこで、龍の子太郎とあやは、にぎやかなご婚礼の式をあげました。そして、ばあさまや、あやのじいさまや、村の人たちもよびあつめ、みんなたのしく、しあわせにくらしたということです（松谷『龍の子太郎』講談社、一九六〇／一九九五、二〇六頁）。

ここには、協力してくれた動物たちのことは一切触れられていない。住処を失くした彼らは、別の土地に移り住んだから大丈夫ということなのだろうか。だが、少なくとも「たのしく、しあわせにくらした」とされる「みんな」の中に、動物たちは含まれていない。

（四）共生・共死の思想

それでは、一九六〇年頃を境に「人間中心主義」へと大きく変質する前に存在していた、日本人の精神性とはなにか。それは昔話「蛇女房」を始めとする伝承説話の中に内在する、神霊的存在に畏敬の念を抱くとともに、森羅万象の〈いのち〉や死者の〈たましい〉とのつながりを求める「共生・共死の思想」ではないだろうか。山折哲雄は、自らの宮沢賢治論の中で次のように記す。注11

最近、われわれの日本列島では、どこへ行っても、「共生」という言葉でみち溢れている。共生万歳の時代になっている。しかしほんとうのことをいえば、共に生きるものは共に死んでいくほかはない存在なのではないか。なぜ、われわれは「共生・共死」といわないのか。なぜ、私がそういうことをいま、ここでいうのかといえば、宮沢賢治がそもそも「共生・共死」ということを当然の前提として生きていた人間のように思うからです。そして宮沢賢治がもっているこのような狩猟民的な感覚こそが、じつは動物界との共存、そして地球や環境との共存という問題を根本的に考えていく上で、極めて重要な意味をもつのではないかということを、ここではとくに強調したかったからであります。抽象的な共生論、抽象的な環境論なら誰でもいえます。そういう抽象論のワナに陥らないためにも、賢治がもったような感覚、あの「捨身飼虎」図の薩埵太子の物語に出てくるような思想が、二十一世紀に向けての新しい人間論、環境論を考えていく場合の原点にすえられるべきではないかと思っているのであります（山折『デクノボーになりたい　私の宮沢賢治』小学館、二〇〇五、八九頁）。

このような「共生・共死の思想」を再び成り立たしめる上で重要なのは、「異質との共存」という姿勢ではないか。すなわち異なる価値観を持つ存在や利害の対立する存在と折り合いをつけ、赦《ゆる》し合いながら共存できる道を探ろうとする姿勢、唯一無二の絶対的な正義を求めるのではなく、その時その場における相対的な最善策を、〈聞く―語る〉という、相手との対話の中から粘り強く見つけ出そうとする姿勢である。この時、その姿勢を我がものとするためには、鶴見俊輔のいう、〝You are wrong〟から〝I am wrong〟への転回（鶴見『言い残しておくこと』作品社、二〇〇九、一四〜一六頁）、自己を正当化して相手の非を糺すことに躍起になることから、自分は間違っているかもしれないと自問自答を重ねながら生きていくことへの、人生の態度におけるコペルニクス的転回が必要となる、そんな気がしてならない。

おわりに

以上、松谷みよ子「龍の子太郎」に描かれた〈ユートピア〉の背後には、「母子の絆の強調」、「神霊性の消失」、「人間中心主義」といった特質が窺え、それらは「時代の先取り」とも「時代への同調」とも見なしうる形で、一九六〇年当時の日本社会の時代性を投影していることを確認してきた。

二一世紀に入り、アジア各地をはじめ世界の至る所で、人間中心主義に起因する科学技術崇拝と経済至上主義に伴う環境汚染や自然破壊が進んでいる。一方、二〇一一年三月一一日に発生した東日本大震災と原発事故に伴う放射能汚染は、人間中心主義に対する警鐘となった。こうした状況の下、「ポスト三・一一の児童文学」には、人間中心主義を超える、古くて新しいビジョンとしての「共生・共死の思想」が求められているのではなかろうか。そしてその命脈は、上橋菜穂子『狐笛のかなた』（理論社、二〇〇三）、漆原友紀『水域』（講談社、二〇一一）、富安陽子『ふたつの月の物語』（講談社、二〇一二）をはじめ、近年の児童文学やファンタジー、コミック等の中に辿ることができる。そのことに希望を抱きつつ、小論を締め括りたい。

本章は、二〇一四年二月一五日、京都市における「アジア民間説話学会日本支部二〇一三年度大会」、および同年八月一一日、韓国・昌原市における「第八回アジア児童文学大会」での発表原稿に大幅な加筆を行ったものである。両大会において会場から貴重なご意見を賜った。また、「龍の子太郎」に関する先行研究の渉猟にあたり、遠藤純氏（華頂短期大学）に助言を賜った。記して謝意を表したい。尚、本稿と並行して作成した、昔話「蛇女房」の歴史的背景と教育人間学的な意味に関する別の論稿（鵜野二〇一五）も併せてお読みいただけると幸いである。

注

1　歴史的変容研究の具体例として他に、鳥越信『桃太郎の運命』（NHKブックス、一九八三）がある。

2　今年（二〇一四）八月、広島市安佐南区八木地区などで起きた大規模な土砂崩れにより多数の犠牲者が出たが、磯田道史によれば、前近代、当地において土砂崩れは「蛇《じゃ》崩れ」「蛇落《じゃらく》」などと言い、大蛇の出現になぞらえられた。八木地区にも「蛇落地観世音菩薩堂」と呼ばれる観音堂があるが、これは「土砂崩れを起こす大蛇の霊を祀ってなぐさめ、菩提心をおこさせて、村の安寧を祈ってきた」ことを物語っているとされる（磯田道史『天災から日本史を読みなおす　先人に学ぶ防災』中公新書、二〇一四、九二～九四頁）。

3　これとは逆に、母親が子どもを連れていくパターンの異類女房譚として、「星女房」や「天人女房」がある。但し、後者には子どもを地上に置いて母親だけが天界へ去っていくパターンの類話も多い。

4　『日本昔話通観』三、三三三頁および三三五頁の類話一、二、四を参照のこと。

5　鵜野祐介、大橋和華、石川稔子『飛騨の民話と唄・遊び』手帖舎、一九九九、六八～七五頁、一二四～一三〇頁を参照のこと。

6　四例のうち、一話は明治四四年生まれで遠野市新町出身の、語り部として有名な鈴木サツによって、もう一話は明治三九年生まれで稗貫郡石鳥谷町（現花巻市）出身の晴山ツカによって、それぞれ語られており、このパターンは明治末まで遡れる可能性もある。

7　清水は『龍の子太郎』における目玉贈与の〈おぞましさ〉を言挙げしているが、これは伝承説話において竜が持つとされる「宝珠」の贈与を踏まえたモチーフであり、そのことにも言及すべきであろう。

8　伊丹政太郎『遠野のわらべ唄』（岩波書店、一九九二）所収の、寺の和尚と上臈の密通を諷喩した子守り唄「おずなおばな」（六五～七五頁）を参照されたい。

9　堀畑真紀子は、過酷な労働に対して報酬は僅かで生活環境や条件も悪いという一九五〇年代の資本主義体制の下、貧しいのは仕方ないと諦め、自らの力で問題を解決していこうとする変革の意志を持たない労働者がいたことを挙げ、「松谷は、太郎を一九五〇年代後半から一九六〇年の労働者の理想像として描いた」（堀畑「松谷みよ子『龍の子太郎』論」、『近代文学論集』第28号、日本近代文学会九州支部、一九九八、一〇九頁）と指摘している。

10　この点で、レイチェル・カーソンが『沈黙の春』を一九六二年に出版したことは、まさに時代を先取りしたものと言えるだろう。

11　山下宏は、宮沢賢治の作品に描かれた「自己を捨てて他を生かす、そして他が生きる中にはじめて自己をも生かしうるという人間のあり方」としての「衆生済度を旨とする仏教的人間像」が、『龍の子太郎』にも見られるとして、両者の共通性を指摘しているが（山下「『龍の子太郎』（松谷みよ子）―人間的成長とは何か―」日本文学協会国語教育部会編『講座・現代の文学教育2』新光閣書店、一九八四、一一一頁）、ジョバンニと太郎の「衆生済度」は質的に異なると思われる。一言でいえば、ジョバンニには本章で述べた〝I am wrong〟の意識があるのに対して、太郎にはそれが感じられない。詳論は別稿に譲りたい。

昔話と子守唄のポリフォニー

――〈言霊〉と〈唄霊〉の復権をめざして

鵜野祐介

――ポリフォニー［polyphony］：古代ギリシャ語のpolys（多くの）とphone（音・声）からつくられ、多声性の一形態を指す音楽理論用語。「多声音楽」あるいは「複音楽」と訳す。多声的な音楽では、音の水平的連続と垂直的結合とが音の織地（テクスチュア）を形づくるが、この場合に二声部以上の旋律の独立的な横の流れ（線的構成）に重点をおく作曲様式またはその音楽をいう。（中略）ポリフォニーは対位法の成立とともに最も一般的な様式となったので、ポリファォニーの音楽を対位法的ということがある。（角倉一朗、『音楽大事典』五巻、平凡社、一九八三、二三七二～二三七四頁）

はじめに

本日は、「昔話と子守唄のポリフォニー」というテーマでお話をさせていただきたいと思っております。「ポリフォニー」という言葉は音楽学の専門用語ですので、皆様あまりなじみがないかもしれませんがご容赦ください。昔話と子守唄の関係を表すのにふさわしい言葉はないか探していた時にふと思いついたものです。昔話も子守唄もそれぞれ口承文芸として独立したものでありながら、ある時は昔話の中で子守唄が歌われたり、またある時は物語子守唄として昔話が「歌い語り」されたりと、ひとつの「口演」として両者がアンサンブルを奏でることがあります。また、人の生死に関わる場面で、昔話や子守唄がともに、「生の世界」と「死の世界」のあわいにある魂に対して呼びかけるために用いられるということもあったようです。つまり、昔話を語ることと子守唄を歌うことは、それぞれ独立した別の糸でありながら布地の縦糸と横糸のように、口承文芸という織物を織り上げて、これを伝承する人びとの暮らしを、その始めから終わりまでやさしく包み込み、彼らにぬくもりや安らぎを与えてきたと言えるように思うのです。そのことを、私がこれまで調査研究を行ってきた英国スコットランドと日本の事例を挙げながら、確認していきたいと思います。

一　昔話の中の子守唄

まず、昔話の中で子守唄が歌われ、それが物語の展開に重要な役割を果たしているものをご紹介したいと思います。日本の昔話に「子守唄内通」という話型がありますが、ここでは稲田浩二編『日本昔話通観　第二八巻　昔話タイプインデックス』（同朋舎、一九八八）より、そのモチーフ構成を挙げておきましょう（同前三八九頁）。

①旅僧が宿に泊まると、主人と隣人が天井から石を落として僧を殺す相談をする。

②子守り女が、リンカジントワガジントダンズルコトヲモンスレバ、リョソウヲセッストダンジタリ、クサノカンムリトリステテ、ヤマニヤマヲカサヌベシ、と歌うと、僧は唄を書きとって、隣家人とわが人と談ずることを聞すれば、旅僧を殺すと談じたり、早く出よ、と察し、ふとんに行燈を入れて逃げだす。

③主人と隣人とは捕まって罰せられ、子守り女はほうびで茶屋を開き繁盛する。

これは子守り女の機転と才知が旅僧のいのちを救うという話で、子守唄やわらべうたには隠れた意味やメッセージが込められており、これを用いて為政者や社会的強者を風刺し告発するという、「童謡（ワザウタ）」の伝統が見られます。

子守唄が主人公に重要なメッセージを知らせる昔話として、他にも「天人女房」（天女の娘が弟に羽衣の隠し場所を教える子守唄を歌い、これを聞いた天女は羽衣を見つけて天界へ戻る）や、「大工と鬼六」（鬼六の妻が子守唄の中で夫の名前が鬼六であることを歌い、これを聞いた大工は難を逃れる）などがあります。後者に関しては、桜井美紀さんの研究（『昔話と語りの現在』久山社、一九九四）等によって北欧の聖人伝説の翻案であろうと考えられていますが、ヨーロッパには他にも『グリム童話集』の「ルンペルシュティッツヒェン」をはじめ、イングランドの昔話「トム・ティット・トット」、スコットランドの「フッピティ・ストゥーリィ」など、名前を当てることを条件に妖精が援助者となり、子守唄や糸紡ぎ唄の中で妖精の名前が歌われているのを聞いた主人公が、その名前を唱えることで相手の呪力を封じ込め退散させるという、「言霊信仰」にまつわる類話がいくつもあります。

ここで、昔話の中で歌われるもう一つの子守唄「黄金の洞窟」(Uamh an Òir [Cave of Gold]) を聴いていただきましょう。これはスコットランドのゲール語文化の中心地であるスカイ島に伝承された昔話の挿入歌で、物語のあらすじは次の通りです。「ある探検隊がバグパイプ吹きを伴って黄金が眠るといわれる洞穴に入り、島の反対側にある出口まで踏査しようとした。彼らが入って数時間後、井戸のほとりに座っていた女性が、井戸の底からバグパイプ吹きの、次のような唄声を聞く。『自分に三本の腕があったなら、二本でバグパイプを吹き、残りの一本で剣を持ち、怪物と闘えるだろうに』。やがて歌声は途絶え、探検隊は二度と戻ってくることはなかったという。この井戸は『聖なる井戸』とされ、病気を治癒する魔術的な力を持つ水が湧いていると信じられている」(鶉野「スコットランドの子守唄二〇選」梅花女子大学大学院文学研究科児童文学専攻伝承児童文学・近代以前日本児童文学合同研究会編『鼓―伝承児童文学・近代以前日本児童文学　研究と資料―』創刊号、二〇〇五、二一頁)。

この話の中の、井戸の底から聞こえてくる唄というのが今聴いていただいた唄で、子守唄として地元の人びとに伝承されてきたそうです。透明感がある、不思議な魅力を湛えた唄です。

二　子守唄の中の昔話

さて、今度は子守唄として昔話が歌い込まれているものを見ていきたいと思います。はじめにご紹介するのは、宮沢賢治の母親イチさんが賢治たちに歌って聞かせたといわれる「みちばたの黒地蔵(じんぞう)」です。

みちばたの黒地蔵　ねずみに頭をかじられた／ねずみこそ地蔵よ／ねずみなんど地蔵だら　なしてたたこ（猫）にとられべ／たったここそ地蔵よ／たったこなんど地蔵だら　なしてこっこ（犬）にとられべ／こっここそ地蔵よ／こっこなんど地蔵だら　なしておかみ（狼）にとられべ／おぉかみこそ地蔵よ／おぉかみなんど地蔵だら　なして野火にまかれべ／野火こそ地蔵よ／野火なんど地蔵だら　なして水に消されべ／水こそ地蔵よ／水なんど地蔵だら　なして馬こに飲まれべ／馬ここそ地蔵よ／馬こなんど地蔵だら　なして人に乗られべ／人こそ地蔵よ／人なんど地蔵だら　なして地蔵拝むべ／地蔵こそ地蔵よ／みちばたの黒地蔵　ねずみに頭をかじられた……（佐藤泰平『宮沢賢治の音楽』筑摩書房、一九九二、一一一頁）

このように、唄は振り出しに戻ってまた歌い続けられます。歌詞もメロディも、子どもが寝るまでずっと歌い続けることができるという構造を持った、子守唄としてとても重宝なものです。物語は「鼠の嫁入り」に似た、「強いもの」「優れたもの」が次々と入れ替わる、いわゆる「すくみの原理」を説いており、ここから、「他者のいのちをいけにえとして存在する自己」に対する根源的な哀しみを主題とする賢治文学の通奏低音を聴き取ることも可能です。もともとこの唄は、平安末期以降盛んに歌われた「地蔵和讃」のひとつだったと考えられており、仏教思想の唱導が目的だったと思われますが、人も地蔵も猫も水も野火も皆つながり合っているというアニミズム的世界や、繰り返しや尻取りを好む子どもの指向性（コスモロジー）を見て取ることもできるでしょう。

一方、ゲール語の子守唄に、「私のクーブラハン［Mo Chùbhrachan］」という物語唄があります。私自身の日本語訳のみをご紹介します。

私は坊やをここに置いて　坊やをここに置いて　坊やをここに置いて
私は坊やをここに置いて　ブルーベリーを摘みに行った
（繰り返し）ホーヴァン　ホーヴァン　ゴリーオ　ゴウ　私は愛しい坊やを失った

私はちっちゃい茶色カワウソの足跡を見つけた　カワウソの足跡を　カワウソの足跡を
私はちっちゃい茶色カワウソの足跡を見つけた　けれども坊やは見つからない
（繰り返し）ホーヴァン　ホーヴァン　ゴリーオ　ゴウ　私は愛しい坊やを失った

私はファロージカの足跡を見つけた　ファロージカの足跡を　ファロージカの足跡を
私はファロージカの足跡を見つけた　けれども坊やは見つからない
（繰り返し）ホーヴァン　ホーヴァン　ゴリーオ　ゴウ　私は愛しい坊やを失った

遠くでシギの鳴く声が聞こえた　シギの鳴く声が　シギの鳴く声が
遠くでシギの鳴く声が聞こえた　けれども坊やの声は聞こえない
（繰り返し）ホーヴァン　ホーヴァン　ゴリーオ　ゴウ　私は愛しい坊やを失った

（鵜野前掲二〇〇五、二六頁）

母親は赤ん坊を連れて野草の生い茂る丘陵地にやってきて、籠に入れた子どもを地面に置き、ブルーベリー摘みをします。ふと気づくと子どもの姿が見えません。彼女は赤ん坊を探して歩きます。途中、カワウソやファロージカの足跡などを発見しますが、子どもの姿は見つかりません。この唄の背景には、妖精が人間の子どもを盗み、自分自身の子どもを替わりに置いていくという「チェンジェリング（取替え子）」の伝承が横たわっています。

三　出産に際して語られた昔話

ここからは、昔話や子守唄と、出産や葬送の儀礼習俗との関係を見ていこうと思います。野村敬子さんの『語りの廻廊　聴き耳の五十年』（瑞木書房、二〇〇八）の中に、出産に際して、妊婦の腰を後ろから抱きかかえて出産の介助をする「腰抱き」の女性によって特定の昔話が語られたという事例が紹介されています。ここでは、山形県真室川町の富樫イネさんが語られた「おぼめのムガシ（産女の怪）」を読ませていただきます。

むがし、むがし。おぼごなす（出産）で死んだ女は、正月十五日必らず便所さ出はってくるがったど。ある年の正月に、うんとあれ（勇気のある）人が、便所さ夜《よん》まに行ってみだどな。したらば「もし。どうが頼まれでけろや。にし（あなた）さ願いあるや」ど、女が出でぎて、こう言うど「これがおぼめじゅうものが」ど、よっくねつく（丁寧に）見だらば、んぼごこ（赤児）

ば抱いて立ってるけ「どうが。用足すが出来ねくてよ、この子は抱いてでけらんねが。すぐ用なの終ってくるさげて」て、頼むけもんで「ほっか。そんげ困るならば、抱いでくへる。よこせ」て、おぼめ手がら、その抱いったんぼごこば貰ったらば、その重たいごど、頭ば上にしているど、ズンズンと大ぎぐなるもんでなや。頭ば下にして、ぎちっとすめで（摑えて）自分の口には刃物ば銜えてな、重でなこでで（堪えて）いだった。したらば「おぎ（どうも）有難でございました。お陰で用足しが出来あした。どうも」て、その重でんぼごこば、まるで瓢《ふくべ》こでも抱ぐようにして軽々ど軽こぐ受取って抱ぐなでしたど。それ見で「このおぼめの力じゃたいしたもんだな」て、感心して見でだば「もし。大変助けらったさげて、何が礼のものば授げだいげんとも、何が良がべ。金でも銭でも力でも」と、言う。そんで「ほであ、俺は何もいらないさげて、その力が欲しで」ど、こう言ったわげ。そして力ばおぼめに授げられで正月十五日は寝だな。

次の日、はっと目が醒めで「ほだった（そうであった）俺は力ば貰ったなだけ」て、まず試してみだれば、面洗いにへげ（小川）さ行ってつあぬげ（手拭）ば絞ったれば、つあぬげボッツラど二つにもぎれでな、もげだったけどや。切れたな。ほんで、たいした大力が備って、偉い者になったったど。正月十五日は、今でも便所ばめごげ（きれいに）掃除して清めでいあすて。その後には小便すには行がねもんですよ、行ぐど「金えが。力えが」て、おぼめが出はるなだど。

どんぺからこ・ねけど（野村二〇〇八、二一六～二一七頁）。

他にも、「神様むがし」や「産神問答」などが好んで語られたそうです。野村さんによれば、出産の場における語りの機能は「眠気予防と産婦の心騒ぎを鎮める目的」があったとされます（同前二二八頁）。また、出産後の七日間、ヨトギと呼ばれる女性たちが、夜も昼も産屋の中で火を焚きながら世間話や産婦の好みそうな話柄を選んで語り、産婦が眠らないよう務めたという風習が全国各地にあったようですが、これは「産婦を労り嬰児を祝福する」（同前二二九頁）という意味合いの他に、「屋外に徘徊する魔を妨げる」、つまり不安定な状態にある産婦や嬰児のたましいが、「魔」によって「あちらの世界」、すなわち「死の世界」に連れ去られないようにするという意味合いもあったようです（同前二三〇頁）。昔話が語られ、火が焚かれている間は、「魔」が近づけないと考えられていたのです。

ここで思い出されるのが、先ほどご紹介したスコットランドの「取り替え子」習俗に関連する、妖精を近づけないようにするために歌われたと思われる、シェトランド諸島のブレッセイ島に伝承された子守唄です。「バールーバリリー　バールーバリリー　あっちへ行け妖精たち　あっちへ行け妖精たち　わたしの幼な児の許から」。魔除けの呪文としての機能を持つ子守唄があったのです。残念ながら日本の伝承子守唄の中に、明らかにこの機能を持つと思われるものはまだ見つけられていませんが、アイヌ民族の子守唄には、「ホロルセ」と呼ばれる、鳥の鳴き声を真似した「ホロロロロ」と舌を震わせる音声が混じるものがあり、これが魔除けの機能を持っていたと考えることもできるでしょう。

以上をまとめておきますと、出産に際して産婆や火焚きの女性たちによって語られる昔話は、産婦や嬰児のたましいに呼びかけて「こちらの世界」に安定させるとともに、両者のいのちをつけねらい、「あちらの世界」へ連れ去ろうと隙をうかがう「魔」に対して、「あっちへ行け」と呼びかける機能を持つものと考えられていたのであり、また子守唄にも同様の機能があったようだということです。

四　通夜の席で語られた昔話

今度は、「こちらの世界」から「あちらの世界」へのたましいの移行期、もうひとつのあわいの時間である「葬送」の期間において語られた昔話についてみていきましょう。武田正さんの『昔話の発見―日本昔話入門―』（岩田書院、一九九五）の中に、秋田市における事例が紹介されています。当地では「三井寺の蛇女房」の伝説が通夜の席で語られたということです。あらすじを同書から引用しておきます。

岩に尻尾をはさまれた蛇が、助けてくれた男のところに嫁にきて子どもをもうけるが、子に添寝しているうちに正体を現したのを恥じて、自分の眼玉を子どもにしゃぶらせて、琵琶湖に身を沈める。子どもはその玉を舐めて成長するが、玉は舐めるごとに小さくなって失せてしまう。子が泣き出すので、もう一つ玉をもらいに行って、それが眼玉だと知るが、母の蛇は残った眼玉を与え、盲目の蛇になる。子はやがて三井寺に入り、母のために朝夕鐘を撞いて母に時刻を知らせる（武田一九九五、八一～八二頁）。

この話を武田さんに聞かせた古谷長之助さんによれば、この話は「西国三十三観音の御詠歌第十四番近江の三井寺」の御詠歌「いでいるや波間の月の三井寺の鐘のひびきに明くるみずうみ」にまつわる昔話として語るものだということです（同前八二頁）。また、沖縄では、通夜の晩に親孝行譚や教訓話が語られたことが報告されているようです。死者のたましいを供養し、「あちらの世界」へと無事送り届けるために、御詠歌が歌われ、昔話や伝説が語られたと言えるでしょう。

五　弔い唄としての子守唄

さて、子守唄と言えば、人間のたましいが「こちらの世界」にやってきたことを寿《ことほ》ぐ唄であり、それが弔い唄としても歌われていたということはなかなか信じがたいかもしれませんが、スコットランドのゲール語文化圏には、死者を悼む内容の歌詞を持つ子守唄がいくつもあります。その一つ、「愛しのグレゴール（Griogal Cridhe）」を聴いてください。ここでも、私自身による日本語訳のみをご紹介します。

長く続く雨の夜、嵐の夜、もしもグレゴールがそばにいてくれたなら
私のために岩場を見つけ、吹き荒れる風雨からきっと私を護ってくれるだろうに
ああ　ああ（オーヴァン　オーヴァン）わが悲しみはあまりに深い
（中略）
今宵、他の女たちが安らかな眠りにつく頃
私はあなたの眠る墓の傍らに横たわる　墓石をこぶしで叩きながら
ああ　ああ　わが悲しみはあまりに深い
（鵜野前掲二〇〇五、一五頁）

この唄は、一五七〇年にケンモアで処刑された武将グレゴール・ロイの死を悼み、彼の妻が亡き夫の御霊に呼びかける弔い唄と伝えられていますが、これが子守唄として歌われてきたのは何故なのか、

後ほど考えてみたいと思います。

一方、日本の子守唄の中にも、例えば次のようなものが残っています。

おいよ才平は まだ戻らぬか まだも戻らぬ ながの旅 ヨイヨ
ながの旅すりや 身は大切に 人のお世話にならぬよに ヨイヨ
鐘がどんと鳴りや もう去《い》の去のと ここは寺町 日が暮れる ヨイヨ
（牧野英三『奈良のわらべ歌』柳原書店、一九八三、二〇二頁）

奈良県天川村に伝承されたこの子守唄には、以下のような歴史的背景があるといいます。「幕末、吉野大峰山の領分あらそいで、吉野山と洞川との間で公訴に進み、村の庄屋であった才平が単身江戸に上り、その公事に当たった。しかし才平はついに帰らず、その恋女房おいよが、才平を恋い慕ったさまを村人がうたい伝えたという」（同前二〇二頁）。第一連は、村人とおいよの問答、第二連は、才平の旅立ちに際しての、おいよのはなむけの言葉、そして第三連は、夫の帰りを待ちわびるおいよの心情、と解釈することができます。直接的な弔い唄とは言えませんが、夫の帰りを待ち続ける妻に対する不憫さと、村のために上京し、おそらくは命を落とした庄屋に対する哀悼の念が、村人たちにこの唄を歌い継がせてきたものと推察されます。

ここで、子守唄の歌詞に、死者を哀悼する内容が盛り込まれている理由について考えてみたいと思います。まず言えることは、子守唄が歌われる状況として、歌い手と聞き手が一対一であることが多く、しかも聞き手は言葉の意味をよく理解できない幼な児であることから、歌い手は聞き手に理解してもらえることを歌おうとしたのみならず、聞き手には理解してもらえなくても自分の現在の心情を吐露し、自分自身の心を慰め励ますために歌おうとする状況があったということです。このような、カタルシスを求める歌い手の心性は、口減らしとして親元を離れた守り子の少女たちが歌い継いできたとされる膨大な数の「守り子唄」の中にも、端的に見られます。公に歌うことがはばかられるような内容、たとえば罪人として処刑された人の死を悼む唄なども、子守唄としてなら、誰にも聞かれることなく歌うことができたでしょう。ただし、子守唄が弔い唄として歌われた理由はそれだけではありません。歌い手自身のなぐさめだけではなく、逝ってしまった相手のたましいへの呼びかけ、すなわち「魂《たま》呼ばい」としての意味もあったように思うのです。この点について、もう少しくわしく見ていきましょう。

六　「魂呼ばい」のカタリとウタ

全国の産育習俗調査資料を集めた恩賜財団母子愛育会編『日本産育習俗資料集成』（第一法規出版、一九七五）に、昭和十年ごろの聞き取りに基づく、岡山県の次のような事例が報告されています。

産婆のことをヒキアゲバーサンといい、産婆の片手間に死人の世話をした。これは依頼されると死人の湯灌をやり、また葬式の時は雇われて、ナキバアサン（泣き婆さん）を務めた。これは葬式が家を出る時、戸口で手拭いを頭からかぶって泣くのである（前掲二二〇頁）。

この点について板橋春夫さんは、「産婆が出産と葬式に立ち会い、さらに泣き女の役割も果たしていたというから、つまり産婆は生と死に深く関わっていたのである。産婆が霊魂を迎えたり送ったりする呪術的機能を有していたことを暗示する貴重な資料である」と述べておられます（板橋『誕生と死の民俗学』吉川弘文館、二〇〇七、九八頁）。

ところで、生と死のあわいにあるたましいに対して呼びかける手段として、どんな方法が用いられていたかを考えてみると、この報告事例に見られる「泣くこと」以外に、屋根の上や丘の上にのぼって死者の名前を「呼ぶこと」、さらには子守唄や御詠歌などを「歌うこと」、そして昔話や世間話などを「語ること」が挙げられるように思います。つまり、子守唄を歌い、昔話を語ることは、「魂呼ばい」の重要な手段でもあったと考えられるのです。

「日本は〈言霊〉の国」ということが言われますが、外国にも類似する考え方があることは、例えば先ほど紹介した「名前を言い当てることで敵の呪力を封印する」モチーフを持つ説話や、近年の大ベストセラー『ハリーポッター』シリーズにおいて「ヴォルデモート」の名前を呼ぶことがタブーとされるエピソードなどからも明らかです。〈言霊〉の力が信じられていたが故に、昔話を語ることは、生と死のあわいにあるたましいに呼びかけ、なぐさめや安らぎを与えることになるはずだ。洋の東西を越えて、人びとはそう信じていたのでしょう。

それと同じように、「一人の人間の霊魂が旋律化して表出される」または「一つの旋律には特定の霊魂が宿っている」という〈唄霊〉の観念も、広く認められるように思います（鵜野『子守唄の原像』久山社、二〇〇九、八〇頁参照）。自分の愛唱歌を、かけがえのない相手に向けて歌う時、そのうた（唄・歌）に宿る〈唄霊〉は相手のたましいに呼びかけ、なぐさめや安らぎを与える「守《も》りうた」となるはずだと、人びとは考えたのではないでしょうか。

かつて
母に子守唄を　歌ってもらった幼い子どもが
いま　母に　子守唄を歌う
「子守唄」とは
そのひとがあるがままの
そのひと自身でいられる
時空のことである

これは、落合恵子さんの『母に歌う子守唄　わたしの介護日記』（朝日新聞社、二〇〇四）の冒頭に綴られている詩です。子守唄は、子どもだけでなく親や老人、病者や死者を「守《も》り」する唄でもあると思います。のみならずそれは、山川草木や、「魔」や妖精をはじめとする目に見えない存在を「守り」し、あるがままの自分自身を「守りする唄」でもあると言えるのではないでしょうか。

おわりに

本日の演題に、「〈言霊〉と〈唄霊〉の復権をめざして」などという大仰な副題をつけてしまったことを少々後悔しています。私がお話したかったことは、日本でもスコットランドでも、そしておそらくそれ以外の国や地域でも、昔話と子守唄が、口承文芸という布地の、表に見えたり裏に隠れたりしながら、絶妙な模様を描いてきたこと、そして大切な相手のたましいに呼びかける手段としての、カタリとウタの機能をそれぞれ果たしてきたことを確認することでした。インターネットやケイタイを通じてのコミュニケーションが圧倒的な支配力を持ち、バギーを押しながら赤ちゃんの様子を覗き込む代わりにケイタイの画面に釘付けになっている母親の姿が当たり前となっている今日であればこそ、昔話を語り、子守唄を歌うことによって、自分の肉声を直接相手に届けることの意味を改めて考えてみる必要があるのではないでしょうか。

最後に、知り合いの六十代の女性Tさんから聞いた話をご紹介し、彼女の愛唱歌「浜千鳥」を皆様とご一緒に歌って、私の話を締めくくりたいと思います。Tさんは幼い頃に母親を亡くし、義理の母親に育てられたそうです。そんな彼女が辛い時や淋しい時いつも口ずさんだのが、死んだ母親が好きでよく歌ってくれた童謡「浜千鳥」だそうです。この歌の作詞者・鹿島鳴秋は、六歳の時に父親が行方不明となり、母は再婚して他所の家へ行ったために、祖父母に育てられて幼少期を過ごした人です。そんな自分自身の姿を「青い月夜の浜辺」に「親を探して鳴く」千鳥に重ねて歌っているという解釈も可能であり（上笙一郎「浜千鳥」上編著『日本童謡事典』東京堂出版、二〇〇五、三二五〜三二七頁）、Tさんをはじめ多くの少女たちの心の琴線に触れる歌になったものと思われます。

この歌はもちろん伝承子守唄とは言えませんが、Tさんにとっての「守《も》りうた」に違いありません。「私は音痴だから」「子守唄なんて小さい頃に聞いたことがなかったから歌えない」とおっしゃる方がよくおられますが、そんなに窮屈に考える必要はないのです。自分の心が挫けそうな時、大切な誰かにエールを送りたい時、ふと口ずさみたくなるうた、それが「守りうた」です。ぜひ皆さんも自分の「守りうた」を思い出して、誰かに歌ってみてください。幼い子どもさんやお孫さんが身近にいらっしゃるなら、ぜひ「子守唄」として試してみてくださるようお願いします。

それではご一緒に、「浜千鳥」を歌いましょう。

一、青い月夜の　浜辺には、親を探して　鳴く鳥が、
波の国から　生まれ出る。濡れたつばさの　銀の色。

二、夜なく鳥の　悲しさは、親を尋ねて　海こえて、
月夜の国へ　消えてゆく。銀のつばさの　浜千鳥。

（上前掲三二五頁）

長時間にわたってご清聴いただき、またご一緒に歌っていただき、本当にありがとうございました。

これで終わります。

＊二〇一〇年（平成二二）七月三日（土）、武庫川女子大学において開催された日本昔話学会平成二十二年度研究大会での講演より。

震災伝承に果たす教育と児童文化の力

加藤 理

はじめに

東日本大震災から時間が経過していく中で、その記憶の風化が問題になっている。被災地の復興と支援の継続のためには、風化させないことが重要になるのは言うまでもない。同時に、次の災害に備えた防災・減災のためにも、記憶を維持し、教訓や戒めを伝承していくことが求められる。

これまでも震災にたびたび遭遇してきた宮城県や岩手県では、先人たちが後世の人びとへの戒めを残すために、さまざまな手段を講じてきた。本章では、先人たちが遺した痕跡を確認すると共に、教育や児童文化が記憶と戒めの伝承にどのように関わることができるのか考察する。

一　慶長三陸津波、明治三陸津波、昭和三陸津波を伝える遺跡

東日本大震災の震源域に最も近かった宮城県や岩手県は、歴史上たびたび地震に伴う津波に襲われてきた地域である。

津波の痕跡は、宮城県に広がる仙台平野のいたるところに残されている。仙台平野における過去の巨大津波の浸水域と地震に関連した地殻変動の履歴は、地質学的に明らかにされている。地質学的痕跡は、八六九年（貞観一一）五月二六日に発災した貞観地震の際の津波が、当時の海岸線から五キロメートルまで到達し、宮城県の牡鹿半島から多賀城付近の平野、そして福島県の相馬あたりまで、約一〇〇キロメートルの範囲にまで津波が遡上したことを明らかにしている。[注1] また、貞観大津波を示す津波堆積物より古い地層中に、少なくとも二層の津波堆積物が広域に観察されることから、貞観大津波以前にも巨大な津波が仙台平野に襲来していたと推定されている。

一六一一年（慶長一六）一二月二日に発災した慶長三陸津波でも、伊達政宗が領国経営を始めて間もない仙台領内は甚大な被害を被った。浪分神社や千貫神社など、その時の体験と教訓を後世に残すための遺跡は、仙台平野に点在している。

海岸から直線距離で約五・五キロメートル、海抜約五メートルに位置する仙台市若林区霞目二丁目にある浪分神社は、一七〇三年（元禄一六）の創建で、場所も現在地より南東約四〇〇メートルの場所に社殿が建立されていた。だが、宮城県沖で発生した地震を引き金とする天保大津波がこの地を襲った後の一八三五年（天保六）に、慶長津波で波が二つに分かれて波が引いたという伝承が残されていた現在地に社殿が移され、津波除けの神様として信奉されるようになる。また、創建以来名称は稲

荷神社であったが、一八九六年（明治二九）の明治三陸大津波後の一九〇五年（明治三八）に、浪分神社に名称が変更されている。

天保大津波をきっかけに、慶長大津波の伝承が残る場所に社殿を移して津波への戒めとし、さらに明治三陸大津波後に名称をより教訓性の強いものに変えていたのである。明治三陸大津波後に名称の変更が必要だったということは、天保大津波後に社殿を現在地に移したメッセージが、およそ六〇年後の明治二〇年代に生きる人々の間ですでに消滅してしまっていたからに他ならない。そのため、戒めと教訓が途絶えてしまっていた反省に立って、あらためて後世の人々への強い戒めを発するために神社の名称に戒めのメッセージを込めたのである。

千貫神社は仙台湾に注ぐ阿武隈川の河口から約七キロメートルのところにある。慶長三陸津波の時、神社のある千貫山の松に漁船が引っ掛かり、漁船に乗っていた人が助かったという言い伝えが残されている。伊達政宗が津波の前日に出漁を命じたが、一人は「潮色異常、天気不快」と言って船を出さず、一人は政宗の命に従ってあえて出漁した。そこに大津波が襲来し、出漁しなかった者は溺死し、出漁した者は船ごと大波にさらわれたが、船が大波に運ばれて千貫松の枝に止まって助かったという。[注2]

慶長三陸津波にまつわるこれらの伝承や神社は、先人が後世の人々に残した津波から身を守るための教訓だったが、東日本大震災において、これらの伝承が身を守るための教訓として機能することはなかった。死者・行方不明者合わせて九三八人にのぼった仙台市での津波伝承について、二〇一一年四月一〇日付河北新報には、「『浪分神社』の伝承途絶える」という見出しで、次のような記事が掲載されている。

仙台市若林区霞目の浪分神社は、津波の浸水域との境目に建てられたと伝わる。伝説は月日の経過とともに忘れ去られ、教訓として生かされることはなかった。

海岸に近い若林区荒浜北丁の佐藤利幸さん（七三）は津波で自宅を失った。佐藤さんは「神社の存在は知っていたが、津波が襲ったという話は聞いたことがなかった」と語る。荒浜地区に数百年前から先祖代々住んできた大学源七郎さん（六九）も「津波の話は言い伝えられていない」と言う。（中略）宮城野区蒲生の歴史研究家飯沼勇義さん（八〇）は「市内には津波を伝える歴史物が多く存在する。津波はここまで来ないとの思い込みが、言い伝えを途絶えさせたのかもしれない」と語る。

多くの遺跡が残されていたにもかかわらず、遺跡に関する伝承が途絶えてしまっていたために、残された遺跡は先人たちが期待したようには機能しなかったのである。

東日本大震災で死者・行方不明者合わせて四九四人にのぼった岩手県大船渡市に含まれる綾里《りょうり》地区には、「明治三陸大津波伝承碑」が建てられている。綾里地区はリアス式海岸の形状から津波被害が大きくなる土地の一つである。一八九六年（明治二九）六月一五日に発災した明治三陸津波で、綾里村は二九六戸が被災し、一三五〇人の犠牲者を出している。

伝承碑の傍らには「明治三陸大津波伝承碑の趣意」が建てられ、そこには次のように記されている。

この伝承碑は綾里地区消防の百周年を記念する事業の一つとして建立されたもので、旧・綾里村に壊滅的被害をもたらした明治三陸大津波の惨状を永く後世に伝え、地域住民の戒めとするためのものである。（中略）揺れの大小にかかわらず『地震があったら津波の用心』というのが明治三陸大津波の最大の教訓である。わが綾里は津波が駆け上がりやすく、したがって、被害も大きくなりやすい、いわば津波に弱い立地条件と地形をしていることを史実は示している。顧みると、わが綾里では、明治の大津波の三七年後に襲って来た昭和八年の大津波でも一八〇人余が溺死する惨禍を被っている。ここに立つ人々は、明治の大津波をはじめ、かつて、いく度となくわが郷土を廃墟と化し、瞬時にして幾多の命と財産を奪った津波の恐怖に思い致すとともに、後々の世までその悲惨な歴史と教訓を伝えつづけ、老若男女の別なく、不断に、防災についての心をひきしめるようにと念願するものである。

明治と昭和の二度の大津波の教訓をもとに、津波に対する強い戒めを記したこの碑は、一九九八年（平成一〇）六月一五日に建立されている。この碑の存在にもかかわらず、大船渡市が発表した「被害状況の報告について」（平成二三年五月一二日）によると、建立からわずか一三年後にこの地を襲った東日本大震災では、全体の二一・六パーセントにあたる一八三戸が被災、地区住民の〇・九パーセントにあたる二六名もの犠牲者が出ている。

明治三陸大津波の時が一三五〇名、昭和三陸津波の時が一八〇名余であることを考えると、犠牲者数は大幅に減少しているものの、やはり教訓が地区住民全体に十分行き渡っていたとは言い難い状況だったのである。

先人の教訓によって犠牲者を最小限にすることができたとして有名になったのが、岩手県宮古市重《おも》茂《え》姉吉《あねよし》地区である。姉吉地区は、明治三陸大津波で二人、昭和三陸津波で四人しか生き残らなかった地区である。昭和三陸津波の後、津波への強い戒めを刻んだ次のような「大津浪記念碑」が建てられている。

高き住居は児孫の和楽
想へ惨禍の大津浪
此処より下に家を建てるな
明治二十九年にも、昭和八年にも津浪は此処まで来て部落は全滅し、生存者僅かに前に二人後に四人のみ幾歳経るとも要心何従

この強い表現による姉吉地区の戒めは、東日本大震災において効果を挙げたとして報道されてきた。東日本大震災では、この碑の約五〇メートル手前で津波が止まり建物の被害はなかった。また、発災時に海岸近くにいた住民も自宅に戻って無事であった。だが、地震直後に車で子どもを学校に迎えに行った母親と子ども三人を乗せた車が流され、三〇人の集落で四人の犠牲者を出している。

強い戒めを碑に刻んだ姉吉地区の場合も、過去の教訓がすべての住民の命を津波から守ることはできなかったのである。

二　「末の松山」の伝承の発生と変化

神社の場所と名前に戒めと教訓を込めたり、後世への戒めを碑に刻んだりした様々な先人たちの思

いは、どれくらいの間、人びとの記憶に残され、伝承されていくものであろうか。歌枕として知られた「末の松山」の措辞を分析しながら、伝承や戒めが変化していく様子を確認してみる。

「末の松山」を詠んだ歌としてよく知られているのは、『百人一首』に収録された清原元輔《きよはらのもとすけ》の次の歌である。

契りきな　かたみに袖をしぼりつつ　末の松山波越さじとは

（約束したことだったよ。お互いに涙に濡らした袖を絞りながら、末の松山を決して波が越えないように、私たちの心が変わることはないということを。）現代語訳＝引用者

ここで詠まれている「末の松山」は仙台平野に複数その名前が存在し、その場所は特定されていない。だが、宮城県多賀城市八幡の宝国寺境内にある、標高一〇メートルほどの小高い松山だとする説が最も有力とされている。

「末の松山」が記録された最も古い歌は、九〇五年（延喜五）に醍醐天皇に奏上された『古今和歌集』に収録された次の二首の歌である。

寛平の御時后の宮の歌合の歌

浦ちかくふりくる雪は　白波の末の松山こすかとぞ見る

（海辺を激しく降ってくる雪を見ていると、決して波が越えることがないと言われる末の松山を、まるで白波が越えてくるかのように見えることだ）

君をおきて　あだし心をわが持たば　末の松山波も越えなむ

（あなたを差し置いて、浮気心をもし私が持ったとしたら、決して波が越えない末の松山を波が越えてしまうことでしょう。でも、末の松山を波が越えることがないように、私が浮気心を持つことも決してありません）現代語訳＝引用者

「浦ちかく」は、巻六（冬）第三二六番の歌で、九〇〇年代初期に地方官などを歴任した藤原興風《ふじわらのおきかぜ》が詠んだ歌である。「寛平の御時后の宮の歌合」は八九三年（寛平五）九月以前に催されたとされているので、八六九年の貞観大津波から二〇年ほど後に作歌された歌ということになる。

「君をおきて」は巻二〇第一〇九三番の歌で、「東歌」の中にある七首の「陸奥歌」の一つである。詠み人知らずとされ、作者が不明なため作歌の年は特定できない。だが、七八三年（延暦二）頃に成立した『万葉集』以降に詠まれた歌で、九〇五年に奏上されるまでに詠まれた歌を集めたもの[注3]が『古今集』だと考えられているので、この歌も仙台平野を大津波が襲った八六九年の貞観大津波からさほど時間が経っていない時期に詠まれたものであろう。さらに、「陸奥歌」として収録されていることから、仙台平野にあるとされる「末の松山」にかかわる措辞は、この東国歌謡から始まったと考えられている。[注4]

「末の松山」を詠んだ最も早い歌とされる両首だが、「末の松山」に込められた意味はやや異なっている。「浦ちかく」の歌では、「波が越えることのない場所」として「末の松山」は詠まれ、「君をおきて」では、「末の松山」は「決して起こり得ないこと」の例とされ、そこから恋の永続を意味する比喩

として詠まれている。

この両首に見られる「末の松山」の意味を確認すると、「どんな波も越えることがない場所」として人々は「末の松山」を伝承していたことが理解できる。そしてその伝承が広まるにつれて、「末の松山」は決して起こりえないことのたとえとして人びとに意識されるようになり、「決して起こりえないこと」が、やがて、「恋の永続性」と結びついて用いられるようになっていったことが理解できる。

『古今和歌集』収録の歌に初見される「末の松山」が、どんな波も越えない場所として伝承されていた理由は、『古今和歌集』の成立年や収録和歌の作歌年代からすると、八六九年（貞観一一）に発災した貞観地震とそれに伴う大津波との関連から考えなくてはいけない。

「末の松山」の措辞について考察している徳原茂実は、「『末の松山波も越えなん』という歌句のもつ異様な迫力からは、その背後に何らかの伝承が存在した気配が濃厚に感じられる。ひょっとするとそれは、平安京に住む都人の想像をはるかに越えて、ありえないことが起こってしまった恐怖を物語る伝承ではなかっただろうか」と述べ、[注5] 貞観地震との関連について言及している。[注6]

貞観地震とそれに伴う大津波は、『日本三代実録』に次のように記されている。

陸奥国地大振動　流光如昼隠映　頃之　人民叫呼　伏不能起　或屋仆圧死　或地裂埋殪馬牛駭奔或相昇踏　城郭倉庫　門櫓墻壁　頽落顛覆　不知其数　海口哮吼　聲似雷霆　驚濤涌潮　泝洄漲長　忽至城下　去海數十百里　浩々不辨其涯涘　原野道路　惣爲滄溟　乗船不遑　登山難及　溺死者千許　資産苗稼　殆無孑遺焉

（陸奥国の地は激しく揺れ動いた。流光は昼のようにあたりを照らした。その時、人びとは叫び呼び合いながら、地面に伏したまま起き上がることができなかった。家が倒れて圧死する者があり、ある人は裂けた地面に落ちて埋もれてしまった。牛や馬は驚いて走りだし、混乱の中で互いの体を踏みつけたりした。城郭、倉庫、門、櫓、壁は崩れてそこら一帯を埋め尽くした。河口の海は、雷のような音を立てた。荒れ狂い湧き返る大波は、河を遡り膨張して、忽ち城下に達した。海は、数十里ないし百里にわたって広々と広がり、どこが地面と海との境だったのか分からない有様であった。原や野や道路は、すべて蒼々とした海に覆われてしまった。船に乗って逃げるいとまもなく、山に登って避難することもできなかった。溺死する者も千人ほどいた。人びとは資産も稲の苗も失い、ほとんど何一つ残るものがなかった。）現代語訳＝引用者

貞観地震は、今日の科学的解析では、マグニチュード八・二～三と推定される巨大地震に伴う激震と、高さ一五メートルにも及ぶ未曾有の大津波が押し寄せたことが推定されている。[注7]「驚濤涌潮　泝洄漲長　忽至城下」と書かれているように、津波は川を遡上して多賀城城下に押し寄せたのであろう。「去海數十百里　浩々不辨其涯涘　原野道路　惣爲滄溟」と、一面浸水してかつての陸地が大海原になる中で、「末の松山」だけは奇跡的に津波の浸水から免れ、絶海の孤島のように見えたのではないだろうか。そして、その時の光景は、「どんな波も越えることがない場所」として、人びとに「末の松山」を記憶させたものと思われる。

前述したように、「末の松山」の場所は特定されていない。だが、東日本大震災で海岸から三キロメートルほどの所まで浸水した多賀城市の中で、海岸から二キロメートルほどのところに位置する宝国寺境内の「末の松山」は、東日本大震災の津波からもその場所だけ奇跡的に浸水を免れている。

津波の中でその場所だけ浸水を免れた「末の松山」に関する伝承は、津波を逃れて陸奥国国府の多賀城から都に帰ってきた人びとによって、津波被害の伝聞とともにもたらされ、都の人びとに鮮烈な印象を残したことであろう。未曾有の大津波も越えることができなかったという伝承は、やがて決して起こりえないことの喩えと結びついて都の人びとの中に定着していったものと思われる。その結果、「決して起こりえない」という絶対のあり得なさが恋の永続性を表すたとえとなって「末の松山」は歌枕になっていったのである。

このような経緯で「末の松山」という歌枕が成立したことが考えられるが、「末の松山」に伴う津波の伝承は間もなく忘れ去られて、「末の松山」は次第に恋の永続性を表す喩えのみに矮小化されていく。そうした変化は、発災から五〇年が過ぎた頃には常態化していたことが様々な資料から確認できる。『蜻蛉日記』の九五四年（天暦八）一〇月に次のような文章が記されている。

目も見あはせず、思ひ入りてあれば、「などか。世の常のことにこそあれ。いとかうしもあるは、われを頼まぬなめり」などもあへしらひ、硯なる文を見つけて、「あはれ」といひて、門出のところに、

われをのみ頼むといへばゆくすゑの松の契りも来てこそは見めとなむ。

（父の離京を心細く思う作者が、夫の兼家と目も見合わせず沈み込んでいるので、「どうしてそうふさぎこんでいるのですか。国司として地方に赴任することは世間でよくあることでしょう。父の赴任でこのような様子でいるのは、夫である私を頼りにしていないからであるようですよ。」な

どと言って私を適当にとりなし、硯にある手紙を見つけて、「不憫だ」と言って、門出のところに行き、
私だけを頼みとするとの仰せなので、どうぞご安心ください。未来永劫変わらぬ夫婦仲の約束を、帰京の暁にはご覧いただきたいと思います。
と書きつけた。現代語訳＝引用者）

ここでの使用は、地震とそれに伴う津波との関係が消滅し、恋の永続性を誓うものとなっている。また、一〇〇八年（寛弘五）に書かれたと言われている『和泉式部日記』でも、次のように恋の永続性を表す意味で使用されている。

人々かたがたに住む所なりければ、そなたにきたりける人の車を、車侍り、人の来たりけるにこそ、とおぼしめす。むつかしけれど、さすがに絶えはてんとおぼさりければ、御文つかはす。「よべはまゐりきたりとはきき給ひけんや。それもえ知り給はざりしにや、と思ふにこそ、いといみじけれ」とて、
松山に波高しとは見てしかど　今日のながめはただならぬかは
（和泉式部邸は他の女性たちも部屋ごとに住んでいたので、そういう女性の所に通ってきた車を、「車が来ている、（式部の部屋に）男が来ているのだろう」と宮は思い込みなさる。不愉快ではあるけれど、そうはいってもやはり、これで和泉式部との関係を絶ってしまおうとはお思いにならないので、お手紙をお送りになる。「昨夜は私がお訪ねしたとお聞きになったでしょうか。それと

も、他の男に夢中でお気づきになられなかったでしょうか、と思うととても辛いことです」と書かれていて、

恋の永続を表す末の松山に高い波が迫って恋の永続が破られるように、あなたは私との永遠の愛などおかまいなしに浮気をなさることは承知していましたけれど、昨夜見てしまったことからくる今日の私の物思いはただごとではありません。この降り続く長雨同様に、ひととおりのものではありませんよ。現代語訳＝引用者)

『蜻蛉日記』が書かれた一〇世紀中ごろは、貞観大津波から一〇〇年近く経過している。『和泉式部日記』は、貞観大津波から一五〇年ほど経った頃に書かれている。この二つの日記が書かれた頃には、大津波の記憶と共に語られていた「末の松山」は、恋の永続性を表す表現へと完全に変質し、大津波への戒めは消滅してしまっていたことがうかがえる。

『百人一首』に「末の松山」の歌を残した清少納言の父清原元輔は、九〇八年（延喜八）の生まれで、『後撰和歌集』の編者の一人としても知られる村上天皇時代に活躍した歌人である。『百人一首』に収録された歌では、「末の松山」は恋の永続に関する「契り」の象徴として詠まれている。同時に、「末の松山を波が越すことはない」という大津波の伝承がそうした措辞の発生に関わっていることもかろうじて残存している。

「末の松山」について考察した松本昭彦は、「遅くとも十世紀の半ばには、この措辞の広がりに反比例して、津波の知識とともに本来の意味への洞察も消失していたのである」と述べているが、[注8]元輔が活躍していた一〇世紀前半から半ばにかけて、わずかに残存していた「末の松山」に関する津波の伝承

は漸次消滅していったものと思われる。

前節で取り上げた浪分神社から、一八三五年（天保六）の津波の記憶が六〇年ほど経った一八九六年（明治二九）には失われていたことが推測された。「末の松山」に関する津波の記憶も、数十年でほぼ失われてしまったのである。

三　震災の記憶の伝承と教育と児童文化

ここまで、貞観大津波や慶長大津波、明治三陸大津波などに襲われるたびに、津波の記憶と戒めを後世に残そうとした先人の努力が、半世紀が過ぎる頃には失われてきたことを確認した。未曾有の大災害に苦しんだ東日本大震災の記憶は、どのようにすれば伝承し続けることができるのだろうか。

東日本大震災を契機として、災害伝承のあり方がさまざまに模索されている。宮城県土木部では、「三・一一伝承減災プロジェクト～『ながく』伝承、『ひろく』伝承、そして『つなぐ』伝承～」を立ち上げている。プロジェクトの三本柱と具体的な取り組みをまとめると表1のようになる。

三本の柱の中で、「〝記憶〟より〝記録〟で『ながく』伝承」は、神社や石碑などで後世に伝承していこうとした先人の試みを現代的にアレンジしたものとなっている。「かたりべの裾野を拡げ『ひろく』伝承」を長く継続していくためには、これにテレビでの報道や特番なども加えてより重層的に展開することが求められる。

こうした取り組みの中で、後世を担う次世代への伝承を考えた時に、もっとも効果が期待されるのが「防災文化を次世代へ『つなぐ』伝承」である。これまでも、避難訓練をはじめとして防災教育は行われてきたが、津波に関する話の伝承経験について岩手県釜石市で調査した金井昌信らは、「過去の

表1　宮城県・3.11 伝承減災プロジェクト

プロジェクトの三本柱	プロジェクト内容
“記憶”より“記録”で「ながく」伝承	・津波浸水表示板設置(津波浸水板を設置し、実物大のハザードマップとして津波防災意識の啓発をはかる) ・津波写真モニュメント設置(発災時の写真をモニュメントとして現地に設置) ・沿岸防御施設及び減災施設築造に係る計画概要の現地表示(河川、海岸堤防の高さの考え方を現地に表示、また防災道路の位置づけを表示し多重型の津波防災対策を周知) ・河川、海岸施設の工事履歴の現地表示 ・津波資料のアーカイブ化 ・震災遺構(公共土木施設)の保存
かたりべの裾野を拡げ「ひろく」伝承	・津波防災シンポジウムの開催 ・津波防災パネル展の開催 ・宮城県外での報告会の開催
防災文化を次世代へ「つなぐ」伝承	・防災教育の取組 ・防災教育の出前講座の実施 ・津波防災シンポジウムの開催(再掲) ・津波資料のアーカイブ化(再掲)

津波に関する話を次世代へ伝える手段である親子間の伝承と学校教育は、その役割を十分に果たしていない可能性がある」と述べ[注9]、「地域に災害文化を根付かせるための具体的な取り組みとして、学校における子どもへの防災教育の充実」を提案している。[注10]

文部科学省も、東日本大震災後に防災教育をより一層充実させるためにさまざまな取り組みを行っている。「東日本大震災を受けた防災教育・防災管理等に関する有識者会議」を開いたり、学習指導要領の中で防災教育の充実に関する記述を改訂したりしている。

学習指導要領には、防災教育で目指している「災害に適切に対応する能力の基礎を培う」ということは、「『生きる力』を育む」ことと密接に関連していると記され、今日、各学校等においては、その趣旨を活かすとともに、児童生徒等の発達の段階を考慮して、関連する教科、総合的な学習の時間、特別活動など学校の教育活動全体を通じた防災教育の展開の必要性が述べられている。

そして、防災教育のねらいとして「『生きる力』をはぐくむ学校での安全教育」（文科省、二〇一〇）に示した安全教育の目標に準じて、次のような三つを掲げている。

ア　自然災害等の現状、原因及び減災等について理解を深め、現在及び将来に直面する災害に対して、的確な思考・判断に基づく適切な意志決定や行動選択ができるようにする。

イ　地震、台風の発生等に伴う危険を理解・予測し、自らの安全を確保するための行動ができるようにするとともに、日常的な備えができるようにする。

ウ　自他の生命を尊重し、安全で安心な社会づくりの重要性を認識して、学校、家庭及び地域社会の安全活動に進んで参加・協力し、貢献できるようにする。

こうした目標を達成するために、東日本大震災後、教材を利用した防災教育の取り組みが活発に展開されている。教材を利用した防災教育の先駆けとして、「稲むらの火」がよく知られている。一九三七年（昭和一二）から、国定教科書・尋常小学校五年生『小学国語読本巻十』と『初等科国語六』に津波から村の人びとを守った五兵衛の行動が書かれた「稲むらの火」が収録され、子どもたちに強い印象を残してきた。

副読本による、防災・減災のための教材は多数確認できる。明治三陸大津波や昭和三陸津波、チリ

表2　岩手県沿岸部市町村　防災教育副読本

市町村名	教材名	単　元
大槌町	『わたしたちの大槌』1983年	・「おばあさんの話」123ページ
大船渡市	『わたしたちの大船渡』1983年	・「7　安全なくらし」88～105ページ
普代村	『わたしたちの普代』1983年	・「7　安全なくらし」83～99ページ
陸前高田市	『わたしたちの陸前高田』1983年	・「9　さいがいをふせぐ」92～101ページ
岩手県全域	『大地と森と海のはなし』2002年	・「三陸大津波の悲劇」107～108ページ ※平成14年に県内全ての小学校5年生に配布
岩手県全域	『岩手の理科のものがたり』1982年	・「津波とたたかう―三陸海岸の人びと」163～168ページ
大船渡市	『黒い海　津波体験記』1960年	大船渡小学校が1960年（昭和35）のチリ地震津波体験記を編集発行
大船渡市	『あれから一年』1961年	『黒い海　津波体験記』から1年後をまとめた津波体験記

地震津波と、度重なる津波被害に遭遇してきた岩手県沿岸部の学校では、副読本を用いた防災教育の充実に努めてきた。筆者が確認した岩手県沿岸部の市町村の津波についての防災教育に関連した副読本をまとめると表2のとおりである。

このように、岩手県沿岸部の市町村では、副読本の中で過去の津波の記憶を伝えてきている。だが、これらの副読本で勉強した人びとや、「稲むらの火」で勉強した人びとの中にも、東日本大震災での津波で命を奪われた人びとが多数存在する。こうした事実を考えると、教科書・副読本に加えて、さらに重層的に人びとの意識に深く働きかける取り組みが必要となる。

徳島県では、徳島新聞社が生活情報フリーペーパー『さらら』との連動を行い、「楽しく遊びながら防災を学ぶ」を企画のメインテーマとして防災意識を啓発する企画を二〇〇七年四月から一二月まで行っている。企画では、主婦層が子どもと家で『さらら』に掲載した防災関連記事を見る際に、どうすれば見やすいかを考え、「じしん奉行」「つなみ丸」「たいふうオヤジ」など災害を擬人化し、マンガやイベントを用いて「やさしく」「たのしい」をキーワードに企画を展開している。[注11]

たとえば、「じしん奉行がやってきた」では、災害発生時の対応や事前の備えをマンガやパネルシアターで展開し、その中に登場するキャラクターは防災修行する見習い忍者の「まな坊」、その師匠の「ぼう斎」などで、子どもが感情移入しやすい工夫をしている。さらに、保護者や幼稚園からの繰り返し防災の話をできるものを、という要望から『じしんぶぎょうがやってきた』というタイトルで絵本も制作し、一部九〇〇円で販売した他に徳島市内の全公立幼稚園二七園に配布している。その他「まなぼうさい物語」や防災の基本的な知識を盛り込んだ小学校低学年向けＷｅｂゲームのアニメーションを徳島文理大学・徳島大学環境防災研究センターの協力で制作している。[注12] こうした取り組みに対して、「津波の説明が子どもに分かりやすい」（幼稚園教諭）、「じしん奉行がきたら机に隠れる」（五歳男子）といった感想が寄せられている。[注13]

アニメやパネルシアター、絵本などを使用して、メディアミックスの形で子どもたちの意識に働きかける防災教育が一定の成果をおさめることが、この事例から明らかとなる。ただし、伝承を継続していくということを考えると、これから先の子どもたちも使用していく教科書や副読本に掲載された教材を、メディアミックスの形を取りいれながら有効に利用していくことを永続的に模索する必要もあろう。

「稲むらの火」をもとに書き下ろした「百年後のふるさとを守る」が二〇一一年から光村図書出版の小学五年生用国語教科書に掲載され、この話のモデルとなった「浜口梧陵」については、日本文教出版の小学三・四年生用社会科教科書に掲載されている。こうした教材にメディアミックスの形で重層的に子どもたちが日常生活の中で接することができるようにし、子どもたちの防災・減災意識を高めていくことは重要である。

学校教育の中で児童文化を利用した防災・減災の具体的な取り組み例として、岩手県大船渡市綾里小学校の取り組みがある。防災教育チャレンジプラン実行委員会の主催で、内閣府をはじめとする各省庁や団体が後援して「防災教育チャレンジプラン」が行われているが、二〇〇七年度の防災教育チャレンジプランに採択された取り組みに、綾里小学校の「暴れ狂った海」という方言を用いた劇の制作上演がある。この劇では、方言を用いて津波の怖さや悲惨さをよりリアルに子どもたちに伝えることが行われている。

この取り組みは教育出版が発行する小学校五年生向け社会科教科書に「自然災害から守る」の項で取り上げられ、教科書の単元と学校劇のメディアミックスによって津波への防災意識を高めることが行われている。

明治三陸地震の時の津波体験が昭和三陸津波で活かされたことを題材にした物語で、「ああ〜あ、何つうごったべえ。家も何もかも、なぐなってしまったがあ」といった方言で表現されている。この劇の中には、津波があったらすぐ高台に逃げる、何も持たずに逃げる、「てんでんこ」の言葉に表されるように、一人ひとりの判断で逃げなければみんな助からない、ということが教訓として盛り込まれている。

この劇に方言を用いた理由として、震災時の校長だった鈴木春紀は、次のように述べている。[注14]

津波に対する恐怖感や悲惨さを伝えるのに方言が有効だったと思います。例えば、標準語で「痛い」という言葉は、地元の方言で「いでえ」といい、本当に痛そうに感じるんです。「痛い」といってもそれほど痛さを感じませんが、「いでえ」というと本当に痛いのだとすぐ感情が伝わってきます。そこが方言の良いところだと思います。

子どもを含めたこの地域に暮らす人々の感情に訴求する方言の持つ力を最大限に利用して劇が作られていることが理解できる。綾里小学校では、東日本大震災発災時に子どもたちが迅速に高台に避難して全員無事だったことが確認されている。

津波防災のために劇を上演することは、他の学校でも行われている。岩手県大船渡市吉浜中学では、「大震災を一〇〇〇年後まで伝えよう」をテーマに、東日本大震災の津波で母親を亡くした子どもの物語など、実話に基づく四つのエピソードを六部構成の劇に仕上げて「奇跡の集落　吉浜Ⅱ」を上演している。[注15]

学校での防災教育に児童文化を効果的に取りいれたメディアミックスを展開している学校や取り組みは東日本大震災の被災地以外にも存在する。

平成二〇年度の防災教育推進校に指定された三重県津市の県立聾学校では、学校、寄宿舎、地域との合同の避難訓練の他に、人形劇団を招いて「稲むらの火」を上演して津波学習会を開催している。「稲むらの火」の人形劇は、二〇一四年九月六日には、静岡市葵区の静岡県地震防災センターで上演され、教科書に再び収録されたこともあり、この教材を中心としたメディアミックスの取り組みは盛んになってきている。

防災・減災に学校教育と児童文化を積極的に利用していく取り組みは、これからますます盛んになっていくことが期待される。

おわりに

二〇一三年三月一一日、岩手県大船渡市に「大船渡津波伝承館」がオープンした。住民が語り部となって東日本大震災の体験談を伝える施設で、希望者は、実際に津波があった場所から逃げて助かった場所に避難する訓練を体験できる。また、津波を体験した住民がどのように津波から逃げたか、写真や映像を交えながら説明している。

こうした施設はこれまでの震災後にも作られてきた。一九九五年に発災した阪神・淡路大震災の教訓を伝承するために、「阪神・淡路大震災記念　人と防災未来センター」が開設され、震災発生の様子を再現したシアターや実物資料などを展示している。二〇〇四年に発災した新潟県中越地震の教訓を伝承するために、新潟小千谷市に「そなえ館」も開設され、震災発生からの時間の経過とその中での被災者の様子を展示資料で再現している。保存が検討されている震災遺構と合わせて、こうした施設が防災・減災に寄与することが期待されている。

宮城県女川町の女川中学の生徒たちは、千年後の命を守るために、「いのちの石碑」を女川中学の校内に建立した。そこには、次のような文章が刻まれている。

女川いのちの石碑　千年後の命を守るために
千年後のあなたへ
千年後　もし、大きな地震が来たら、この石碑よりも上へ逃げてください。

逃げない人がいても無理やりにでも連れ出してください。
家に戻ろうとしている人がいれば、絶対に引き止めてください。
今、女川町は、どうなっていますか？
悲しみで涙を流す人が少しでも減り、笑顔あふれる町になっていることを祈り、
そして信じています。

二一か所の浜の津波到達点に石碑を建てる計画がある中で、その一基目の石碑が、この地域の子どもたちが通う女川中学校に建立されたことの意味も大きい。校内に建つ石碑とそこに込められた願いについて、学校での防災教育に利用されながら地域の子どもたちに伝承されていく可能性は、他の場所に石碑が建つ場合よりはるかに高い。

東日本大震災に遭遇し、被災した子どもたちの心の傷を癒し、ストレスを緩和しながら行動を主体的に選択して実行していく力を取り戻し、生きる力を回復していくために児童文化が果たすべき役割は大きい。[注16] 同時に、次の災害の犠牲を少しでも少なくするために、全ての子どもが受ける義務教育の中で防災教育を充実させ、さらに子どもたち一人一人が防災のために必要な知識を理解し、防災・減災の意識を定着させていくために、防災教育の中に児童文化を取り込むことは有効である。

東日本大震災後、震災がもたらしたさまざまな現実と向き合う中で、児童文化の存在意義と児童文化に関わる人びとの意識とその取り組みが、あらためて問い直されているのである。

注

1　河野幸夫「歌枕『末の松山』と海底考古学」『国文学　解釈と教材の研究』一二月臨時増刊号、二〇〇七、八二頁

2　飯沼勇義『仙台平野の歴史津波』宝文堂、一九九五、一三〇頁

3　現存する『古今和歌集』には、九〇五年以降に作られた歌も収められているので、実際の完成は九一二年（延喜一二）頃との説もある。

4　松本昭彦「『末の松山』考―『波が越す』という措辞をめぐって―」『三重大学教育学部紀要、自然科学・人文科学・社会科学・教育科学』第六五号、二〇一四、一〇〇頁

5　前掲「末の松山を越す波」、五頁

6　この歌が貞観大津波の体験から生まれたとするのが一般的な中で、徳原茂実は、「年月が経過し、大津波を体験した人々の多くが世を去り、『末の松山を波が越えた』という、驚くべき事実が実感をもって受け入れられなくなった時、それは牧歌的な伝説として語り伝えられ、いつしか民謡となって歌い継がれたのではないだろうか。」とした上で、「貞観十一年それよりも数十年、あるいは百年、あるいはそれ以上の年月を遡ったころ、陸奥国の沿岸を襲った大津波ではなかっただろうか」（「末の松山を越す波」（『武庫川国文』第七五号、二〇一一、六～七頁）と述べ、貞観地震以前の地震の影響を指摘している。

7　前掲「歌枕『末の松山』と海底考古学」八二頁

8　前掲「『末の松山』考―『波が越す』という措辞をめぐって―」九五頁

9　金井昌信、片田敏孝、阿部広昭「津波常襲地域における災害文化の世代伝承の実態とその再生への提案」『土木計画学研究論文集』二四巻二号、二〇〇七、二五二頁

10　前掲「津波常襲地域における災害文化の世代伝承の実態とその再生への提案」二六〇頁
11　末廣弘太、黒崎ひろみ、木村泰之、福本誠司「メディアミックスによる防災意識啓発活動」『地域安全学会梗概集』二二、地域安全学会、二〇〇八、六一頁
12　前掲「メディアミックスによる防災意識啓発活動」六三頁
13　前掲「メディアミックスによる防災意識啓発活動」六四頁
14　ウォーターセーフティーニッポン〔特集〕東日本大震災　岩手県大船渡市立綾里小学校
15　岩手日報二〇一四年一〇月二七日付
16　加藤理「児童文化と子ども社会―震災下における〈無意味〉な文化的行動と子ども社会の形成の分析」（原田彰、望月重信編著『子ども社会学への招待』ハーベスト社、二〇一二）を参照のこと。

エピローグ

本書は、二つの目的を持って企画された。第一の目的は、二〇一一年三月一一日の東日本大震災が子どもや子どもの文化に及ぼした影響について、震災後四年を機に総括しておくことである。震災直後の子どもたちはどのような経験をし、その中で何を思い、それをどのように表現したのかについて、またどのような文化が子どもたちの心身を癒し、慰め、励ましたのかについて振り返っておくことは、今後も予想される災害時の子どものケアや支援のあり方を考える上で、きわめて重要であると思われる。

第二の目的は、本書と同じ港の人から刊行された『叢書　児童文化の歴史』全三巻の中に紹介された二〇世紀の児童文化論を継承しながらも、新たな視座や問題意識に立った「今日的な児童文化論」を提示することである。その際、「ポスト三・一一」というコードを組み込むことによって、その今日性を単なる「新しさ」ではなく、「喫緊の人類史的課題」として意味づけることができるのではないかと考えた。つまり、「三・一一」の体験は、単なる自然災害の一つではなく、被災地のみならず日本中、世界中の、子どもたちをはじめあらゆる世代の人びとに、世界観や人生観の大きな転回を迫る出来事として位置づけることが求められており、人類が「ポスト三・一一」の世界を生き延びていくためにこれから何を成すべきかについて、次代の担い手である子どもたちが創造・享受・継承してきた文化を通して考える必要があると認識されるのである。

以上二つの目的に適うエッセイや論考を、子どもの文化研究所から一九九九年より年一回刊行されている『研究子どもの文化』（一号から一〇号までの名称は『研究誌　別冊子どもの文化』）に求めた。その理由は、管見に拠れば、同誌が児童文化や子どもの文化に関する唯一の全国規模の学術雑誌であること、それからまた、本書の企画・編集を担当した加藤理氏と筆者（鵜野）が長年、同誌の編集委員を務め、収載された論考を読み込んでいることによる。

創刊号から最新の一六号まで、同誌では毎号特集を組んで、教育学・保育学・心理学・（児童）文学・芸術学・生物学・民俗学・人類学等さまざまな分野の専門家や、日頃より子どもたちと深く関わっている実践家の方がたから、児童文化を含む子どもの文化についてのホットでユニークなエッセイや論考を寄せていただいてきた。それらのうち、比較的近年書かれたものの中から、特に「三・一一」と「ポスト三・一一」という観点の下に十三編をセレクトさせていただいた。併せて、編者二名がこれまでに他誌に発表したものや今回書き下ろしたものを含む各四編を収めた。加藤氏と筆者の論考を比較され、両者の研究対象や研究手法は対照的だが、目指す山頂は同じであることを読み取っていただけると幸いである。

そしてまた、本書に収めた合計二一編の中で提示されたキーワード、「センス・オブ・ワンダー」「アニマシオン」「いのち」「共生・共死」「うたと語り」「伝承」「自己肯定感」といったコンセプトが、「ポスト三・一一の子どもと文化」を展開していく上での指標となることを期待したい。さらに、本編中に言葉としては明示されていないが、「困難に直面した人びとがこれを乗り越えていく力」を意味する「レジリエンス」が子どもと文化によって引き出されることを、本書全体を通して感じ取ってほしいとの思いから、副題にこの言葉を添えたことも付け加えておく。

今回、『叢書　児童文化の歴史』第三巻に引き続いて、畏友加藤理氏と本書を企画・編集し、前書と同じく港の人から刊行できたことを大変うれしく思っている。前書に対して寄せられた、「児童文化論の歴史はわかったが、具体的な児童文化の歴史については書かれていない」「今日の児童文化や子どもの文化についても知りたい」といった批判や要望に対して、本書が少しでも応えるものとなっていれば幸いである。さらに、本書をきっかけにして児童文化や子どもの文化の研究が新たな地平へと拡がっていくことを心から願っている。ぜひ多くの方がたのご指導・ご批判を賜りたい。

末筆ながら、本書への転載をご快諾下さった執筆者の方がたや子どもの文化研究所各位、編集の労を取って下さった港の人・里舘勇治氏に、紙面をお借りして御礼を申し上げます。

二〇一四年一一月

鵜野祐介

執筆者紹介

加藤　理（かとう・おさむ）＊編者
一九六一年宮城県仙台市生まれ。
東京成徳大学教授を経て文教大学教育学部教授、博士（文学）。「児童文化」が誕生した大正時代の児童文化史を中心に、学校内外での子どもの生活と活動の歴史を主に研究。
主な著書に『「ちご」と「わらは」の生活史』（慶應義塾大学出版会、一九九四）、『〈めんこ〉の文化史』（久山社、一九九六）、『育つということ』（久山社、一九九八）、『「北の国から」の父と子』（久山社、一九九九）、『駄菓子屋・読み物と子どもの近代』（青弓社、二〇〇〇）、『文化と子ども』（共編著、建帛社、二〇〇二）、『叢書児童文化の歴史』全三巻（共編著、港の人、二〇一一〜一二年）。

鵜野祐介（うの・ゆうすけ）＊編者
一九六一年岡山県真庭市生まれ。
立命館大学文学部教授、博士（PhD）。専門は教育人類学、特に子ども期の民俗文化（民話説話・わらべうた・子守唄・遊び・人生儀礼と年中行事など）の研究。
主な著書に『生き生きごんぼ　わらべうたの教育人類学』（久山社、二〇〇〇）、『東美濃の民話・唄・遊びと年中行事——岐阜県上矢作町の伝承』（共著、手帖舎、二〇〇四）、『伝承児童文学と子どものコスモロジー〈あわい〉との出会いと別れ』（昭和堂、二〇〇九）、『子守唄の原像』（久山社、二〇〇九）、『叢書児童文化の歴史』第三巻（共編著、港の人、二〇一二）。
訳書にモンゴメリー『スコットランド民話集　世界の果ての井戸』（朝日出版社、二〇一三）。

片岡　輝（かたおか・ひかる）
一九三三年中国・大連市生まれ。
東京家政大学名誉教授・詩人。
一般財団法人文民教育協会子どもの文化研究所所長・日本子どもを守る会・子ども白書編集委員・NPO法人語り手たちの会理事長。子どもの歌、合唱曲の作詩など。

上遠恵子（かみとお・けいこ）
一九二九年東京都生まれ。
レイチェル・カーソン日本協会会長。
著書に『レイチェル・カーソン　いのちと地球を愛した人』（日本キリスト教団出版局、二〇一三）、『レイチェル・カーソン　いまに生きる言葉』（翔泳社、二〇一四）。訳書にレイチェル・カーソン『センス・オブ・ワンダー』（新潮社、一九九六）など。

黒田恭史（くろだ・やすふみ）
一九六五年大阪府生まれ。
京都教育大学教育学部教授。
著書に『豚のPちゃんと32人の小学生』（ミネルヴァ書房、二〇〇三）、『数学教育実践入門』（共立出版、二〇一四）など。

汐見稔幸（しおみ・としゆき）
一九四七年大阪生まれ。
白梅学園大学学長。
著書に『親子ストレス』（平凡社新書、二〇〇〇）、『子どもにかかわる仕事』（岩波ジュニア新書、二〇一一）、『本当は怖い小学一年生』（ポプラ新書、二〇一三）など。

髙橋信行（たかはし・のぶゆき）
一九四八年東京都板橋区生まれ、気仙沼育ち。
東日本大震災圏域創生NPOセンター代表、一般社団法人（非営利型）東北アイランド推進機構《東北茗荷村》代表理事。

玉井邦夫（たまい・くにお）
一九五九年千葉県生まれ。
大正大学人間学部教授。
著書に『〈子どもの虐待〉を考える』（講談社、二〇〇一）『発達障害の子どもたちと保育現場の集団づくり―事例とロールプレイを通して』（かもがわ出版、二〇〇九）、『特別支援教育のプロとして子ども虐待を学ぶ』（学研、二〇〇九）、など。

千葉幸子（ちば・さちこ）
一九五四年宮城県石巻市生まれ。
石巻市職員・石巻市立井内保育所所長。
四〇年間石巻市立の保育所で勤務。二〇一一年三月一一日に東日本大震災を経験し、被災体験を教えてほしいという要請があり、石巻市に来てくださった保育関係の方たちにお話をしている。

波平恵美子（なみひら・えみこ）
一九四二年福岡県生まれ。
お茶の水女子大学名誉教授。

著書に『いのちの文化人類学』（新潮社、一九九六）、『生きる力をさがす旅―こどもの文化人類学』（出窓社、二〇〇一）、『からだの文化人類学』（大修館書店、二〇〇五）など。

新田新一郎（にった・しんいちろう）
一九五五年宮城県生まれ。
プランニング開代表取締役。東北学院大学非常勤講師、アトリエ自遊楽校主宰、こども環境学会理事。

増山　均（ましやま・ひとし）
一九四八年栃木県宇都宮市生まれ。
早稲田大学文化構想学部教授。
著書に『アニマシオンが子どもを育てる』（旬報社、二〇〇〇）、『光と風とぬくもりと ― 子どもの尊さの発見』（かもがわ出版、二〇〇八）、『子育て支援のフィロソフィア ― 家庭を地域にひらく子育て・親育て』（自治体研究社、二〇〇九）など

森　健（もり・けん）
一九六八年東京都生まれ。
ジャーナリスト。
著書に『「つなみ」の子どもたち』（文藝春秋、二〇一一）、『ビッグデータ社会の希望と憂鬱』（河出書房新社、二〇一二）、『グーグル・アマゾン化する社会』（光文社、二〇〇六）など。

門間貞子（もんま・さだこ）
一九六三年茨城県日立市生まれ。
こどものいえそらまめ園長。
東日本大震災の放射能汚染により、園は甚大な被害を被り、どこよりも早く自主除染に取り組む。また、ＮＰＯ法人そらまめを立ち上げ、広く福島の子どもたちの健やかな成長の一助となるべく、健康講座や文化的な事業を展開している。

初出一覧

プロローグ　加藤理……書き下ろし

Ⅰ　震災下の子ども

加藤理「大震災の暗闇と物語の力」……子どもの文化研究所『子どもの文化』二〇一一年五月号

森健「つなみを書いた子どもたち」……子どもの文化研究所『研究子どもの文化』一三号（二〇一一年）

八木澤弓美子「2011.3.11の記憶を越えて」……『研究子どもの文化』一三号（二〇一一年）

玉井邦夫「被災地の子どもの心を支える」……『研究子どもの文化』一三号（二〇一一年）

千葉幸子「忘れない・忘れられない」……『研究子どもの文化』一四号（二〇一二年）

門間貞子「外遊びを奪われた福島の子どもたち」……『研究子どもの文化』一四号（二〇一二年）

髙橋信行「被災地における精神的ケアについて」……『研究子どもの文化』一四号（二〇一二年）

Ⅱ　震災と子どもの文化

増山均「東日本大震災と教育・文化」……『研究子どもの文化』一三号（二〇一一年）

片岡輝「希望を紡ぎ、明日を織る」……『研究子どもの文化』一三号（二〇一一年）

新田新一郎「歌や舞台芸術・遊びが与える勇気と力」……『研究子どもの文化』一四号（二〇一二年）

加藤理「関東大震災下の子どもの災害ストレスと児童文化」……『東京成徳大学子ども学部紀要』創刊号（二〇一二年）

鵜野祐介「魂呼ばいの物語—津波と異類をめぐる伝承—」……『研究子どもの文化』一四号（二〇一二年）

Ⅲ　いのちと児童文化

鵜野祐介「昔話が語る〈死と向き合う子どもたち〉」……日本子ども社会学会『子ども社会研究』一九号（二〇一三年）

加藤理「自己肯定感を育む生活世界と場」……『研究子どもの文化』一五号（二〇一三年）

黒田恭史「教育・文化・保育といのち」……『研究子どもの文化』一五号（二〇一三年）

波平恵美子「ポスト三・一一を生きる子どもたちに」……『研究子どもの文化』一五号（二〇一三年）

Ⅳ　ポスト三・一一の児童文化に向けて

上遠恵子「レイチェル・カーソンの思想の今日的意義」……『研究子どもの文化』一二号（二〇一〇年）

汐見稔幸「生涯消えることのない〈センス・オブ・ワンダー〉を育むために」……『研究子どもの文化』一二号（二〇一〇年）

鵜野祐介「松谷みよ子『龍の子太郎』が描く〈ユートピア〉の時代性　―「ポスト三・一一の児童文学」の視座から―」……『研究子どもの文化』一六号（二〇一四年）

鵜野祐介「昔話と子守唄のポリフォニー　―〈言霊〉と〈唄霊〉の復権を求めて」……日本昔話学会『昔話―研究と資料―』三九号（二〇一一年）

加藤理「伝承する力としての文化と教育」……書き下ろし

エピローグ　鵜野祐介……書き下ろし

ポスト三・一一の子《こ》どもと文《ぶん》化《か》

いのち・伝承《でんしょう》・レジリエンス

二〇一五年三月一一日　初版第一刷発行

編著者　加藤理　鵜野祐介
装　幀　西田優子
発行者　里舘勇治
発　行　港の人
神奈川県鎌倉市由比ガ浜三―一一―四九　〒248-0014
phone 0467-60-1374　fax 0467-60-1375
http://www.minatonohito.jp
印刷製本　シナノ印刷

ISBN978-4-89629-290-9 C3037

JASSRAC 出 1501587-501